Fritz Encke, Kübelpflanzen

Lib. 6. C. 18

Fritz Encke

Kübel-
pflanzen

Geschichte,
Herkunft, Pflege

75 Farbfotos
und 18 Zeichnungen

Bechtermünz Verlag

Das Werk einschließlich aller seiner Teile ist urheberrechtlich geschützt. Jede Verwertung außerhalb der engen Grenzen des Urheberrechtsgesetzes ist ohne Zustimmung des Verlages unzulässig und strafbar. Das gilt insbesondere für Vervielfältigungen, Übersetzungen, Mikroverfilmungen und die Einspeicherung und Verarbeitung in elektronischen Systemen.

Genehmigte Lizenzausgabe für
Bechtermünz Verlag im
Weltbild Verlag GmbH, Augsburg 1996
© by Eugen Ulmer Verlag GmbH & Co., Stuttgart
Umschlagentwurf: A. Krugmann mit einem Foto
von Burda GmbH, Offenburg
Satz: Setzerei Lihs, Ludwigsburg
Gesamtherstellung: Danubia Print
Printed in the Slovak Republic
ISBN 3-86047-391-3

Meiner lieben Frau gewidmet

Vorwort

Meine Beziehung zu Kübelpflanzen reicht bis in die Kindheit zurück. Der große Dachgarten des elterlichen Hauses verwandelte sich während des Sommers in einen üppigen, tropischen Garten, zu dem viele Kübelpflanzen ihren Teil beitrugen. Als Knabe schaute ich später dem Vater zu, wie er den abgeschlossenen Gartenteil eines großen Volksparkes mit vielen Kübelpflanzen und Sommerblumen in eine tropische Szenerie verwandelte, in der die Menschen eines damals sehr armen Stadtviertels sich in den Süden versetzt fühlen konnten. Und schließlich beschäftigte ich mich selbst vier Jahrzehnte lang mit der Kultur und Verwendung einer Vielzahl verschiedenster Kübelpflanzen im Frankfurter Palmengarten. Heute ist es mir eine besondere Freude, andere Menschen mit dabei gewonnenen Erfahrungen bekannt zu machen, ihnen über Geschichte, Pflege und Verwendung zu berichten.

Viele Kübelpflanzen waren schon im Altertum bekannt, damals allerdings als wichtige Nutzpflanzen. Nicht wenige von ihnen kamen bereits im 16. Jahrhundert über die Alpen und wurden in den Orangerien der Fürsten und wohlhabender Bürger gezogen. Dies fand seinen Niederschlag in vielen Schriften früherer Jahrhunderte, in denen wir über sie sowohl manches Kuriose als auch heute noch zu beherzigende Hinweise über ihre Pflege finden. Die in den nachfolgenden Kapiteln gemachten Angaben über ihre Einführung sind im allgemeinen nur als ungefähre Daten zu betrachten, da sie lediglich die Zeit nennen, in der ihr Name erstmals in alten Schriften auftaucht oder in Inventarverzeichnissen genannt wird.

In der heutigen Zeit haben viele Kübelpflanzen wieder eine erhöhte Bedeutung, weil man versucht, unsere so kahl und unfreundlich gewordenen Städte durch Grün freundlicher zu gestalten. An vielen, ja den meisten Stellen muß man mit mobilem Grün vorlieb nehmen, das beliebig bewegt und zum Teil im Winter entfernt werden kann. Dazu bietet sich die große Zahl der Kübelpflanzen in ganz besonderer Weise an, eine Vielfalt, die sehr viel größer ist, als gemeinhin angenommen wird. Hier Anregungen zu geben, ist eine der Aufgaben dieses Buches. Bei aller Vielfalt der zur Dekoration und Begrünung geeigneten Pflanzenarten muß man aber eine Grenze ziehen und eine Auswahl treffen, denn nur das Wirkungsvollste und Wüchsigste sollte

Die Orangerie von Versailles enthält wohl die meisten aller heute noch gezogenen Kübelpflanzen. Den Sommer über beleben sie einen ihnen vorbehaltenen Gartenteil des riesigen Schloßparkes, genauso wie schon im 18. Jahrhundert. Typisch für die damalige Zeit die quadratischen Holzkübel.

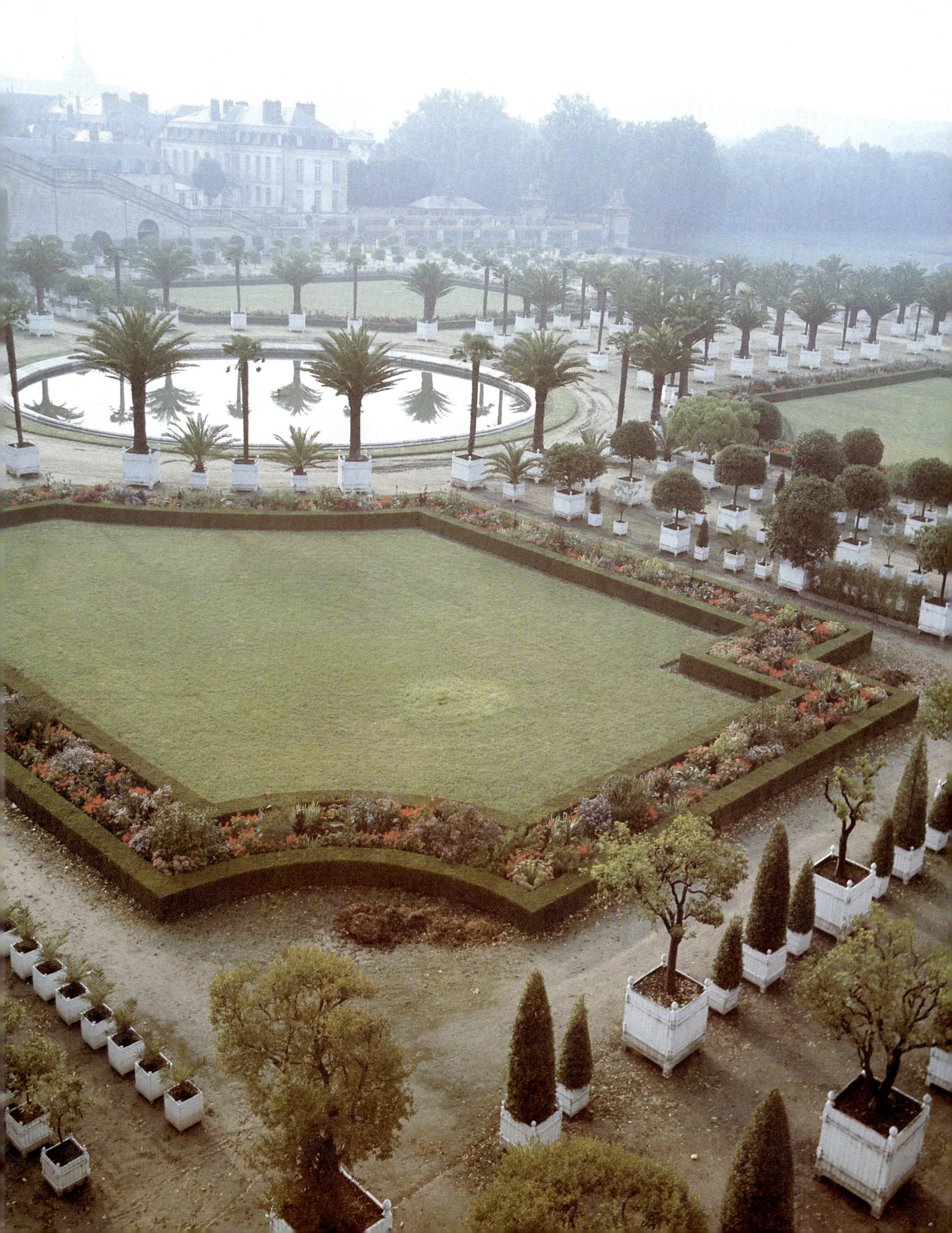

verwendet werden, alles andere gehört in die Sammlungen Botanischer Gärten.

Neben der Bedeutung der Kübelpflanzen im öffentlichen Grün, in Kur- und Schloßgärten muß ganz besonders auf ihre Verwendung im privaten Bereich hingewiesen werden. So richtet sich dieses Buch denn auch vornehmlich an den großen Kreis der Pflanzenliebhaber, die ein oder mehrere Kübelpflanzen auf der Terrasse am Hause, auf dem Balkon, einem Dachgarten oder an anderer Stelle in ihrem Garten aufstellen wollen. Häufig geht die Anregung dazu auf eine Reise in südliche Länder zurück, von der so mancher sich eine Jungpflanze, einen Steckling oder Samen mitbrachte. Mit den Jahren werden diese Pflänzchen dann größer und enden schließlich beim häufig notwendig werdenden Verpflanzen in einem Kübel. Sie bringen nun ein Stück Süden in unsere oft unwirtlichen Breiten und erinnern ihre Besitzer an so manche Reise in andere Länder. Mit der Zeit taucht bei nicht wenigen der Wunsch auf, dem Bekannten auch Selteneres hinzuzufügen. Auch dazu will dieses Buch in Schrift und Bild die nötige Anregung geben.

Vielen ist der Verfasser zu Dank verpflichtet, so vor allen denen, die ihm schöne Bilder überließen, aber auch den Mitarbeitern des Verlages und nicht zuletzt dem Verleger, Herrn Roland Ulmer, der die Herausgabe dieses Buches anregte und ermöglichte.

Den Verfasser würde es besonders freuen, wenn ein Widerhall in Form vieler Anfragen ihn erreichte. Er wird sie jederzeit gerne beantworten.

Dr. h.c. Fritz Encke

Inhaltsverzeichnis

Vorwort 6

Einleitung 11

Orangen und Zitronen 15

Feigen-, Granaten- und Ölbäume 23

Oleander und Erdbeerbäume 35

Myrten und Verwandte 43

Lorbeer, Laurustinus und
Kirschlorbeer 52

Korallenstrauch und Engelstrompete . 61

Rosmarin, Lavendel
und Zitronenstrauch 66

Johannisbrotbaum und
Mastixstrauch 73

Drachenbäume und Verwandte 77

Neuseeländer Flachs 83

„Hundertjährige Aloe" 87

Schönblühende Kübelpflanzen 93

Subtropische Gehölze mit großen
Blättern 103

Kleinblättrige Kübelpflanzen 111

Bizarre Pflanzen 119

Nicht holzige,
reichblühende Kübelpflanzen 128

Von einigen Araliengewächsen 135

Fuchsien 141

Zypressen und Pinien 145

Palmen 149

Bambusse und andere Gräser 157

Jährlich aus Rhizomen oder Samen
heranzuziehende Kübelpflanzen ... 167

Hochstämme 179

Obst in Töpfen und Kübeln 183

Allgemeines über Pflege
und Überwinterung 187

Bezugsquellen 196

Literaturverzeichnis 197

Alphabetisches Verzeichnis
der deutschen Pflanzennamen 199

Alphabetisches Verzeichnis
der wissenschaftlichen Pflanzennamen 201

Bildquellenverzeichnis 207

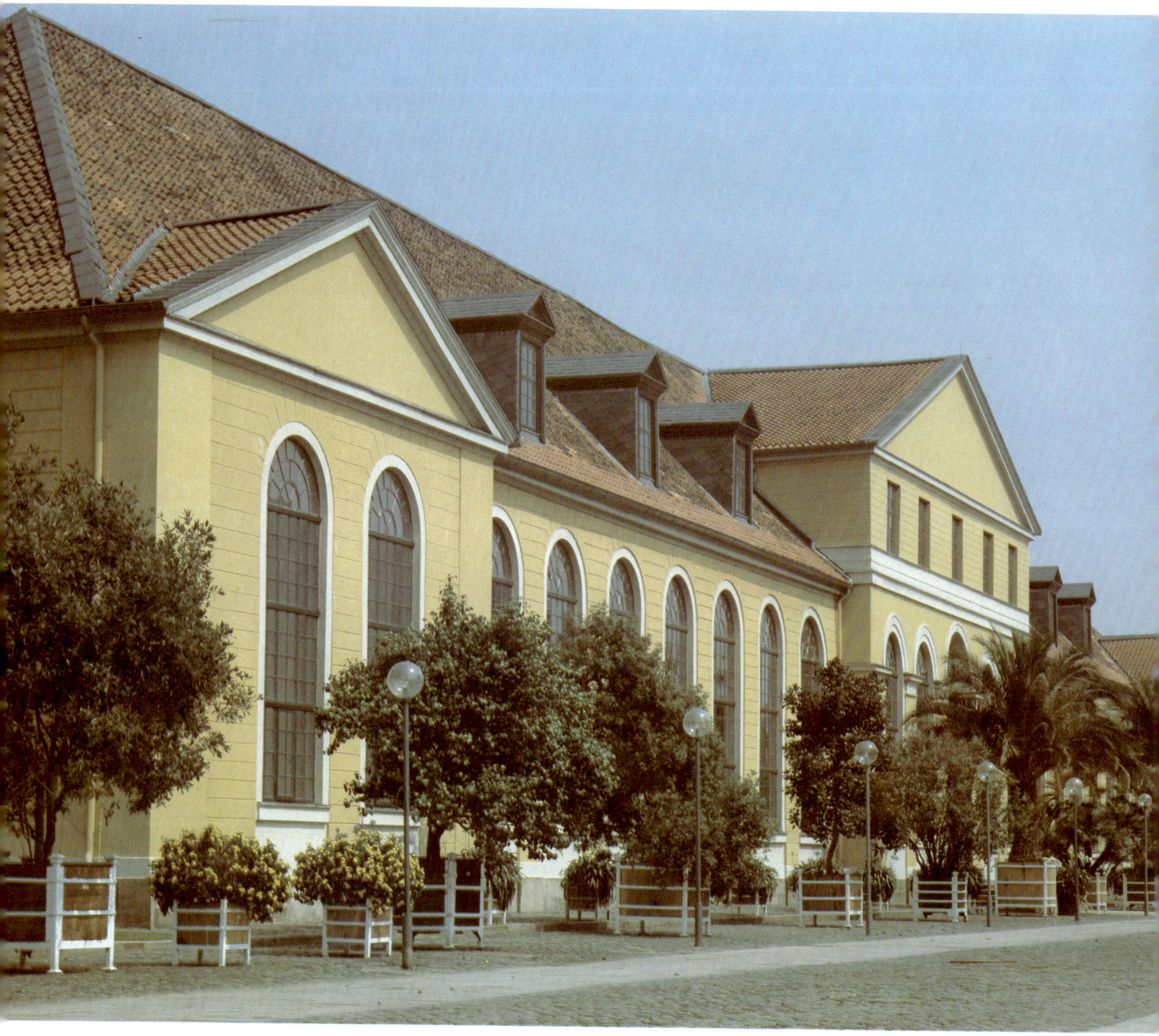

Einleitung

Schon im Altertum wurden Pflanzen in großen Tongefäßen oder in hölzernen Kästen gezogen und in Gärten und Höfen aufgestellt. Mit dem Aufblühen der Gartenkunst diesseits der Alpen setzte sich erst um 1650 allgemein der Brauch durch, Pflanzen südlicher Herkunft in Kübeln zu ziehen. Aber schon seit dem Anfang des 16. Jahrhunderts pflanzte man Orangen und Zitronen in einem besonderen Gartenteil aus und umbaute sie im Herbst mit einem Haus aus Brettern. Darüber schreibt Salomon de Caus 1619 sehr anschaulich das folgende: „... Gebäu von Holzwerck, das man alle Jahr umb S. Michelstag oder im Weinmonat aufschlägt, dann es mit vier Offen den ganzen Winter eingeräumbt bleibt, dergestalt, daß man zur Zeit des meisten und größten Eyßes darinnen spatzieren kann und gar keine Kälte fühlet, wegen der Hitz, die bemeldte Offen eingeheizt von sich geben. Und im Mayen oder umb Ostern bricht man bemeldt Gebäu von Holzwerck wieder ab, daß die Bäum den ganzen Sommer über underm freyen Himmel bleiben. Dieweil aber dies Holzwerck bös uffzuschlagen und abzudecken ist, auch viel erhalten kostet, ha Ihrer Königl. Majestät ich allerunterthänigst diesen Vorschlag gethan, sie sollen künftig diesen Pomerantzen-Garten mit einem Gebäu von gehauenen Steinen umbfassen lassen, also daß man zur Winterzeit nur den Dachstuhl druff und die Fenster drein zu setzen hatte." Aus diesem von Caus vorgeschlagenen Gebäude entwickelten sich im 17. Jahrhundert die Orangerien. Sie waren später von solcher Größe, daß sie am Ende des Gartens ein Gegenstück zum Schloß bildeten. Das ist nicht weiter erstaunlich, wenn man bedenkt, daß während der ganzen Barockzeit auf nichts größerer Wert gelegt wurde als auf eine bedeutende Orangerie, die nicht nur Pomeranzen, sondern bereits eine Vielfalt anderer Pflanzen enthielt, darunter bereits die meisten der auch heute noch als Kübelpflanzen gezogenen Gewächse.

Nicht nur vielen Fürsten, sondern auch Patriziern und reichen Bürgern der großen Städte war Italien aus eigener Anschauung bekannt; so nimmt es nicht wunder, daß sie vieles des dort Geschauten auch in dem so viel rauheren Norden besitzen wollten. Erstaunlich ist aber, daß bereits während des 17. und 18. Jahrhunderts große Orangenbäume, aber auch manche andere Pflanzen aus Italien importiert wurden, und zwar teils auf dem Seewege über Amsterdam und wohl auch Hamburg, teils aber auch auf dem Landwege. So wird z. B. 1719 berichtet, daß „Herr Vaal mit einer ansehnlichen Lieferung von großen Orangenbäu-

Die 1720 erbaute Orangerie des Großen Gartens in Hannover-Herrenhausen enthält viele Kübelpflanzen, darunter einige im Alter von 150–200 Jahren.

men für Ihre Durchlaucht Prinzen Eugeni aus Italien allhier an der Donau angelanget, darunter insonderheit 2 rar- und kostbare Palmen Bäume befindlich, dergleichen an Größe niemals in Teutschland gesehen worden." Aber nicht nur aus Oberitalien kamen diese Pflanzen nach Deutschland, sondern auch aus anderen Teilen Italiens; so wird z. B. berichtet, daß 1730 mehrere hundert „prachtvolle" Orangenbäume aus Sardinien nach Ludwigsburg gebracht wurden.

Während der Renaissance und des Barock schlug sich die Garten- und Pflanzenliebhaberei nicht nur in den prunkvollen Parks der Fürsten nieder, von denen wir einige wie Herrenhausen, Sanssouci, Schwetzingen und Nymphenburg heute noch bewundern können, sondern auch in Gärten des reichen Bürgertums der großen Städte. Unter den Besitzern dieser städtischen Gärten finden wir vor allem Bankiers, Handelsherren, Ärzte und Apotheker. Viele dieser bedeutenden Gärten, die zumindest an Reichtum ihrer Pflanzensammlungen sich mit den riesigen Anlagen der Landesfürsten messen konnten, finden wir u. a. in Augsburg, Dresden, Leipzig, Berlin, Frankfurt a. M., Hamburg, Köln, Stuttgart, Tübingen und Ulm. Durch die Enge der Städte waren diesen bürgerlichen Gartenanlagen allerdings bestimmte Grenzen gesetzt. Selten überlebten sie mehr als ein oder zwei Generationen, so ist auch auf uns keiner dieser Gärten gekommen. Unser Wissen über sie stützt sich auf zeitgenössische Schriften und alte Pflanzenverzeichnisse. Eine ganze Reihe der zu ihrer Zeit berühmten Bürgergärten finden wir in schönen Stichen, z. B. in dem prachtvollen, 1708 erschienenen Werk von Volckamer, „Nürnbergische Hesperides", das hauptsächlich der Pomeranzenkultur gewidmet war und deren Früchte in großen Abbildungen zeigte. Auf vielen dieser Stiche aber werden, gewissermaßen als Randleiste, schöne Bürgergärten der damaligen Zeit abgebildet. Auch hier lag der Stolz der Besitzer in einer umfangreichen Orangerie mit einer Vielfalt seltener Pflanzen, unter denen die Pomeranzen an erster Stelle standen. Durch die vielen Kriege der damaligen Zeit wurden sowohl fürstliche als auch bürgerliche Gärten immer wieder zerstört und zwar in einem solchen Maße, daß sie völlig verschwanden. Man denke dabei nur an den Hortus Palatinus beim Heidelberger Schloß und die Favorite in Mainz. Erst nach dem dreißigjährigen Krieg, der so vieles in unseren Landen vernichtete, konnte man sich auch wieder der Gartenkultur zuwenden. Neue Gärten und Parks entstanden und erreichten während der Blütezeit des Barock, also in den Jahrzehnten um 1700, ihren besonderen Höhepunkt.

Mit dem Entwurf und der Anlage vor allem der fürstlichen Schlösser und Gärten wurden bedeutende Baumeister und Gartenkünstler betraut, deren Namen uns heute noch ein Begriff sind. Zur Unterhaltung aber, vor allem auch der sich ständig vergrößernden Pflanzensammlungen, bedurfte es guter Gärtner, von denen jedoch in der Literatur nur selten die Rede ist. Viele von ihnen waren weitgereist und kannten den Gartenbau nicht weniger Länder. Leider sind uns nur die Namen derjenigen erhalten, die ihre Erfahrungen schriftlich niederlegten und deren Bücher heute zu den gehüteten Schätzen der Bibliotheken gehören. Nur einige von ihnen sollen hier wenigstens mit Namen genannt werden, so vor allem Gottlieb Rammelt, Christian Ludwig Krause und Heinrich Hesse, von Ausländern Philip Miller, dazu so gelehrte und im Gartenbau erfahrene Ärzte wie der brandenburgische Leib-Medicus Joh. Sigismund Elsholz und der nürnbergische Arzt Joh. Christoph Volckamer.

Wie schon damals bedarf es auch heute zur richtigen Pflege einer größeren Sammlung von Kübelpflanzen tüchtiger Gärtner, von deren Können alles abhängt. Wie bei den japanischen Bonsais handelt es sich bei vielen Kübelpflanzen um Gewächse, die nicht nur Jahrzehnte, sondern hundert und mehr Jahre überdauern sollen. Bei jedem, der sie pflegt, ist Erfahrung, Einfühlungsvermögen, Liebe und Geduld die erste Voraussetzung. Daß es auch heute noch solche Gärtner gibt, davon zeugen die Orangerien ehemals fürstlicher Gärten mit ihren Beständen alter Kübelpflanzen. Aber auch so mancher alte Myrtenbusch oder Granatapfelbaum, der sich seit hundert und mehr Jahren im Besitz der gleichen Familie befindet, legt Zeugnis ab von der Liebe und dem Verständnis ihrer ehemaligen und heutigen Pfleger.

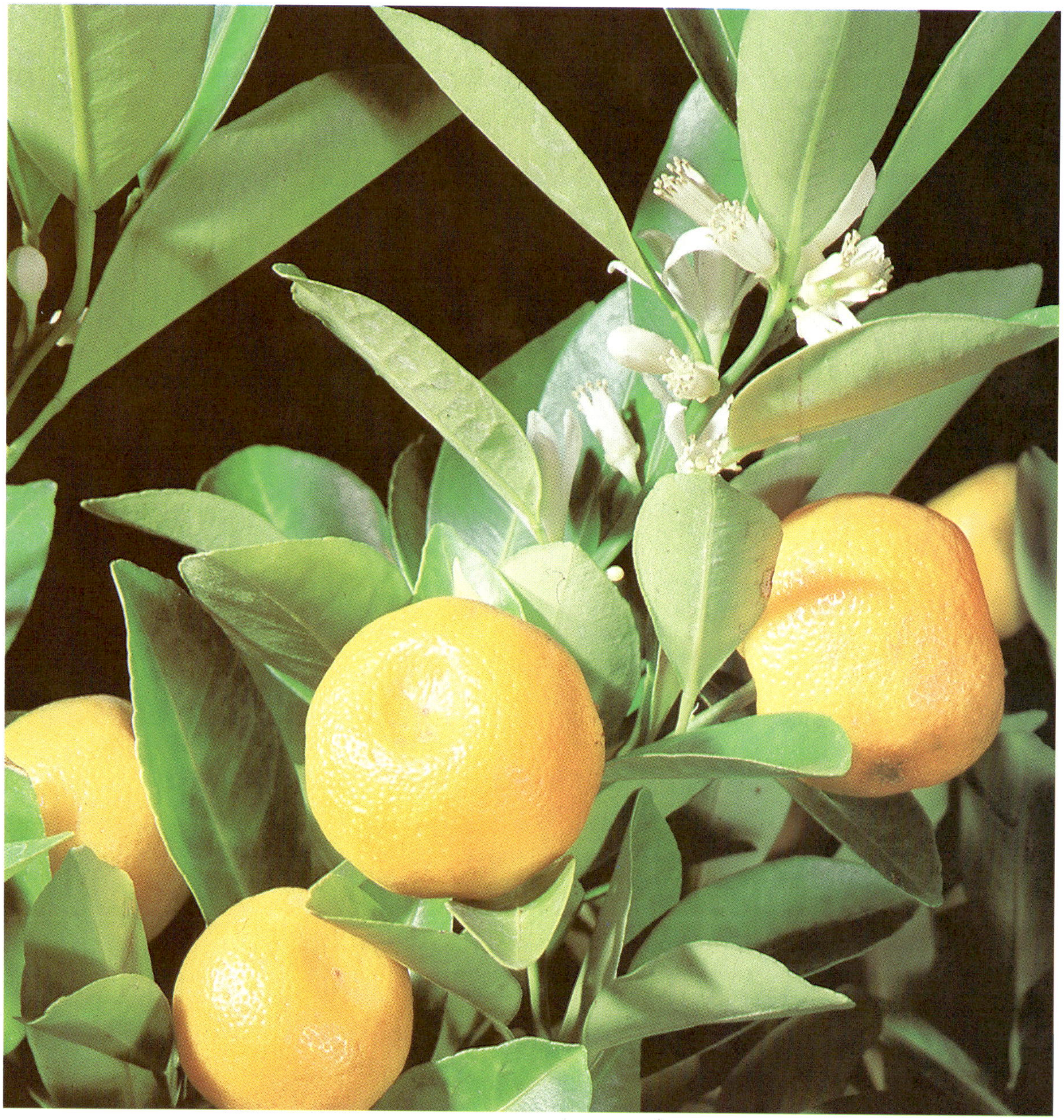

Orangen und Zitronen

So wenig wie Agaven und Feigenkakteen, die für den Reisenden einen typischen Bestandteil der Mittelmeerflora bilden, dort heimisch sind, so wenig sind es auch Orangen und Zitronen. Ihre Urheimat liegt wahrscheinlich im wärmeren Asien. Von dort kam als erste *Citrus*-Art die Zitronat-Zitrone, *Citrus medica*, nach Griechenland und in andere Länder des östlichen Mittelmeeres. Wohl zur Zeit Alexanders brachten sie die Griechen mit in ihre Heimat, ihre Kultur hatten sie bei den Persern kennengelernt. Zunächst dienten die Zitronen sicherlich nur medizinischen Zwecken, aber auch als Mittel gegen Motten und als Gegenmittel gegen Gifte. Doch bald schon wird man das Aroma der Früchte und die Verwendung in der Küche schätzen gelernt haben. Weiter wissen wir, daß seit alten Zeiten die Juden die Ethrog-Zitronen, *Citrus medica* var. *ethrog* Engl. bei der Feier des Laubhüttenfestes verwendeten, ein Brauch, der sich bis heute erhalten hat. Auch als Zierpflanzen hatten sie im Altertum Bedeutung, so finden wir um 200 n. Chr. Zitronenbäume in durchlöcherten Tongefäßen zum Schmuck römischer Villen und Gärten, wo sie besonders in den Säulengängen aufgestellt waren. Da sie empfindlich gegen Winterkälte sind, vor allem in nördlicheren Gegenden, pflanzte man sie häufig an den Fuß nach Süden gelegener Mauern, wo man sie im Winter mit davor gestellten Brettern gegen Kälte schützen konnte, so z. B. im Tessin und später in nördlich der Alpen gelegenen Ländern. Man kann diese Methode, sie vor Kälte zu bewahren, als Vorläufer der späteren Orangerien betrachten. Bereits recht früh kamen *Citrus*-Früchte über die Alpen, so kannte sie bereits die heilige Hildegard von Bingen († 1179) und Albertus Magnus († 1280). Zu den ersten in Deutschland gezogenen Zitronen gehören wohl die zwischen 1541 und 1560 im Woysselschen Garten zu Breslau. Bei einem der zuverlässigsten Botaniker seiner Zeit, Hieronymus Bock, lesen wir in seinem 1539 erschienenen „Kreutterbuch" von den „Judenöpffel/ Citrinaten vnd Limonen" u. a.: „Der feucht kalt Pfersing bewegt mich eines andern kalten Obs zu gedencken/ wiewol aber diß Öpffel geschlecht in Germania nicht so gemeyn/ als inn andern warmen Landen/ als Italia/ gepflantzt würt/ das macht eins theils der kalt Winter bey den Teutschen/ darnach das es auch noch frembd ist bei vilen. Dieser schön gold gäl appfel mit seinen geschlechten/ ist erstmals auß dem Land Media in Persia in vil Lender gebracht worden/ … Die Juden vnd Kauffleut haben solche Öpffel bey vnss Teutschen kündig gemacht/ dann die Juden haben ein besonders superstition mit diesem appfel, dann

Eine reizvolle Eigentümlichkeit vieler *Citrus*-Arten liegt im gleichzeitigen Erscheinen von Blüten und Früchten.

ein geschlecht muß järlichs ein solchen Appfel bestellen/ vnd in hauß haben ... Etlich Teutschen haben diß geschlecht von den kernen auffgezielet/ mit fleissiger wartung/ also dz nün mehr auch beumlein zu finden seind in vnseren Landen."

Die Blütezeit für die in Kübeln gezogenen und in Orangerien überwinterten Orangen und Zitronat-Zitronen lag in der Zeit von etwa 1600–1850. Man denke, um nur zwei Beispiele zu nennen, an die Orangerien von Versailles und Sanssouci, wobei zu bemerken ist, daß Versailles noch heute eine beträchtliche Sammlung besitzt. Es gab wenig fürstliche Gärten, in denen keine *Citrus*-Bäume in Kübeln gehalten wurden, ebenso standen sie in den Gärten reicher Handelsherren und Bürger. Formen mit monströsen Früchten, die vor allem bei *Citrus medica* entstehen, waren besonders beliebt. Kunde über die so verbreitete Liebhaberei geben viele Schriften der damaligen Zeit. Die Früchte wurden dort nicht nur abgebildet, sondern auch über die Kultur wird ausführlich berichtet. Als Beispiel sei das prachtvolle, 1708 erschienene Werk von Johann Christoph Volckamer (1644 bis 1720) aus Nürnberg, „Nürnbergische Hesperides oder gründliche Beschreibung der edlen Citronat-, Citronen- und Pomerantzen-Früchte ..." genannt. Außerdem sei an das Werk des Giovanni Battista Ferrari (1584–1655), „Hesperides sive de malorum aureorum cultura ...", erschienen 1646 in Rom, erinnert. Über den Umfang vieler Sammlungen macht man sich heute kaum eine Vorstellung, so standen z. B. in der Orangerie zu Sanssouci zur Zeit Friedrich II. 800 Stämme von verschiedenen *Citrus*-Arten und -Formen, in Herrenhausen bei Hannover etwa um die gleiche Zeit 400. Der Baron von Münchhausen gibt 1716 die Größe des Sortimentes in seinem Garten zu Schwöbber bei Hameln mit 49 Orangen-, 133 Limon- und 38 Zitronat-

Bäumen an. Interessant ist, daß bereits im 17. und 18. Jahrhundert große Pflanzen aus Italien nach Deutschland transportiert wurden. So wurden 1608 12 Orangenbäume von Genua nach München gebracht und 1730, wie bereits erwähnt, mehrere hundert „prachtvolle" Orangenbäume von Sardinien nach Ludwigsburg. Wie mühsam muß damals der Transport dieser Pflanzen auf so langen Strecken gewesen sein! Auch im 19. Jahrhundert wurden *Citrus*-Arten und -Formen noch häufig in Deutschland gehalten. So schreibt Leunis 1877: „Citronen- und Pomeranzenbäume gehören zu unseren beliebtesten Ziersträuchern und werden in Deutschland in Menge in Treibhäusern (Orangerien) gezogen und als Marktpflanzen verkauft", an anderer Stelle lesen wir in einer Fußnote, daß man in den Orangerien zu Oranienbaum 1835 auf 25–30 Bäumen 80000 reife Früchte zählen konnte.

Über Heimat, Einführung, Bedeutung und Kultur der Agrumen, wie man früher zusammenfassend die verschiedenen *Citrus*-Arten nannte, könnte man ein ganzes Buch schreiben, hier sollen jedoch nur einige kulturgeschichtlich interessante Angaben gemacht werden. Die für die Kübelkulturen wichtigsten Arten sind die folgenden:

Citrus aurantium L., die Pomeranze, kommt von dem Südabfall des Himalaja und wurde seit Ende des 9. Jahrhunderts n. Chr. in Arabien, seit 1002 in Sizilien angebaut. In Deutschland finden wir diese Art zwischen 1541 und 1560 unter dem Namen „Aurantiorum arboreum arbusculae aliquot". Sie ist ein dorniger, 7–10 m hoher Baum, von dem schon im Mittelalter verschiedene Zwergformen bekannt waren. Seine Blattstiele sind breit geflügelt, die Blüten weiß, die Früchte orange bis rötlich, rund, aber oben etwas abgeflacht, 7 cm im Durchmesser, das Fruchtfleisch bitter. Heute werden die Früchte vor allem zu Marmelade verarbeitet, die Blüten in der Parfümerie (Neroli-Öl) verwendet.

Citrus limon (L.) Burm. (*Citrus limonum* Risso), die Zitrone oder Limone (daher der Name Limonade!) stammt aus Nordwestindien. Die Zeit ihrer Einführung ist ungewiß, jedoch weiß man, daß 1369 die ersten Limonen in Genua gepflanzt wurden. In Deutschland finden wir sie bereits zwischen 1541 und 1560 im Woysselschen Garten zu Breslau, und zwar unter dem Namen „Citrus arborescens aliquot". *C. limon* bildet einen 3–7 m hohen, glatten Baum mit kurzen, steifen Dornen. Die Blattstiele sind ungeflügelt, die Blüten in der Knospe rötlich überlaufen, die Früchte, die Zitronen, gelb, eiförmig oder länglich und 7–12 cm lang.

Citrus medica L., die Zitronat-Zitrone, ist die älteste in Europa kultivierte Art. Ihre ursprüngliche Heimat liegt in Vorderindien und Westasien. Sie bildet kleine

Bäume oder große Sträucher mit kurzen, steifen Dornen. Die Blattstiele sind meist ungeflügelt, die Blüten innen weiß, außen rötlich, ihre Früchte gelb, länglich, 15–25 cm lang, rauh oder warzig, mit sehr dicker Schale, die nach der Behandlung mit Zukker und nachfolgender Trocknung seit altersher in der Küche als Zitronat verwendet wird.

Citrus reticulata Blanco (*Citrus nobilis* Andr. non Lour.), die Mandarine, wurde erst 1828 nach Südeuropa eingeführt. Sie stammt aus Südostasien und von den Philippinen. Ihr Wuchs ist strauchig, nur selten baumartig. Auch sie ist sehr dornig, ihre Blattstiele sind nur ganz wenig geflügelt, die Frucht ist orangegelb bis tief orangerot, fast kugelig, aber oben und unten abgeplattet, bis 8 cm im Durchmesser, die Schale dünn, das Fruchtfleisch süß.

Citrus sinensis (L.) Pers., Apfelsine, Orange. Ihre Urheimat ist nicht bekannt, vielleicht liegt sie in China oder Südvietnam. Den Chinesen war sie von altersher bekannt, in indischen Schriften wird sie erstmals 1374 erwähnt. Von Indien soll sie 1520 nach Portugal gekommen sein, von wo sie sich sehr rasch weiter verbreitete. Heute sind die Apfelsinen die am häufigsten gepflanzten *Citrus*-Sträucher, die in vielen Ländern, deren Klima sich für ihre Kultur eignet, angebaut werden. Sie bilden dichte, bis 12 m hohe, meist dornige Bäume. Die Blattstiele sind nur schwach geflügelt, die Blüten erscheinen zu 1–6 in Büscheln, sind besonders stark duftend und weiß. Ihre Früchte sind wohl jedermann bekannt. Wie bei den anderen *Citrus*-Arten gibt es auch bei ihnen eine große Zahl verschiedener Sorten.

Schließlich sei noch auf × *Citrofortunella mitis* (Blanco) J. Ingram et H. E. Moore, bekannter unter den Synonymen *Citrus mitis* Blanco und *Citrus microcarpa* Bunge, hingewiesen. Es ist dies eine Hybride zwischen *Citrus reticulata* und *Fortunella species*. Seit etwa 15–20 Jahren wird sie bei uns als Topfpflanze angeboten. Sie blüht und fruchtet schon als kleine Pflanze. Im Süden wächst sie zu einem niedrigen, dichtkronigen, fast dornenlosen Baum heran. Seine Früchte sind klein, kugelig bis flachkugelig, nur 2,5–3,5 cm im Durchmesser, orange, mit sehr saurem Fruchtfleisch. Bereits 1837 soll diese Gattungshybride von den Philippinen nach Europa gekommen sein. Ebenfalls als Topfpflanze angeboten, vor allem zur Weihnachtszeit in den USA, wird die Otaheite Orange, *Citrus otahaitensis* Risso et Poit. Sie ist wahrscheinlich ein Abkömmling von *Citrus* × *limonia* Osbeck *(C. limon* × (?) *C. reticulata)* und hat nur kleine, orangefarbene oder tiefgelbe, etwa 5 cm breite Früchte.

Von den *Citrus*-Sammlungen der alten Orangerien in Deutschland sind die meisten nicht mehr vorhanden, lediglich hie und da findet man noch eine größere Zahl von Pflanzen, die die schlechten Zeiten überstanden haben. Außerdem wurden in jüngerer Zeit eine Anzahl älterer Pflanzen aus südlichen Baumschulen eingeführt. In Großstädten wird man sie kaum verwenden können, da dort die Früchte sehr bald verschwinden würden. Aber überall dort, wo noch alte Orangeriegebäude vorhanden sind, sollte man sich ihrer Kultur wieder widmen. Privatleute sind wohl kaum in der Lage, große Pflanzen zu ziehen, da ihnen für die Überwinterung die Räume fehlen. Sie müssen mit der ebenfalls schönen, aber kleinbleibenden × *Citrofortunella* vorliebnehmen.

Die Kultur alter Kübelpflanzen ist schwierig und verlangt einen sehr erfahrenen Gärtner, möglichst immer den gleichen, der sich auf Jahre hinaus mit ihnen beschäftigt und später seine Erfahrungen an einen jüngeren weitergibt. Die Überwinterung erfolgt in hellen, gut zu lüftenden Räumen bei 3–5° C, lediglich *Citrus limon* und *Citrus grandis*, die Pampelmuse, sollen etwas wärmer, etwa bei 5 bis 8° C, gehalten werden. Stetige Lüftung ist wichtig, selbst dann, wenn die Temperaturen draußen unter 0° C liegen. Ausgeräumt werden sie erst Ende Mai/Anfang Juni, eingeräumt im Laufe des September. Dann werden sie noch einmal durchdringend gegossen. Während des Winters brauchen sie bei Einhaltung der angegebe-

× *Citrofortunella mitis (Citrus mitis)* ist ein hübscher Strauch für Töpfe und kleine Kübel. Er blüht und fruchtet schon als junge Pflanze. Um ihn recht buschig zu halten, wird ab und zu kräftig zurückgeschnitten. Im Winter verträgt er höhere Temperaturen als andere *Citrus*-Arten, im Sommer aber muß auch er im Freien stehen.

nen Temperaturen nur sehr wenig Wasser, dürfen aber natürlich nicht etwa austrocknen. Im Sommer dagegen wird wieder reichlicher gegossen, vor allem bei sonnigem Wetter. Das richtige Gießen verlangt viel Sorgfalt und Erfahrung. Vor allem zu reichliches Wässern vertragen die Pflanzen nicht. Ein Zuviel an Wasser ist besonders älteren Pflanzen sehr schädlich und kann zum Tode führen. Deshalb ist auch eine gute Dränage auf dem Boden des Kübels sehr wichtig. Gut durchwurzelte, gesunde Pflanzen sollten von April bis zum Juli regelmäßig mit einem Volldünger, besser noch mit der schwachen Lösung eines organischen Düngers wie aufgelöstem Kuhdung gegossen werden. Voraussetzung zu gutem Gedeihen ist kalkarme Erde und ebensolches Wasser. Wo dieses nicht vorhanden ist, verzichte man auf die Kultur. Ältere Pflanzen sollten alle 3–5, große Bäume sogar nur alle 5–10 Jahre verpflanzt werden. Dabei ist wichtig, nicht zu große Gefäße zu nehmen, sonst reagieren sie empfindlich. Nachdem man die Pflanze vorsichtig aus ihrem Kübel genommen hat, schneidet man rund um den Ballen mit einem scharfen Messer den Wurzelfilz ab und lockert danach den Ballen mit einem spitzen Holz etwas auf. Beim Wiedereinpflanzen achte man besonders darauf, daß der Wurzelhals nicht in die Erde kommt. Als Erde eignet sich eine gut abgelagerte Mischung aus alter Lauberde, am besten aus Eichenblättern, der man ein Drittel humos-lehmiger Rasenerde und scharfen Sand beimischt. Mit Einheitserde und TKS liegen m. W. keine Erfahrungen vor. Die beste Zeit zum Umpflanzen ist die Zeit zwischen März und Juni. In den Jahren, in denen nicht verpflanzt wird, sollte man die oberste Erdschicht entfernen und durch neue, mit Hornspänen angereicherte Erde ersetzen. Schnitt ist selten nötig, wird aber vertragen. Meist wird man nur den einen oder anderen Zweig, der die Krone überragt, einkürzen müssen. Eine Ausnahme machen nur × *Citrofortunella mitis* und *C. otaheitensis*, die man ab und zu kräftig zurückschneidet, um die Pflanzen buschig zu erhalten. Beide vertragen auch während des Winters höhere Temperaturen als die anderen Arten. Vom Frühjahr bis zum Spätsommer sollte man nicht versäumen, die Pflanzen morgens und nachmittags zu spritzen oder einzunebeln.

Die Vermehrung der Sorten erfolgt am besten durch Veredelung auf Sämlinge von *Poncirus trifoliata*, doch kann man als Unterlage auch Sämlinge anderer *Citrus*-Arten verwenden, am besten solche von *Citrus medica*. Im August werden ein oder mehrere Augen auf den Wildling okuliert, genauso wie man es bei Rosen macht. Doch ist es auch möglich, ein noch nicht im Trieb befindliches Edelreis auf einen angetriebenen Wildling zu pfropfen. Die Vermehrung durch Stecklinge unter einer Wasserstaubvermehrung ist ebenfalls möglich, aber langwierig. × *Citrofortunella mitis* wird am besten aus Stecklingen vermehrt, die, in ein lauwarmes Beet gesteckt, nach einigen Wochen wurzeln. Von ihnen sind aber auch Jungpflanzen im Handel, so daß man sie im allgemeinen nicht selbst zu vermehren braucht. Sie werden zu Zehntausenden als fast fertige Pflanzen von 30 bis 50 cm Höhe mit Blüten und Früchten eingeführt und bei der Ankunft getopft. Nach drei bis vier Wochen sind sie dann verkaufsfertig. Ihre Vermehrung erfolgt meist durch eine besondere Art des Absenkens, durch „Markotieren", wie der Fachmann es nennt.

Alle *Citrus*-Pflanzen kommen von Ende Mai bis zum September an einen warmen und sonnigen Platz ins Freie, also etwa vor eine Orangerie, auf eine große Terrasse, als Einzelpflanze in einen Gartenhof oder zur Flankierung eines Tores, auch können sie einen auf einen Blickpunkt ausgerichteten Weg zu beiden Seiten begleiten. Um es noch einmal zu wiederholen, Zitronen- und Orangenbäume sind nichts für den normalen Pflanzenfreund, dem im allgemeinen die nötigen Überwinterungsmöglichkeiten fehlen, der außerdem selten in der Lage ist, Pflanzen in großen Kübeln zu transportieren. Er muß sich mit der kleinbleibenden, aber schon als junge Pflanze blühenden und fruchtenden × *Citrofortunella* begnügen.

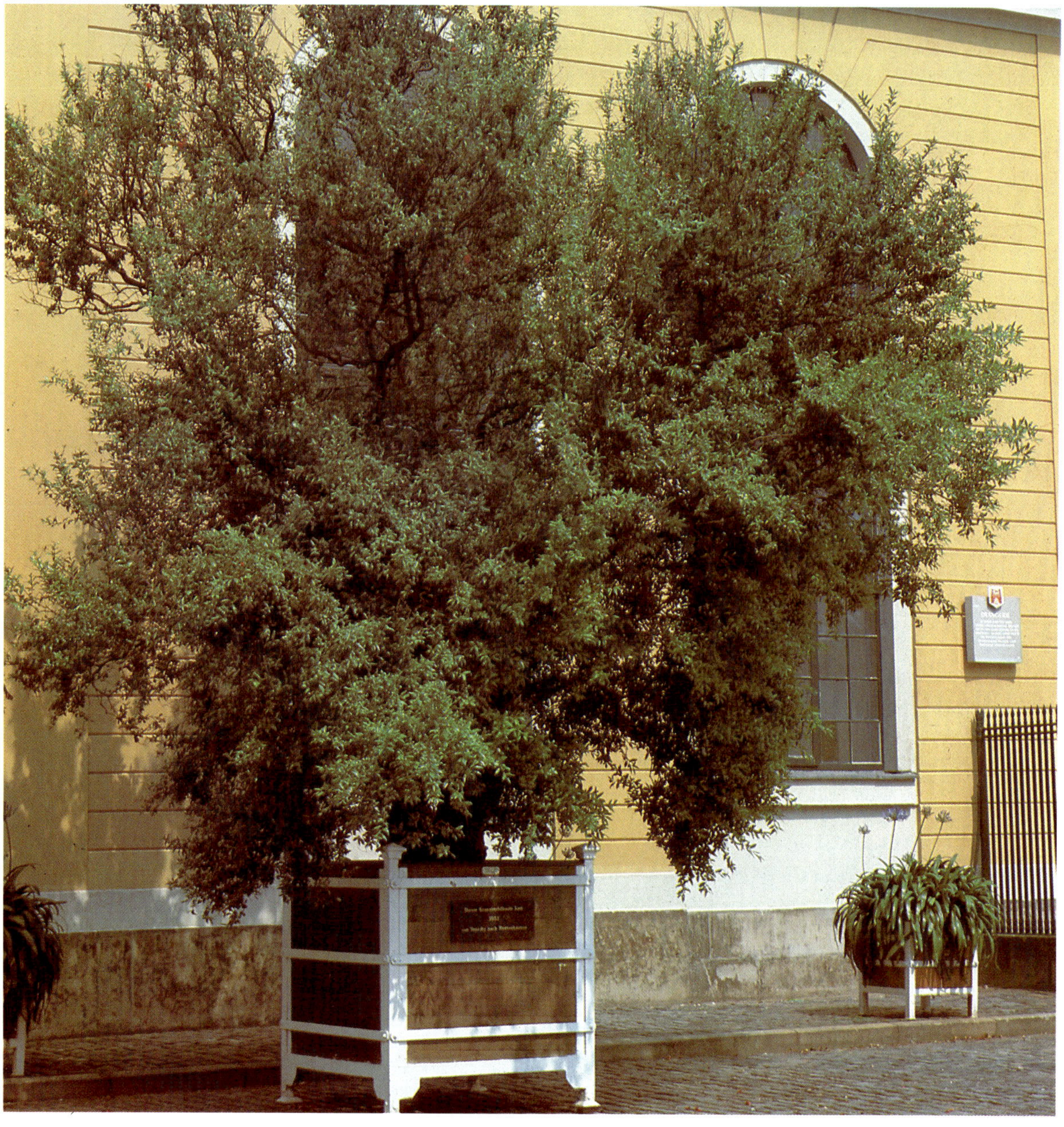

Feigen, Granaten und Ölbäume

Diese drei Fruchtbäume gehören zu den ältesten und am meisten verbreiteten Kulturpflanzen des Mittelmeergebietes. Bei uns sind sie mit Ausnahme der Feigen nur als Kübelpflanzen, die frostfrei zu überwintern sind, zu verwenden. Vor allem Feigenbäume und Granaten gehören zu den schönsten Kübelpflanzen für Terrassen, Dachgärten und Gartenhöfe.

Echter Feigenbaum
Ficus carica L.

Schon im Altertum wurden Feigen als wichtige Kulturpflanzen gezogen. *Ficus* war der lateinische Name für sie und *carica* bedeutet, daß sie in Karien, einer Landschaft Kleinasiens, angebaut wurden. Auch heute noch werden sie dort gezogen und sind ein wichtiger Exportartikel. *Ficus carica* ist weit verbreitet in Nordwestindien, großen Teilen Westafrikas, im Kaukasusgebiet, auf der Krim und der südlichen Balkanhalbinsel, in Italien bis zum Südrand der Alpen und auf der Pyrenäen-Halbinsel sowie in Afrika von Saudiarabien durch Nordafrika bis Marokko und den Kanarischen Inseln. Feigen sind schon den

Ein weit über 100 Jahre alter Granatbaum. Beachtenswert das Pflanzgefäß aus Holz und Eisen.

Groß und Klein freut sich, wenn am eigenen Feigenbaum die saftigen Früchte reifen.

Assyrern und den Ägyptern bekannt gewesen, auf Kreta waren sie bereits um 1600 bis 1500 v. Chr., in Griechenland seit dem 9. Jahrhundert v. Chr. oder sogar noch früher. Im Alten Testament werden sie häufig erwähnt, ebenso in der Odyssee. Hehn schreibt über ihre Verwendung im klassischen Griechenland: „Wein und Feigen wurden in Griechenland im allgemeinen Lebensbedürfnis, den Armen und den Reichen gemeinsam, und wie der Araber sich mit einer Hand voll Datteln begnügt, so reichten auch einige trockene Feigen dem attischen Müßiggänger hin, …". In der Kaiserzeit des Römischen Reiches wurden bereits viele verschiedene Sorten angepflanzt, aber auch von weither Trockenfrüchte eingeführt. Hehn schreibt hierüber: „Die Feigen von Smyrna, die wir jetzt für die besten halten, kamen auch schon im Altertum unter den Namen *caricae* und *cauneae* nach Italien und wurden damals wie jetzt, gepreßt in Schachteln versandt." Wilde oder verwilderte Feigen findet man in manchen Mittelmeerländern, und zwar meist an warmen Felshängen in Felsspaltengesellschaften.

Heute werden Feigen in vielen wärmeren Ländern der ganzen Welt gezogen. Wann sie zuerst nach Deutschland gekommen sind, ist nicht mit Sicherheit zu sagen, wahrscheinlich aber schon im Laufe des 15. Jahrhunderts. Schon Hieronymus Bock schreibt in seinem „Kreutter-Buch", 1539: „… vngeschlachte Feigen, derselbe findet man auch etwañ an etliche warme orten des Teutschen Lands." Damals aber wurden sie weniger gegessen als für medizinische Zwecke verwendet. So nennt Brunfels 1537 in seinem „Kreutterbuch" 30 verschiedene Gebresten, die mit den Früchten, dem Saft, den Blättern oder dem Holze zu behandeln waren. Dazu einige Zitate aus dem „Kreutter-Buch" des Hieronymus

Bock. Dort lesen wir: „Werden allenthalben zur speiß und Artzney erwöhlet", und etwas später: „Galenus spricht/ das unter allem Obs in seynem alter/ die Feigen jhm am wenigsten geschadet haben." Schließlich sei eines der vielen Rezepte erwähnt, das gewiß nicht sehr appetitlich ist: „Nim̃ düre Feigen/ weissen Hundsmist/ jedes eine halbe handvoll/ seuds inn/ anderthalb pfundt Weins das dritte Theil ein/ thu ein wenig saltz darzu vn laß es in einem Clystier in den Leib/ ..." Diese Mischung sollte sehr wirksam gegen Steine aller Art sein!

In europäischen Orangerien wurden Feigen mit Sicherheit seit dem 16. Jahrhundert gezogen, so standen sie bereits 1586 in dem berühmten Garten des Laurentius Scholz in Breslau. In Heinrich Hesses „Neue Garten-Lust" von 1703 finden wir eine ausführliche Kulturbeschreibung und die Aufzählung von 9 verschiedenen Sorten, ebenso in vielen anderen Gartenschriften der Zeit wie z. B. in Miller's „The Gardeners Dictionary" von 1754.

Feigen bilden bis 10 m hohe, locker verzweigte, breitkronige Bäume oder große Sträucher. Ihre sommergrünen Blätter sind recht vielgestaltig, meist 3 bis 5lappig, manchmal auch einfach, oben durch lockerstehende Borsten rauh, unten weichhaarig. Der Blüten- und Fruchtstand wird aus dem becher- oder urnenartig erweiterten Stiel gebildet, in dessen Innerem, dem Receptaculum, die Staubblatt- und Stempelblüten, später die Früchte an der Innenwand stehen. Er hat nur eine winzige Öffnung, durch welche die die Bestäubung verursachenden winzigen Blattwespen ein- und wieder ausschlüpfen können. Über den verwickelten, im Pflanzenreich einzigartigen Vorgang der Bestäubung – nur bei der Gattung *Yucca* spielt sich Ähnliches ab – unterrichtet im einzelnen jedes Botanikbuch.

Feigenbäume und -sträucher sind schöne und sehr dekorative Pflanzen, die während des Sommers einen warmen und sonnigen Platz auf der Terrasse, dem Dachgarten, einem Balkon oder Gartenhof verlangen. Auch bei uns tragen sie Früchte, und es ist eine besondere Freude für ihren Besitzer, wenn er von der eigenen Pflanze die saftigen, wohlschmeckenden Früchte erntet. Die Überwinterung erfolgt in einem frostfreien Raum, etwa einem Keller, der zwar dunkel sein kann, aber gut zu lüften ist. Dort brauchen sie dann nur wenig gegossen zu werden. Im Sommer dagegen verlangen sie sehr viel Wasser. Als Erde eignet sich jede lehmige, nährstoffreiche Mischung. Neben regelmäßigem Gießen muß ihnen allwöchentlich ein Dungguß mit einem der üblichen Volldünger gegeben werden.

Die Vermehrung durch Ausläufer, Ableger oder Stecklinge ist nicht schwierig. Vom Spätwinter bis zum Frühling schneidet man vorjährige Triebe in einer Länge

Gewiß ein seltenes Ereignis, wenn der Granatbaum bei uns einmal Früchte ansetzt.

von 15–20 cm ab, am besten mit Astring, und steckt sie in ein warmes Vermehrungsbeet, wo sie sich bald bewurzeln. Januarstecklinge können bei guter Pflege bereits im ersten Jahre einige Früchte tragen.

Auch bei uns sind Feigen in wärmeren Gegenden bei geschütztem Stand, etwa an einer Hauswand als Spalier oder freiwachsender Busch gezogen, winterhart, vor allem, wenn man im Winter den Wurzelballen so mit Laub, Torfmull oder einem anderen Material bedeckt, daß der Frost nicht in die Erde dringen kann. Erfrieren sie einmal in einem sehr kalten Winter, so treiben sie meist wieder kräftig von unten aus. Ist ein Schnitt nötig, so führt man ihn am besten nach Triebabschluß im Spätsommer oder Herbst aus.

Granatbaum, Granatapfelbaum Punica granatum L.

Punica ist der lateinische Name der Pflanze *(punica arbor, punicum malum, punicum)*, der auf *punicum* (= phönizisch, punisch) zurückzuführen ist. *Granatum* kommt von *granatus* (= mit Körnern oder Kernen versehen, körnig) nach den zahlreichen Samen der Frucht. Granatbäume wurden bereits sehr früh angepflanzt. In Ägypten waren sie schon um 2500 v. Chr. bekannt, auch im Alten Testament werden sie mehrfach erwähnt, genau so in der Odyssee. In der griechischen und römischen Mythologie spielen Granaten eine große Rolle, ebenfalls in der christlichen Kirche, wo der Granatapfel ein Symbol der die köstlichste Frucht gebärenden Jungfrau Maria war, die Blüte das Sinnbild feuriger Liebe. Der Granatapfelbaum wurde als Symbol bereits von den Assyrern verwen-

Punica granatum 'Nana', die Zwerggranate, bildet einen niedrigen, dichtverzweigten Busch, der voll mit Blüten besetzt von großer Schönheit ist.

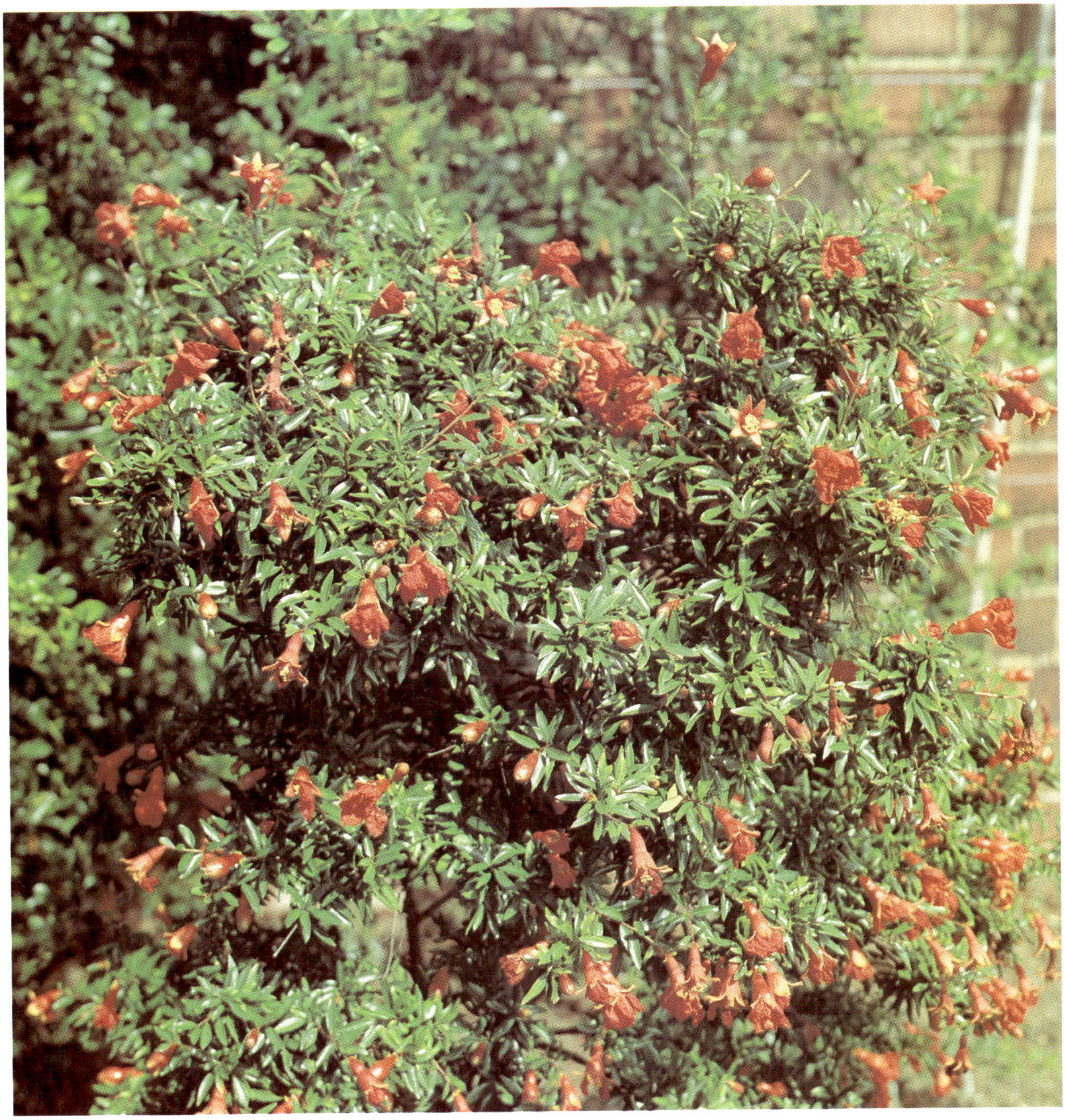

det, später von Juden, Arabern und Griechen weiter entwickelt, ebenso kommt er in der Gotik und Renaissance vor. Aber nicht nur in der Mythologie hatten Granatäpfel ihre Bedeutung, sie waren auch als Speise, Getränk und Medizin wichtig. Man aß die säuerlich schmeckenden Samen und bereitete aus dem saftigen, die Samen umschließenden Brei ein erfrischendes Getränk.

Neben Feigen gehören Granatbäume sicherlich zu den ältesten in Deutschland gezogenen nicht winterharten Pflanzen. Anfang des 16. Jahrhunderts galten sie „als höchste Zierde" einer Sammlung, und so finden wir sie denn auch durch das gesamte 16. Jahrhundert in einer ganzen Reihe fürstlicher und bürgerlicher Gärten, so z. B. um 1530 in dem von Hieronymus Bock betreuten fürstlichen Garten zu Zweibrücken und in dem berühmten Garten des Laurentius Scholz in Breslau. Hieronymus Bock bringt in seinem 1539 erstmals erschienenen „New Kreutter Buch" bereits eine recht typische Abbildung und schreibt u. a.: „Es haben die holdtselige Granatenöpfel auch noch zur zeit in vnseren Ländern nicht gar gewohnet/ sonderlich inn kalten örten. Vnd ob sie schon zuzeiten auffwachsen/ als wollten sie geraten/ so mögen sie doch des Winters frost nicht erleiden. Es were dann das man solche beumlein gegen den Herbst außsatzte wie den Rosmarin." Weiter geht er ausführlich auf ihre medizinische Verwendung ein. In Heinrich Hesses „Neue Garten-Lust" von 1703 wird bereits eine gute und ausführliche Kulturanweisung gegeben, in der er u. a. sagt: „Im Sommer wollen sie wohl begossen seyn: aber im Winter darff man ihnen weder mit Wasser noch Schnee nahe kommen/ sonst würden sie gleich verderben. Denn sie sind eines von denen Gewächsen/ so gar keine Kälte leiden können ..." Er nennt dort bereits

Granatäpffel.
Malus granata five punica.

neben der einfach blühenden Art drei Sorten mit gefüllten Blüten, damals Balaustien genannt, in rot, rot mit weißem Fleck und gelb. Der berühmte englische Gärtner und Botaniker Miller schreibt in „The Gardeners Dictionary" in der Ausgabe von 1754, daß Granatäpfelbäume in England nicht mehr selten seien und im Gegensatz zu früher, wo sie ausschließlich in Gewächshäusern gehalten wurden, jetzt an warme Mauern ins Freie gepflanzt würden, wo sie zwar schön blühen, aber selten Früchte ansetzten. Im Freien werden sie auch heute noch in den wärmeren Gegenden Englands gezogen. Schließlich noch ein hübsches Zitat aus Leunis, 1877, das einen alten Brauch schildert: „Weil der Granatapfel den Griechen und anderen Völkern als Symbol der Fruchtbarkeit galt, werfen die Gäste in alten hellenischen Zeiten wie auch jetzt noch beim Eintritt eines Brautpaares einen Granatapfel auf den Boden, um ihn zu zertrümmern, als Zeichen des Glückes, des Überflusses und der Fruchtbarkeit."

Wie bei vielen alten Kulturpflanzen ist die eigentliche Heimat nicht mehr mit Sicherheit zu ermitteln, doch nimmt man an, daß sie in Westasien lag. Von dort ging schon in vorhistorischer Zeit die weitere Verbreitung aus, besonders in das gesamte Mittelmeergebiet, wo die Sträucher angepflanzt wurden. Sie verwilderten vielfach, so daß sie heute in manchen Landschaften zu den typischen Pflanzen der heimischen Flora gehören. Daß schon sehr früh die Einfuhr von Granatapfelbäumen in ferne Länder erfolgte, sehen wir daraus, daß sie bereits 150 v. Chr. aus Samarkand nach China und zwar nach Schangkien gebracht wurden. Heute werden sie in den wärmeren Ländern aller Erdteile angebaut, wo sie an vielen Stellen eingebürgert sind und verwildern.

Die Familie *Punicaceae* enthält eine einzige Gattung mit nur zwei Arten, von denen gegenwärtig lediglich *Punica granatum* in Kultur ist. Sie bildet im allgemeinen 2–6 m hohe Sträucher, selten kleine Bäume, mit bisweilen dornigen, dünnen, stielrunden Zweigen, die in ihrer Jugend vierflügelig sind, die Flügel aber bald abwerfen. Die glänzenden Blätter sind sommergrün, einfach und ganzrandig sowie fast oder ganz gegenständig, die Blüten der Art granatrot, vieler Sorten gefüllt in den Farben rot, weiß und gelb. Sie erscheinen einzeln oder zu zweien bis dreien an den Spitzen der jungen Seitentriebe. Die Frucht ist eine kugelige Beere („Granatapfel") mit lederiger, dicker Schale, die beim Reifen aufbricht, aber auch dann noch von dem bleibenden, gefärbten Kelch gekrönt wird. Innen ist sie quergeteilt und enthält eine Menge eckiger, von einem Brei umhüllter Samen. Neben der Art gibt es eine niedrig bleibende, ein- bis anderthalb Meter nicht überschreitende Zwergform, *Punica grana-*

tum 'Nana', die dicht buschig wächst und reich blüht, sich aber weniger als Kübelpflanze für Terrassen usw. eignet, für welche die Art mit ihren grazilen Zweigen sehr viel reizvoller ist.

Die Überwinterung erfolgt möglichst kühl und luftig bei 2–6° C, keinesfalls wärmer, da die Pflanzen sonst vorzeitig austreiben. Der Überwinterungsraum, z. B. ein Keller, kann bis zum Wiederaustrieb durchaus dunkel sein. Wichtig für eine reiche Blütenbildung ist ein am besten im Herbst vorzunehmender Schnitt, bei dem alle schwachen vorjährigen Triebe weggenommen, die stärkeren aber nur eingestutzt werden. So bilden sich überall neue Triebe, und das ist wichtig, weil nur an deren Spitzen die Blüten erscheinen. Von großer Bedeutung ist das Ausreifen der jungen Triebe im Herbst. Damit dies geschieht, darf ab Mitte Juli nicht mehr gedüngt und ab Anfang August nur noch sparsam gegossen werden. Im Endkübel, der nicht zu groß sein sollte, kann die Pflanze 5–10 Jahre stehen, ohne verpflanzt zu werden. Sie gedeiht in der gleichen lehmig-humosen Erde, die man auch für Oleander verwendet. Im Sommer wird einige Male mit einem Volldünger gegossen, aber nicht länger als bis Mitte Juli. Wenn keine Nachtfröste mehr zu befürchten sind, kommen Granatbäume ins Freie an einen möglichst sonnigen und warmen Platz. Ende September, vor Beginn der ersten Fröste, räumt man sie wieder an ihren Winterplatz. Granaten sind prachtvolle Pflanzen für eine Terrasse, die Flankierung eines Hauseingangs, den Dachgarten oder eine größere Veranda. Sie können sehr alt werden; so findet man heute noch auf dem Lande, vor allem in Süddeutschland, Pflanzen, die hundert und mehr Jahre alt sind.

Vermehrt wird entweder durch etwa 10 cm lange Stücke unbelaubter Zweige im Februar/März oder durch krautige, halbreife Stecklinge im Frühjahr. Beide werden in das warme Vermehrungsbeet gesteckt. Die erstere Methode ist aber der Vermehrung durch krautige Stecklinge vorzuziehen.

Ölbaum, Olivenbaum
Olea europaea L.

Schon seit uralten Zeiten ist der Ölbaum für alle Mittelmeervölker eine der wichtigsten Kulturpflanzen. Seine ursprüngliche Heimat ist umstritten, doch heute glauben die meisten Botaniker, daß sie im östlichen Mittelmeergebiet lag. Von dort aus breitete sich der Baum nach Westen aus. Seiner Bedeutung für den Menschen wegen wurde

Ölbäume können viele hundert Jahre alt werden und sind dann sehr malerisch. Jungpflanzen dagegen sind nur von bescheidener Schönheit. Ihre Früchte – die Oliven – reifen erst im Winter.

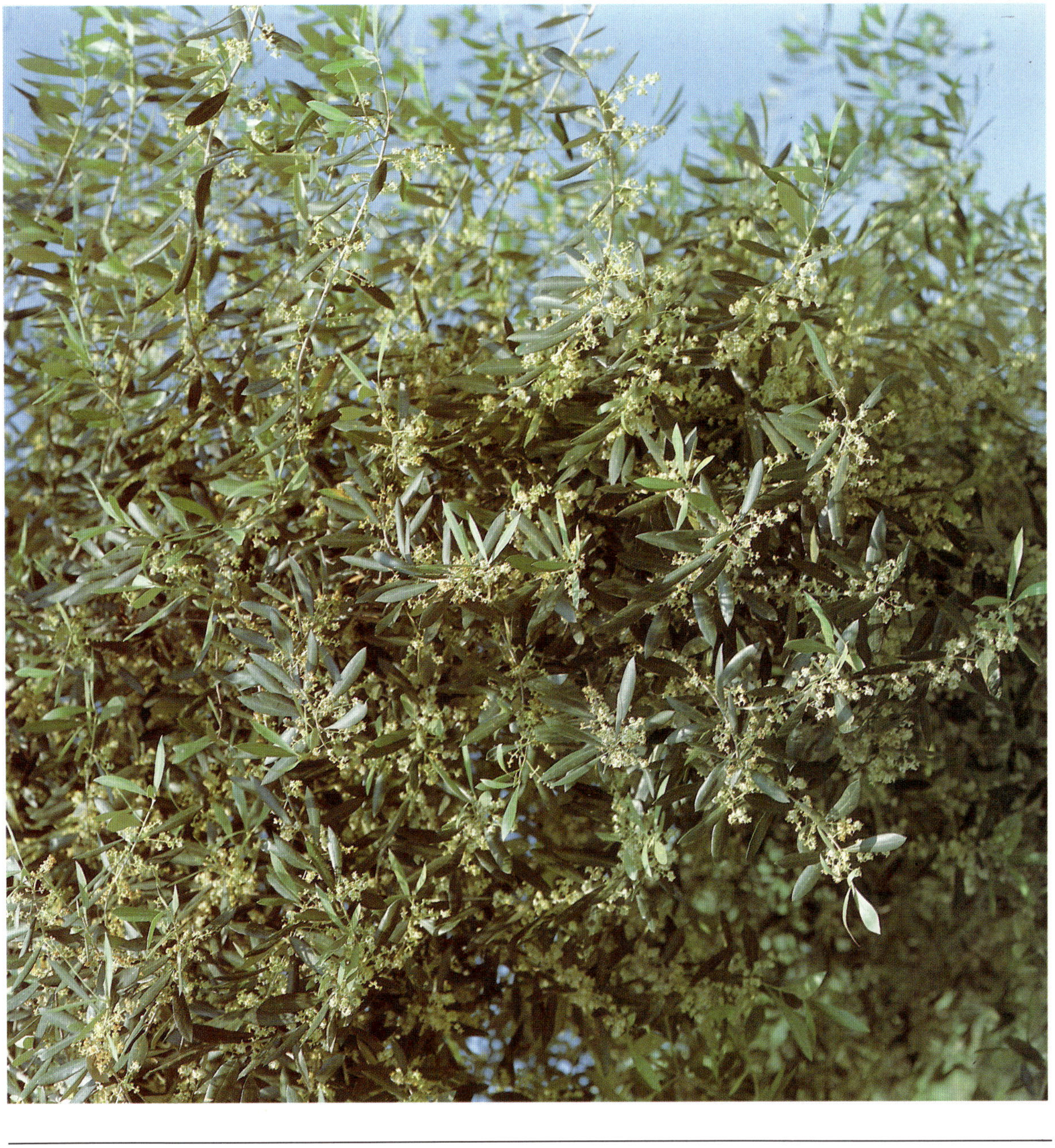

er sogar schon im 16. Jahrhundert nach Amerika gebracht und zwar zunächst nach Mexiko und Peru. Nicht nur im Leben der Mittelmeervölker, sondern auch in ihrer Mythologie spielten Oliven eine große Rolle, ebenso als Heilpflanze, für die Speisung der Öllampen, als Bau- und Drechselholz und manche anderen Zwecke. Olivenbäume sind heute wie in der Vergangenheit für die Landschaft vieler Mittelmeerländer charakteristisch. Sehr anschaulich schildert sie Julius Schmidt in einer 1861 erschienenen Arbeit über die Geographie Griechenlands. Er schreibt: „Wunderbar ist der Anblick eines alten Ölbaumes. Mit seinem bald auseinandergeborstenen, bald torartig geöffneten, niedrigen Stamme, schraubenförmig gedreht, dann wieder pyramidal gestaltet, besetzt mit Höckern, mit halbkugeligen und ganz unregelmäßigen, steinfarbigen Auswüchsen, gleicht der untere Teil oft einem gewaltigen Felsblocke, aus dessen Spalten sich laubreiches, frisches Gebüsch erhebt." Ganze Seiten könnte man mit der Geschichte, der Mythologie, dem Gebrauch und der Kultur der Ölbaumes füllen, doch muß hier darauf verzichtet werden, da er als Kübelpflanze nur eine untergeordnete Rolle spielt. Wann er in deutsche Orangerien einzog, ist nur ungewiß zu beantworten, sicher ist aber, daß er dort bereits im ganzen 17. Jahrhundert gezogen wurde, wahrscheinlich aber noch früher dort anzutreffen war. Darauf weisen auch die Ausführungen des Hieronymus Bock in seinem „Kreutter-Buch" hin, in dem er sich sogar Gedanken darüber macht, ob man nicht gegen Kälte verhältnismäßig widerstandsfähige Sorten auch in Deutschland im Freien ziehen könne. Er schreibt: „Das geschlecht Sergia [eine damals häufig angebaute Sorte] möchte man in warmen orten des teutschen lands/ als auf dem Rheinstrom/ auch wol pflantzen vnd aufbringen/ sofern sie von den Geyssen nicht beschädigt würden!..." Dazu bringt er eine gute und typische Abbildung; ebenso finden wir die schöne Abbildung eines Zweiges mit Früchten im Kräuterbuch des Tabernaemontanus, der sowohl den wilden als auch den kultivierten Ölbaum behandelt. Den Gedanken des Hieronymus Bock verwirklichte man vor dem Ersten Weltkrieg, indem man an der Weinstraße, einem der wärmsten Gebiete Deutschlands, Ölbäume anpflanzte, die aber nach einigen Jahren erfroren; länger anhaltende Temperaturen unter −10°C vertragen sie nämlich nicht.

Die Wildform des Ölbaumes *Olea europaea* ssp. *sylvestris* (Mill.) Rouy *(Olea oleaster* Hoffmgg. et Link) wächst in den mediterranen Macchien und Buschwäldern als niedriger, sparriger, etwas dorniger Strauch, selten als kleiner Baum, mit nur kleinen, bitteren, ölarmen Früchten. Die kultivierten Ölbäume. *Olea europaea* ssp. *europaea*, bilden 10–12 m hohe, immergrüne Bäume mit knorrigem Stamm und stark verzweigter Krone. Die ledrigen, einfachen, weidenähnlichen Blätter sind silbergrau, die Blüten klein, weiß und duftend, in kurzen, traubigen Blütenständen stehend. Ihre Frucht ist eine pflaumenähnliche Steinfrucht, die je nach Sorte grün oder rötlich bis schwarz ist. Schon im Altertum kannte man mehrere Sorten. Von den heutigen dient ein Teil der Ölgewinnung, ein anderer dem Gebrauch in der Küche. Grüne Früchte, in Salz oder Essig gelegt, sind ein besonderer Leckerbissen. Kübelpflanzen sind zwar recht hübsch, doch ist man enttäuscht, wenn man die alten, knorrigen Bäume aus dem Süden kennt. Sie sind also nur bedingt zu empfehlen, obwohl sie ohne Schwieriegkeit in Kübeln gedeihen. Von Oktober bis Mitte April stellt man sie in einen kühlen, gut zu lüftenden Raum, etwa in ein kaltes Zimmer, ein helles Treppenhaus oder ein kaltes Gewächshaus, wo die Temperatur möglichst nicht über 10°C ansteigt; an sich genügt ein gerade frostfrei gehaltener Überwinterungsraum. Schnitt vertragen sie gut; durch ihn wachsen sie malerischer, als wenn man sie ungestutzt wachsen läßt. Während des Sommers kommen sie an einen sonnigen Platz der Terrasse oder des Dachgartens oder in einen Gartenhof, wo sie, mit anderen mediterranen Pflanzen vereinigt, den Zauber eines subtropischen Gärtchens in unsere so viel unwirtlicheren Breiten bringen. Die Erde sei lehmig, aber recht durchlässig, denn auch in ihrer Heimat bevorzugen sie warme, durchlässige und steinige Böden. Im übrigen gleicht ihre Pflege der des Oleanders.

Vermehrt wird durch Aussaat. Um ein schnelleres Keimen zu erreichen, schneidet man die Steinfrucht an einer Seite etwas an. Rascher kommt man zu größeren Pflanzen durch die Vermehrung aus Stecklingen. Sie sollen halb ausgereift sein und bewurzeln sich bei mäßiger Bodenwärme in einigen Wochen; am schnellsten bilden sie unter einer Wasserstaubvermehrung Wurzeln.

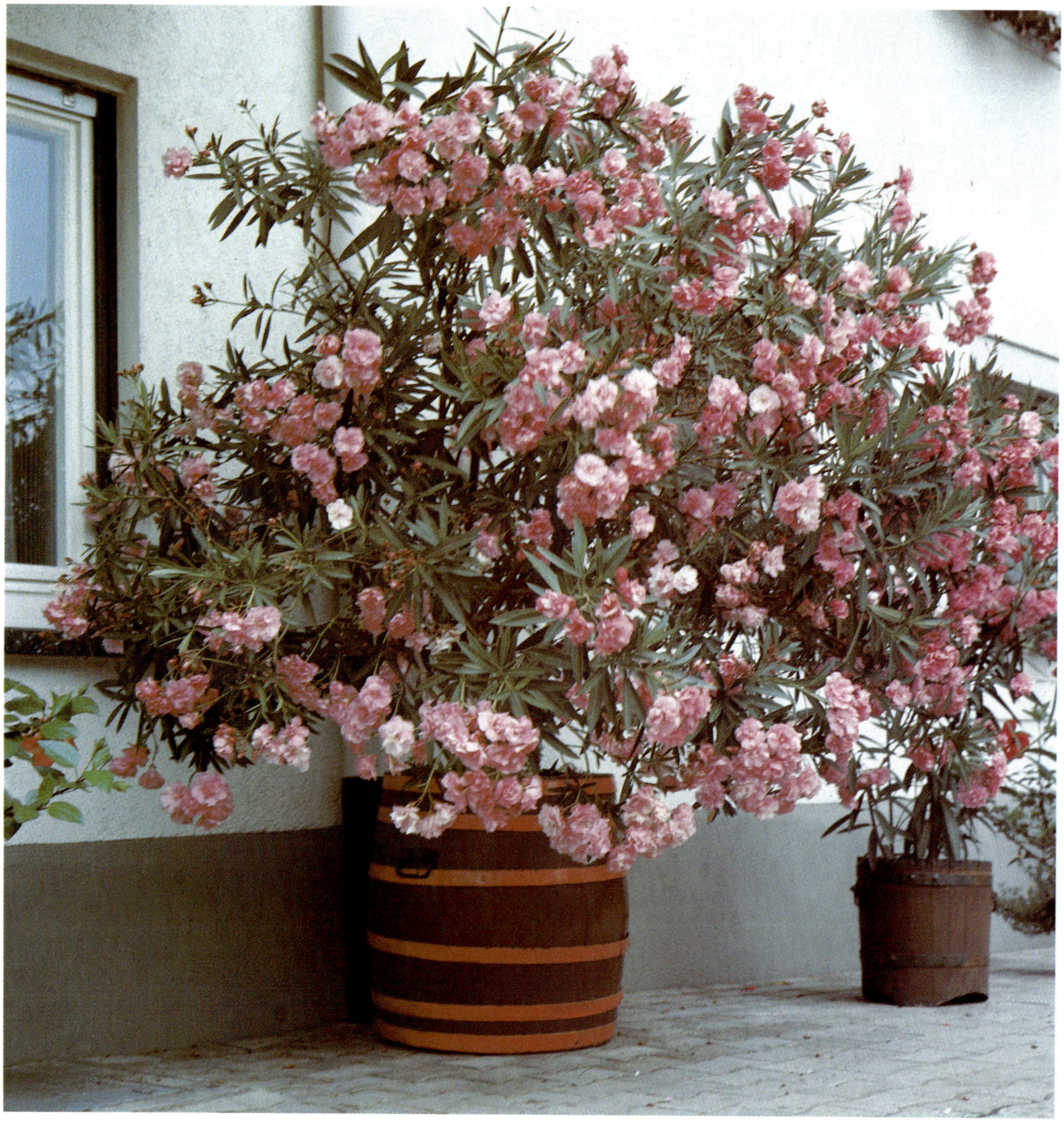

Oleander und Erdbeerbäume

Nur wenige Pflanzen sind schon seit mehr als 2000 Jahren so beliebt wie der Oleander. Aus Griechenland erfahren wir noch nichts Näheres über ihn, aber römische Autoren nennen ihn verschiedentlich, auch finden wir ihn bereits auf pompejanischen Wandgemälden abgebildet. Nach Deutschland kam er wohl Anfang des 16. Jahrhunderts, so sehen wir bereits im 1543 erschienenen „New Kreuterbuch" des Leonhard Fuchs die vorzügliche Abbildung einer Jungpflanze, allerdings ohne Blüten, dafür aber mit einer aufgeplatzten Frucht. Zur gleichen Zeit nennt Hieronymus Bock in seinen Aufzeichnungen den Oleander unter den Lieblingsblumen der Gärten. Seit damals sind Oleander wohl nicht mehr aus den Orangerien der Fürsten und reicher Bürger verschwunden, wahrscheinlich aber auch sehr bald in Bürgerstuben gezogen worden. In vielen Gartenbüchern des 17. und 18. Jahrhunderts finden sich genaue Anweisungen, wie Oleander zu behandeln und zu vermehren sind. In der ersten Hälfte des 19. Jahrhunderts scheinen sie besonders beliebt gewesen zu sein, denn 1840 finden wir bei Bosse 36 unterschiedliche Sorten genannt, zu denen sich im Nachtrag von 1849 21 weitere hinzugesellen. Den letzten Höhepunkt der Liebhaberei erleben wir selbst in unserer Zeit, wohl bedingt durch die vielen Reisen in südliche Länder, in denen die Besucher gerade während der Blütezeit der Oleander ihren Urlaub verleben und sich von dort den ein oder anderen Oleandersteckling mitnehmen, dessen Bewurzelung in einem Wasserglas keine Schwierigkeiten bereitet. Von der Sortenvielfalt des vorigen Jahrhunderts kann heute allerdings keine Rede mehr sein. Doch immerhin finden wir in der 1962 erschienenen Schrift von Zafir/Zirkin, „Oleander in Israel", 16 verschiedene, mit Namen versehene Sorten abgebildet und beschrieben, ein Hinweis darauf, daß es auch heute noch in südlichen Ländern eine ganze Anzahl von Namensorten gibt. Der Name der Gattung *Nerium* findet sich bereits als *nerion* bei Dioskurides und als *nerium* bei Plinius. Der Name Oleander ist mittellateinischen Ursprungs und außer ins Deutsche auch in andere europäische Sprachen übernommen worden.

Nerium oleander ist im ganzen Mittelmeergebiet und im Orient verbreitet. Er begleitet häufig wie unsere Weiden kleinere und größere Wasserläufe, die zeitweise austrocknen, und bildet an vielen anderen Orten, wo der Boden auch während der Trockenzeit eine gewisse Feuchtigkeit aufweist, größere Bestände. Gegen Frost ist Oleander empfindlich, so daß seine natürliche Verbreitung an der Frostgrenze halt macht.

So reich blühen Oleander nur in heißen und sonnigen Sommern. Alte Fässer eignen sich als Pflanzgefäße ebensogut wie Kübel.

Seine Giftigkeit für alle Pflanzenfresser und auch für den Menschen ist seit dem Altertum bekannt. Alle Teile der Pflanze enthalten Glykoside mit digitaleïn-ähnlicher Wirkung. Also Vorsicht im Umgang mit den Pflanzen, besonders beim Abschneiden von Zweigen und Stecklingen sowie beim Ausputzen, denn der Saft darf weder in Wunden noch in Mund und Augen kommen. Vor allem achte man darauf, daß Kinder weder Blüten noch Blätter in den Mund nehmen, sie also keinesfalls zum Spielen verwenden. Man selbst reinige sich nach dem Umgang mit den Pflanzen sorgfältig Gesicht und Hände.

Nerium oleander L., zur Familie der *Apocynaceae*, der Hundsgiftgewächse, gehörend, bildet immergrüne Sträucher, seltener 4–7 m hohe Bäumchen. Im übrigen ist Oleander so bekannt, daß sich eine weitere Beschreibung erübrigt. Bei der Urform sind die Blüten meist rosa, doch sind im Laufe der Zeit auch andere Farben entstanden, so gibt es Formen mit weißen, gelben, orangefarbenen, hell- und dunkelrosa oder roten Blüten, duftend oder duftlos, buschig oder nur wenigtriebig wachsend, einfach-, halbgefüllt- oder gefüllt blühend. Sie alle bleiben nur durch Stecklingsvermehrung erhalten. Am meisten verbreitet sind rosafarbene Sorten mit gefüllten Blüten, doch haben gerade auch die einfach blühenden Sorten, deren Blüten, die den Windrädchen unserer Kinder ähneln, besonderen Reiz.

Die Bestäubung der Blüten erfolgt durch langrüsselige Falter – bekannt unter ihnen ist der Oleanderschwärmer –, denn nur diese können mit ihren langen Rüsseln bis zu dem etwa 10 cm tiefen, nektarhaltigen Blütengrund vordringen. Auch bei uns findet häufig eine Bestäubung statt, denn immer wieder finden sich auch bei unseren Pflanzen die bis 15 cm langen Fruchtkapseln mit den dicht zottigen Samen. Wirklich reich blühen Oleander nur in warmen, sonnigen Sommern, in kühlen, regenreichen Jahren entfalten sich ihre Knospen meist nicht. Doch kann man nicht zu große, reich mit Knospen besetzte Pflanzen an ein helles Zimmerfenster stellen, wo sie bald blühen werden. Bis in den Oktober hinein kann man sich dann an ihren Blüten freuen. Das gleiche Verfahren ist auch im Spätwinter anzuwenden und zwar bei Pflanzen mit Blütenständen vom vorigen Jahr und bei solchen, bei denen sich schon Blütenstände zeigen. Wärmer gestellt, blühen sie dann Ende März/Anfang April. Doch sind hierzu nicht alle Sorten geeignet, am besten wohl solche mit weißen oder gelben Blüten.

Hinsichtlich der Arten ist wahrscheinlich eine Korrektur vorzunehmen. Nach „Hortus III" sind *Nerium indicum* Mill. und *Nerium odorum* Willd. lediglich Synonyme von *Nerium oleander* L. Sorten mit duftenden Blüten, die sich aber sonst nicht von *Nerium oleander* unterschieden, wurden früher unter diesen Namen geführt. Das bedeutet, daß das Verbreitungsgebiet der Art viel größer ist als bisher angenommen. In Japan allerdings sind Oleander nicht, wie vielfach angegeben, heimisch, sondern seit langem eingeführt.

Die Pflege bereitet keine Schwierigkeiten. Von Mitte April bis in den Oktober hinein gehören Oleander an den wärmsten und sonnigsten Platz, den man ihnen geben kann, so etwa auf die Terrasse am Hause, als Flankierung eines nach Süden gelegenen Hauseingangs, auf den Dachgarten oder den Balkon. Der Überwinterungsraum soll eine Temperatur von 4 bis 8° C aufweisen und gut zu lüften sein. Ein heller Raum ist einem dunkleren vorzuziehen, weil Helligkeit die Blütenbildung fördert. Ideal wäre ein Raum, in dem man die Temperatur von März an auf etwa 10 bis 12° C steigern könnte, weil dies auf eine frühere Blütenbildung von Einfluß ist. Das Gießen im Winter richtet sich ganz nach Temperatur und Helligkeit, je heller und wärmer der Raum, desto mehr Wasser wird verbraucht. Während des Sommers ist der Wasserverbrauch groß. An heißen, sonnigen Tagen wird man dann vor allem gut durchwurzelte Pflanzen morgens und abends gießen müssen. Steht an warmen Tagen etwas Wasser im Untersatz, so ist dies den Pflanzen durchaus zuträglich. Der Nährstoffverbrauch ist hoch, von April bis etwa Ende August ist deshalb ein wöchentliches Gießen mit einem Volldünger wichtig. Gut durchwurzelte jüngere Pflanzen bedürfen jährlichen Verpflanzens, ältere im Kübel gezogene dagegen läßt man mehrere Jahre in ihrem Gefäß stehen. Wenn auch bei ihnen ein Verpflanzen notwendig erscheint, kann man ihren Ballen mit einem scharfen Messer soweit verkleinern, daß er wieder in den alten Kübel paßt, man also ringsherum neue Erde einfüllen kann. Da diese fest angedrückt werden muß, ist auf Einheits-

Oleander mit einfachen Blüten.

gestutzt, ältere läßt man ungestutzt wachsen. Lediglich entfernt man ab und zu die ältesten und längsten Zweige, indem man sie kurz über der Erde abschneidet. Es bilden sich dann neue Triebe, die besonders blühwillig sind. Vor und nach dem Einräumen wird sorgfältig ausgeputzt. Jährlich werden einige der ältesten Blätter gelb und fallen ab. Nach Herklotz soll man Blütenstände, die erstmals geblüht haben, nicht entfernen, da sie im zweiten Jahr erneut Blüten bilden.

Die Vermehrung durch Stecklinge ist allgemein bekannt. Die beste Zeit zum Abstecken liegt in den Monaten Juni bis September, aber auch zu anderen Zeiten ist es möglich. Man stellt die Stecklinge an das Fenster eines warmen Raumes in ein Gefäß mit Wasser und zwar so, daß der untere Teil etwa 5 cm im Wasser steht. Je nach Sorte und Jahreszeit ist die Zeit bis zur Wurzelbildung unterschiedlich lang, in der Regel 3–4 Wochen. Sobald die Wurzeln 1–2 cm lang sind, wird eingetopft. Der Gärtner, der größere Mengen bewurzeln will, steckt in ein recht feucht zu haltendes Sand/Torfmullgemisch ab, in dem die Bewurzelung bei leichter Bodenwärme ebenfalls in 3–4 Wochen erfolgt. Auch Wasserstaubvermehrung kann empfohlen werden.

Aussaat ist möglich, ergibt aber ein Gemisch meist einfach blühender Pflanzen in verschiedenen Farbtönen, darunter oft

erde, die man bei jungen Pflanzen verwenden kann, zu verzichten. Statt dessen nimmt man eine Mischung aus alter lehmiger Rasenerde oder mildem Lehm mit Zusatz von Torfmull, Sand und Hornspänen. Diese Erde wird rings um den Ballen verteilt und recht fest angedrückt, am besten nimmt man dazu ein flaches Holz zu Hilfe. Jungpflanzen werden mehrfach besonders buschig wachsende Formen. Sie blühen ebenso willig wie Stecklingspflanzen, bieten aber hinsichtlich der Farben manche Überraschung. Deshalb ist dem neugierigen Liebhaber, der genügend Platz besitzt, durchaus dazu zu raten. Nach künstlicher Bestäubung wird leicht Samen angesetzt, aber auch ohne diese erscheinen immer wieder einmal Samenkapseln. Der Samen ist möglichst bald nach seiner Reife auszusäen, da er in kurzer Zeit seine Keimfähigkeit verliert. Die beste Keimtemperatur liegt zwischen 20 und 25° C, also erfolgt die Aussaat in einem warmen Zimmer oder im warmen Gewächshaus, wo die Samen bald aufgehen, allerdings etwas unregelmäßig keimen. Nach dem Aufgehen wird einmal pikiert und danach eingetopft. Für diese Sämlinge ist im ersten Jahr eine Temperatur zwischen 12 und 15° C am zuträglichsten. Nach den ersten Blüten, die zwei oder drei Jahre nach der Aussaat erscheinen, wird alles, was in Farbe oder Wachstum nicht befriedigt, weggeworfen und nur das Beste behalten.

Unsere Erwerbsgärtnereien sollten mehr als bisher Oleander anbieten, aber nur buschige, voll mit Knospen oder den ersten Blüten besetzte Pflanzen. Um diese zu erzielen, wird man eine Behandlung mit sogenannten Stauchemitteln anzuwenden haben. Die heutigen Anzuchtsmethoden, um buschige und reichblühende Jungpflanzen zu erhalten, befriedigen noch nicht. Bessere zu finden, ist nicht nur Aufgabe der Gärtner, sondern vor allem der Hochschulen und Forschungsinstitute. Es gibt gewiß nicht viele andere Pflanzen, die so große Schönheit mit so geringen Wärmeansprüchen verbinden.

Erdbeerbaum – Arbutus L.

Im ersten Buch der Metamorphosen des Ovid wird in der Weltschöpfung auch der Erdbeerbaum erwähnt. Es heißt dort:

"Undienstbar und verschont von dem Karst und von schneidender Pflugschar

Eine besondere Kostbarkeit ist der Erdbeerbaum. Seine hübschen Blüten erscheinen den ganzen Winter hindurch.

Nimmer verletzt gab alles von selbst
die gesegnete Erde,
Und mit Speisen zufrieden, die zwanglos waren gewachsen,
Lasen sie des Erdbeerbaums Früchte auf sonniger Hald
Oder an rauhem Gerank Brombeeren und rote Cornellen
Und von dem ästigen Baum des Jupiter fallende Eicheln."

Doch gingen schon seit dem Altertum die Meinungen über Wert und Wohlgeschmack der Früchte weit auseinander. Manche fanden sie giftig, andere fade, wieder andere wohlschmeckend, einig aber waren sie alle darin, daß sie „den Krametsvögeln ein angenehm Speiß" seien. *Arbutus* ist der lateinische Name des Erdbeerbaumes, *unedo* bei Plinius und Columnella die Bezeichnung für die Frucht.

Zu den drei am weitesten verbreiteten Pflanzen der Macchien des Mittelmeergebietes gehört neben Zistrose und Baumheide der Erdbeerbaum. Von den beiden dort wachsenden Arten bewohnt *Arbutus unedo,* der schönere von beiden, den westlichen Teil des Mittelmeergebietes einschließlich Italiens, *Arbutus andrachne* den östlichen Teil einschließlich Griechenlands und der Ägäis. *Arbutus* gehören im übrigen zu den wenigen Bäumen innerhalb der Familie Ericaceae.

Arbutus unedo L. wird meist nicht höher als 1,50–3 m, kann aber gelegentlich kleine Bäume bis zu 12 m Höhe bilden. Charakteristisch ist die mattbraune, rissige Rinde, die in kleinen Fetzen abblättert. Die lorbeerähnlichen Blätter sind bis auf den Grund kahl und oben glänzend dunkelgrün. Die maiglöckchenähnlichen Blüten erscheinen von November bis zum März in 4–5 cm langen, hängenden Rispen. Ihre Krone ist weiß, bisweilen grünlich oder rosa getönt. Die Früchte sind erdbeerähnliche Beeren, die sich während des Reifens von gelb bis scharlachrot färben. Schon Goethe beobachtete, daß Blühen und Fruchten gleichzeitig stattfindet und schrieb: „Alles ist zugleich zu finden: Knospen, Blätter, Blüten, Frucht."

Arbutus andrachne L. hat glatte, orangerote Rinde und ist in allen seinen Teilen kleiner als die vorige Art. Wo das Verbreitungsgebiet beider Arten einander berührt, ist der Bastard beider, *Arbutus × andrachnoides* Link häufig zu finden.

Beide Arten sind alte Kulturpflanzen, die bereits im Altertum angebaut wurden. Zu welcher Zeit sie nach Deutschland kamen, ist unsicher, doch gewiß bereits vor mehreren hundert Jahren. So findet sich bereits in des Tabernaemontanus „Kräuter-Buch" von 1731 eine typische Abbildung mit einer Beschreibung der Pflanze, was darauf schließen läßt, daß er sie in Deutschland oder Frankreich gesehen hat, ebenso wird sie um 1750 in den Stuttgarter Hofgärten als Orangeriepflanze geführt. Heute sieht man ältere *Arbutus* sehr selten einmal in einem Botanischen Garten, und das ist schade, denn er gehört gewiß zu den schönsten aller blühenden Kübelpflanzen. Seine Pflege ist zwar nicht schwierig, erfordert aber große Aufmerksamkeit beim Gießen, da einmal trocken und welk gewordene Pflanzen sich nicht wieder erholen. Deshalb ist beim Gießen zu beachten, daß der Ballen weder austrocknet, noch für längere Zeit zu naß gehalten wird, denn das vertragen die Pflanzen genau so wenig. Die Überwinterung erfolgt möglichst kühl, am besten bei 3–8° C, an einem hellen und luftigen Platz, am besten im Kalthaus. Sommers stellt man sie an eine sonnige, warme Stelle im Freien, etwa in einen Gartenhof oder auf die Terrasse am Hause. Als Erde eignet sich TKS 2, besser noch eine Mischung aus Torf und humosem, kalkarmem Lehm mit Zusatz von etwa einem Sechstel Sand.

Am empfehlenswertesten ist die Vermehrung aus Triebstecklingen, die von reichblühenden Pflanzen geschnitten wurden, etwas, das auf die spätere Reichblütigkeit durchaus von Einfluß ist. Sämlinge wachsen zwar recht rasch heran und können bereits am Ende des zweiten Jahres nach der Aussaat meterhoch geworden sein, jedoch wird man bei ihnen länger auf Blüten warten müssen als bei Stecklingspflanzen. Die Aussaat selbst erfolgt im Lauwarmhaus in eine sandig-humose Erde.

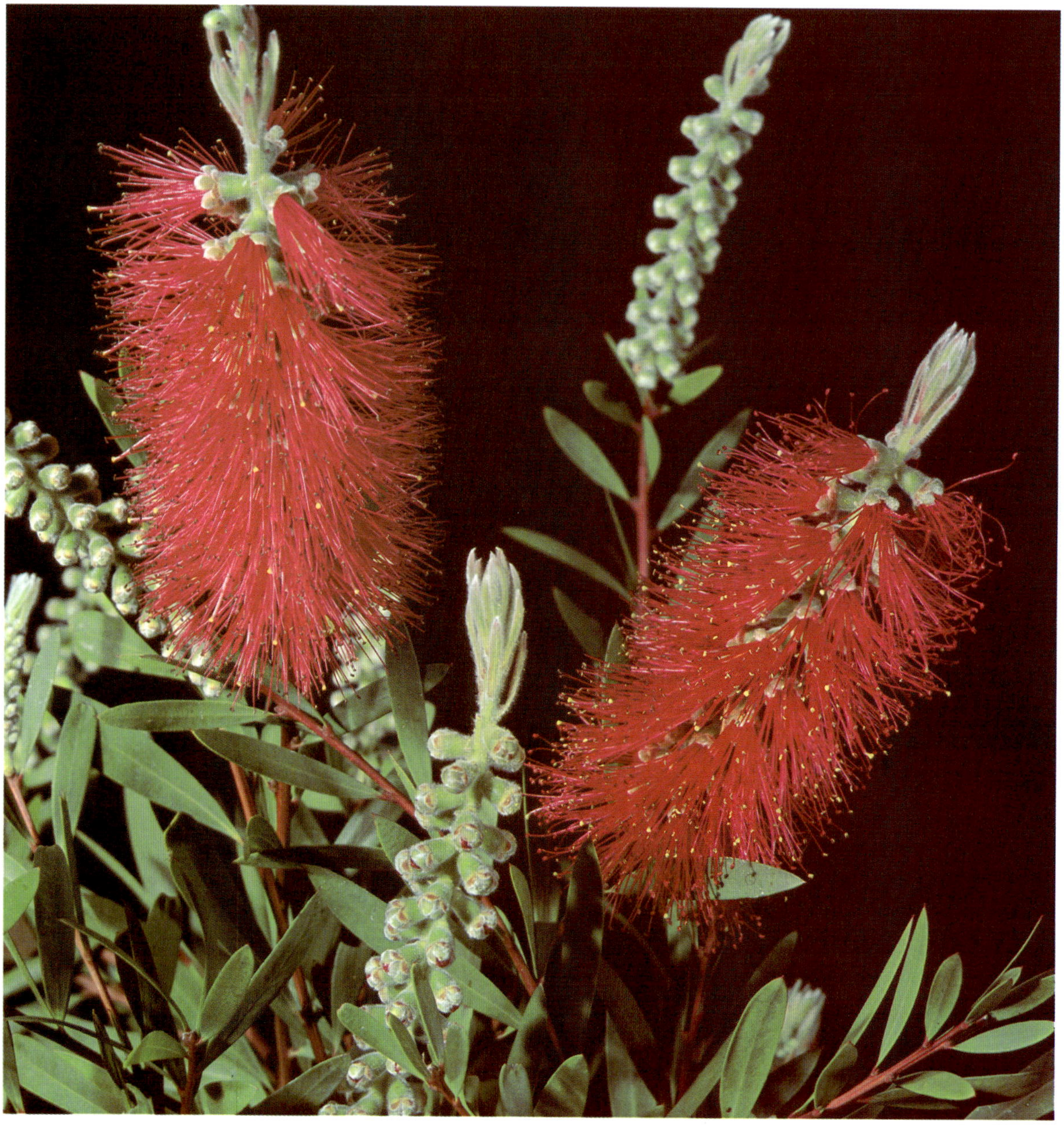

Myrten und Verwandte

Brautmyrte
Myrtus communis L.

Myrten sind im ganzen Mittelmeergebiet, in Südwesteuropa und in Westasien verbreitet. Da sie bereits seit dem Altertum angepflanzt werden, sind die Grenzen ihres natürlichen Vorkommens ungewiß. Sie sind Charakterpflanzen der durch die Trockenheit der Sommermonate bedingten Macchien, einer eigenartigen Pflanzenformation, die ihr Gepräge durch verschiedenste Hartlaubgewächse erhält, neben Myrten durch so bekannte Gehölze wie Erdbeerbaum, Baumheide *(Erica arborea)*, Ölbaum *(Olea)*, Steinlinde *(Phillyrea)*, Rosmarin und Binsenginster *(Spartium)*. Auch als Unterwuchs in lichten, immergrünen Eichenwäldern und solchen aus Mittelmeerkiefern und Pinien wachsen sie. Doch gedeihen sie nur dort, wo der Boden kalkarm ist. Wir finden sie meist als mehr oder minder hohe, buschige Sträucher, bisweilen aber bilden sie kleine, bis 5 m hohe Bäumchen. Wie viele Pflanzen der Macchien riechen ihre Blätter aromatisch. Myrtenblätter und -zweige kennt wohl jedermann. Die von Juni bis August erscheinenden Blüten haben weiße, ausgebreitete Kronblätter und gelbliche Staubblätter. Ihnen folgen rundliche, erbsengroße, bläulichschwarze, selten weiße, süßlich-würzig schmeckende Beeren. Vor allem hinsichtlich der Blattgröße ist die Art sehr vielgestaltig. Gärtnerisch wichtig sind vor allem die kleinblättrigen Formen, darunter die Sorten 'Hamburger Brautmyrte', 'Königsberger Brautmyrte' und 'Gruß aus dem Ehrntal', außerdem in begrenztem Maße die großblättrige var. *romana*, die Judenmyrte, bei der sich bei häufigem Stutzen und reichlicher Düngung viele Triebe entwickeln, an denen die Blätter quirlförmig angeordnet sind. Ihre Zweige werden seit altersher beim Laubhüttenfest verwendet. Die immergrünen Blätter enthalten ätherisches Öl, das Myrtenöl, das früher gegen mancherlei Krankheiten aber auch in der Kosmetik Verwendung fand. Die Früchte sind eßbar und werden auch heute noch als Gewürz in der Küche verwendet. Schon Plinius empfiehlt als besondere Delikatesse Wildschweinbraten mit Myrtensauce. Wichtiger aber als die medizinische und kulinarische Verwendung ist die zu kultischen Zwecken, die bis ins ägyptische, persische, arabische, griechische und römische Altertum zurückreicht. Die ägyptischen Frauen schmückten Haar und Kleidung mit blühenden Myrtenzweigen, in der griechischen und römischen Mythologie war die Myrte als heilige Pflanze der Aphrodite oder Venus gewidmet. Auf alten Münzen sehen wir sie mit einem Myrten-

Zylinderputzer haben nur unscheinbare Blütenblätter, dafür aber um so auffallendere rote Staubfäden.

kranz geschmückt, aber auch andere Götter wurden mit Myrten bekränzt dargestellt. Schon damals galten Myrten als Symbol der Jungfräulichkeit, der Jugend und Schönheit. Daher gewiß auch unser Brauch, die Braut mit einem Myrtenkränzchen zu schmücken. So könnte man noch vieles von der Geschichte und Verwendung der Myrten im Altertum erzählen. Wer mehr davon wissen will, findet eine zusammenfassende Darstellung in Hegi, Flora von Mitteleuropa. Bei uns werden Myrten zuerst gegen Ende des 16. Jahrhunderts erwähnt. Die Tochter des Augsburger Handelsherrn Jakob Fugger soll 1583 den ersten Brautkranz aus Myrten getragen haben. Was dazu führte, ob die klassische Bildung von Vater und Tochter oder bloß die Tatsache, daß es sich damals um einen außerordentlich kostspieligen, daher eines Fuggers würdigen Kranz gehandelt haben muß, ist heute nicht mehr festzustellen. Jedenfalls aber löste im Laufe der folgenden Jahrhunderte der Myrtenkranz immer mehr das bis dahin zur Schmückung der Braut übliche Rosmarinkränzchen ab. Dieser Brauch hat sich bis heute erhalten, ist allerdings seit altersher fast ausschließlich auf die deutschsprachigen Länder beschränkt geblieben. Myrten wurden seit dem 17. Jahrhundert auch in den Orangerien gezogen, finden sich aber in zunehmendem Maße als eine der ersten in bürgerlichen Stuben gezogenen Pflanzen. Und dort sind sie bis heute, wenn auch seltener, geblieben. Immer noch finden sich hie und da hundertjährige Myrtensträucher, die sich in der Familie von Generation zu Generation vererbt haben und ihren Ursprung gewiß in dem Myrtenkranz einer Braut hatten, die die Zweige nach der Hochzeit bewurzelte und am Zimmerfenster weiterzog.

Die Vermehrung durch Stecklinge gelingt das ganze Jahr hindurch, die Weiterkultur jedoch nur dort, wo das Wasser kalkarm ist. Als Erde empfiehlt sich eine leicht saure Mischung aus alter Laub-, Mist- und lehmig-humoser Rasenerde mit Sandzusatz. Auch in Einheitserde gedeihen sie. Jung-

Myrtenbaum.
Myrtus.

pflanzen verpflanzt man alljährlich, Kübelpflanzen dagegen nur alle 4–5 Jahre. Dafür aber müssen sie regelmäßig mit einer dünnen Nährlösung eines Volldüngers gegossen werden. Im August jedoch ist die Düngung einzustellen, damit die Triebe gut ausgereift in den Winter gehen. Während des Sommers stellt man sie an einen recht sonnigen Platz im Garten, auf die Terrasse am Hause, auf den Dachgarten oder den Balkon, im Winter an das helle Fenster eines kühlen Raumes, in dem die Wärme nicht über 10° C steigt, besser aber noch darunter bleibt. Zu warm gehaltene Pflanzen werden in Kürze von allerlei Ungeziefer befallen. Frei wachsende Sträucher sind am schönsten, vor allem auch deshalb, weil sie im Sommer reich blühen. Doch kann man auch kleine Kronenbäumchen heranziehen. Dafür läßt man den Steckling eintriebig bis zu der gewünschten Höhe wachsen und stutzt ihn dann. Das Entspitzen muß während der ersten Jahre genau wie bei jungen, freiwachsenden Sträuchern häufig wiederholt werden, damit die Pflanzen sich reich verzweigen. Später sollte man die Kronenbäumchen nur alle 2–3 Jahre einmal stutzen, weil sie andernfalls nie blühen. Und auf eine reichblühende Pflanze möchte man doch nicht verzichten, da sie während der Blütezeit von Juni bis August besonders reizvoll ist. Topf- und Kübelpflanzen gleichermaßen müssen sehr sorgsam behandelt werden.

Am wichtigsten bei der ganzen Pflege ist das vorsichtige Gießen. Da Myrten ebenso empfindlich gegen zuviel wie zuwenig Wasser sind, sollte der Topfballen stets gleichmäßig feucht sein. Schon ein einmaliges Trockenwerden läßt die Blätter eintrocknen und führt, vor allem bei jüngeren Pflanzen, zum plötzlichen Tod. Myrten gedeihen nur gut in kalkarmem Substrat und bei vorsichtigem Gießen mit kalkarmem Wasser sowie bei hellem, luftigem und kühlem Stand. Beim Verpflanzen ist darauf zu achten, daß der Ballen nicht zu tief in den neuen Topf oder Kübel kommt; stets muß der Wurzelansatz mit der neuen Erde abschließen. Bei richtiger und sorgsamer Behandlung können Myrten hundert Jahre und älter werden.

Auch andere Pflanzen aus der Familie der Myrtengewächse sind schöne Kübelpflanzen, so *Callistemon*, der Zylinderputzer, und *Syzygium*, die Eugenie. Von ihnen soll nachfolgend die Rede sein.

Schönfaden, Zylinder- oder Flaschenputzer
Callistemon R. Br.

Der deutsche Namen Zylinderputzer stammt noch aus einer Zeit, in der es kein elektrisches Licht gab, die Zimmer durch Petroleum- oder Gaslampen erhellt wurden. Beiden gemeinsam waren die Glaszylinder, die vor allem bei den Petroleumlampen leicht verrußten und deshalb des öfteren mit Bürsten, „Zylinderputzern", gereinigt werden mußten. Heute wäre es richtiger, sie Flaschenputzer zu nennen, denn dafür werden ja im Haushalt immer noch entsprechende Bürsten verwendet. Von den 25 in Australien und Neukaledonien heimischen Arten ist außerhalb Botanischer Gärten nur *Callistemon citrinus* (Curt.) Stapf (*Callistemon lanceolatus* (Sm.) DC., *Callistemon semperflorens* Lodd.) zu finden. Es ist dies ein 3–5 m hoher Strauch mit immergrünen, länglich-lanzettlichen, an der Spitze leicht stechenden Blättern, die beim Zerreiben aromatisch duften. Am Ende der Triebe erscheinen im Laufe des Sommers 6–10 cm lange, zylindrische Blütenstände mit vielen rings um den Zweig gestellten Blüten. Oberhalb der Blütenähre wächst der Sproß weiter, bildet Blätter, denen später wiederum Blüten folgen, während am alten Holz die steinharten Samenkapseln sitzen, die oft erst nach Jahren die feinen Samen entlassen. Die unscheinbaren Kelch- und Blütenblätter sind klein und fallen bald ab, dafür aber sind die zahlreichen, langen, leuchtendroten Staubfäden mit den gelben Staubbeuteln um so auffallender. In der Heimat werden die Blüten von Vögeln bestäubt, bei uns wohl durch kleine Insekten, denn die Samen sind auch außerhalb der Heimat stets keimfähig.

Der botanische Namen *Callistemon* setzt sich zusammen aus den griechischen Worten *kallos* (= schön, herrlich) und *stemon* (= Faden, Staubblatt), ein Hinweis auf das Charakteristische der Blüten. Wie viele australische Pflanzen taucht auch *Callistemon* erst ziemlich spät in Europa auf. 1788 wird er erstmals in England erwähnt. In einem Preisverzeichnis der Dresdener Gärtnerei T. J. Seidel wird er bereits 1817 angeboten, bei Bosse heißt es 1840: „zur Zimmer-Zierpflanze gut geeignet", und Leunis schreibt 1877: „Schöne blühende Sträucher und Bäume, von denen wenigstens 1½ Dutzend unsere Treibhäuser zieren und gute Marktpflanzen liefern." Noch im ersten Drittel dieses Jahrhunderts wurden sie in Berlin von einigen Gärtnereien gezogen und als blühende Pflanzen auf den Wochenmärkten abgesetzt. Heute dagegen sind sie ganz zu Unrecht fast vergessen, obwohl sie mit und ohne Blüten so schön, stattlich und haltbar sind, daß man sich ein ganzes Leben an ihnen freuen kann. Wie alle Myrtengewächse sind sie gegen Kalk in Erde und Wasser empfindlich, also brauchen sie eine kalkarme, humose, leicht saure Erde, z. B. eine Mischung aus Mist-, Laub- oder Nadelerde, Torfmull und humos-lehmiger Rasenerde mit Zusatz von Sand. Blühfähige Pflanzen stellt man den Sommer über ins Freie, etwa auf den Balkon, den Dachgarten oder die Terrasse, in den Mittagsstunden leicht beschattet, sonst aber in volle Sonne. Im Winter gehören sie in einen hellen, gut lüftbaren Raum mit einer Temperatur zwischen 5 und 10° C. Dort werden sie verhältnismäßig trocken gehalten, doch darf der Ballen dabei nicht austrocknen, sondern muß stets mäßig feucht sein. Nach dem Abblühen, also im August/September wird leicht gestutzt. Ältere Pflanzen sollten nur alle 3–4 Jahre verpflanzt, aber bis Anfang August wöchentlich einmal mit einem der üblichen Volldünger, z. B. Mairol, gegossen werden. Reichliche Bewässerung und ausreichende Ernährung während des Sommers sind die Voraussetzung für reiches, alljährliches Blühen. Die Vermehrung durch Stecklinge überläßt man am besten dem Gärtner, es sei denn, man ist Besitzer eines Kleingewächshauses. Dann kann man im August/September oder im Februar/März abstecken und zwar werden die Stecklinge nicht geschnitten, sondern gerissen und das Rindenstückchen etwas eingekürzt. Bei einer Bodenwärme von 18–20° C in einem mit Glas abgedeckten Beet bilden sich die ersten Wurzeln nach 4–5 Wochen. Im ersten Jahr muß häufig gestutzt werden, um recht buschige Pflanzen zu erzielen. Nach 1½ bis 2½ Jahren blühen sie dann zum ersten Mal.

Immer noch gehören Myrtenzweige zum Hochzeitsschmuck der Braut, sei es als Kränzlein oder über den Schleier verteilt.

Eisenbaum – Metrosideros
Banks ex Gaertn.

Auch heute noch findet man in alten Orangerien die eine oder andere schöne Pflanze von *Metrosideros excelsa* und *Metrosideros robusta*. Beide gehören zu den größten und auffallendsten Bäumen Neuseelands, wo sie 20–25 m hoch werden und dabei einen beträchtlichen Stammdurchmesser erreichen können. Der Name – zusammengesetzt aus dem Griechischen *metra* (= Mark, Kern) und *sideros* (= Eisen) – weist auf die außerordentliche Härte des Kernholzes hin, ebenso wie der deutsche Name Eisenbaum. *Metrosideros excelsa* Soland. ex Gaertn. (*Metrosideros tomentosa* A. Rich.) wurde 1769 von den Botanikern Banks und Solander entdeckt, scheint aber erst 1840 nach England eingeführt worden zu sein. Bei Bosse taucht sie erst 1854 auf, doch ist anzunehmen, daß die Pflanze z. B. in Hannover bereits viel früher gezogen wurde. Chrakteristisch für den in seiner Heimat „Pohutawa" genannten Baum sind die ausgebreiteten Äste, die flaumigen Zweige und die auf der Unterseite dicht weißfilzigen Blätter. Die Blüten sitzen in endständigen, zusammengesetzten, breiten Trugdolden und sind bis auf die 3–4 cm langen, karminroten Staubblätter unscheinbar. Diese aber machen wie bei *Callistemon*, dem Lampenputzer, die Pflanze während der Blütezeit so auffallend. Eine zweite Art, *Metrosideros robusta* A. Cunn. (*Metrosideros florida* Hook. f. non (G. Forst.) Seem.) ist der vorigen sehr ähnlich, entbehrt aber der weißfilzigen Unterseite der Blätter. In ihrer Heimat, wo beide Arten in Küstenwäldern und an Seeufern des Inlandes vorkommen, nennt man sie „Rata". 1840 bereits wurde sie in Deutschland angeboten.

Beide Arten sind vortreffliche, ziemlich rasch wachsende Kübelpflanzen, deren man sich wieder annehmen sollte, zumal sie neben ihrer kräftigen Belaubung im Spätwinter und Frühling prächtig blühen. Pflege und Vermehrung wie bei *Callistemon*.

Kirschmyrte, Eugenie Syzygium paniculatum
Banks ex Gaertn.

In Vilmorins Blumengärtnerei von 1896 lesen wir über die Eugenie: „Sehr verbreitet und der schönen, glänzend-grünen Belaubung wegen allgemein zu empfehlen. Sollte in keinem Wintergarten, in keinem größeren Kalthaus fehlen; ist auch zur Ausschmückung von Wohnräumen sehr geeignet, sofern man den Strauch eben als Kalthauspflanze behandelt." Um 1812 wurde die Eugenie in England, um 1820 in Deutschland eingeführt und schon 1840 war sie nach Bosse in allen Handelsgärtnereien zu haben. Es ist erstaunlich, daß eine im vorigen Jahrhundert so verbreitete

Pflanze heute kaum mehr anzutreffen ist. Dabei ist sie eine vortreffliche Dekorationspflanze von großer Schönheit.

Unter ihrem früheren Namen *Eugenia* ist unsere Pflanze besser bekannt als unter dem heute gültigen Namen *Syzygium* (griech.: *syzygos* = verbunden, vereinigt). *Syzygium paniculatum* (*Eugenia paniculata* (Banks ex Gaertn.) Britten, *E. australis* J. C. Wendl, ex Link, *E. myrtifolia* Sims) stammt aus Australien, wo es als kleiner Baum, dessen Triebe beim Austrieb schön rot gefärbt sind, wächst. Seine Blätter sind myrtenähnlich, aber weicher als bei dieser. Den im Frühling erscheinenden, weißen, etwa 2 cm breiten Blüten folgen später die rosenroten, bis 2 cm langen Früchte, aus denen in wärmeren Ländern ein feiner Gelee hergestellt wird. Interessant ist noch, daß sie eine nahe Verwandte des Gewürznelkenbaumes, *Syzygium aromaticum*, ist. In tropischen Ländern wird die Eugenie gerne als Hecke gepflanzt, ein Hinweis darauf, daß sie sich gut schneiden läßt, weshalb man sie früher auch wie Lorbeer in Kugel-, Säulen- oder Pyramidenform zog. Dem Lorbeer haben Eugenien voraus, daß sie schneller heranwachsen und durch ihr helleres Grün freundlicher wirken. Deshalb fehlten sie früher in keiner Hof- oder Schloßgärtnerei, und auch heute sollten sich Kur- und Stadtgärtnereien ihrer wieder annehmen, sowohl als in Form geschnittener Pflanze wie aber auch als großem, natürlich gewachsenem Strauch. Für den Liebhaber schöner Kübelpflanzen stellen sie etwas ganz besonderes dar, zumal man zu groß gewordene Sträucher ohne Schaden kräftig zurückschneiden kann. Voraussetzung zu gutem Gedeihen ist allerdings ein heller, 10° C nicht übersteigender Überwinterungsraum. Ideal dafür wäre ein für andere subtropische Pflanzen benutztes Gewächshaus. Im Sommer kommen die Pflanzen ins Freie an einen möglichst hellen, sonnigen Platz. Dort wirken sie besonders schön als Flankierung eines Hauseingangs oder vor einer hellen Hauswand. Hinsichtlich der Erde sind sie nicht anspruchsvoll, eine lehmighumose Rasenerde mit Zusatz von Torf und alter Lauberde, aber auch Fruhstorfer Erde, ist ihnen zuträglich. Im Sommer wird reichlich gegossen und gedüngt. Besonders dankbar sind sie für gelegentliche Güsse mit Kuhjauche, aber auch eine Düngung mit einem mineralischen Mischdünger vertragen sie gut. Um recht buschige Pflanzen zu erzielen, ist häufig, vor allem im jugendlichen Stadium, zu entspitzen. Die Anzucht aus Stecklingen im lauwarmen Vermehrungsbeet im Torfmull/Sandgemisch ist leicht, auch Aussaat ist möglich. Besonders schön wirken Eugenien während ihrer Blütezeit und während ihres farbigen Austriebs. Man sollte sie also wieder häufiger ziehen, denn sie gehören zu den schönsten und dankbarsten aller Kübelpflanzen.

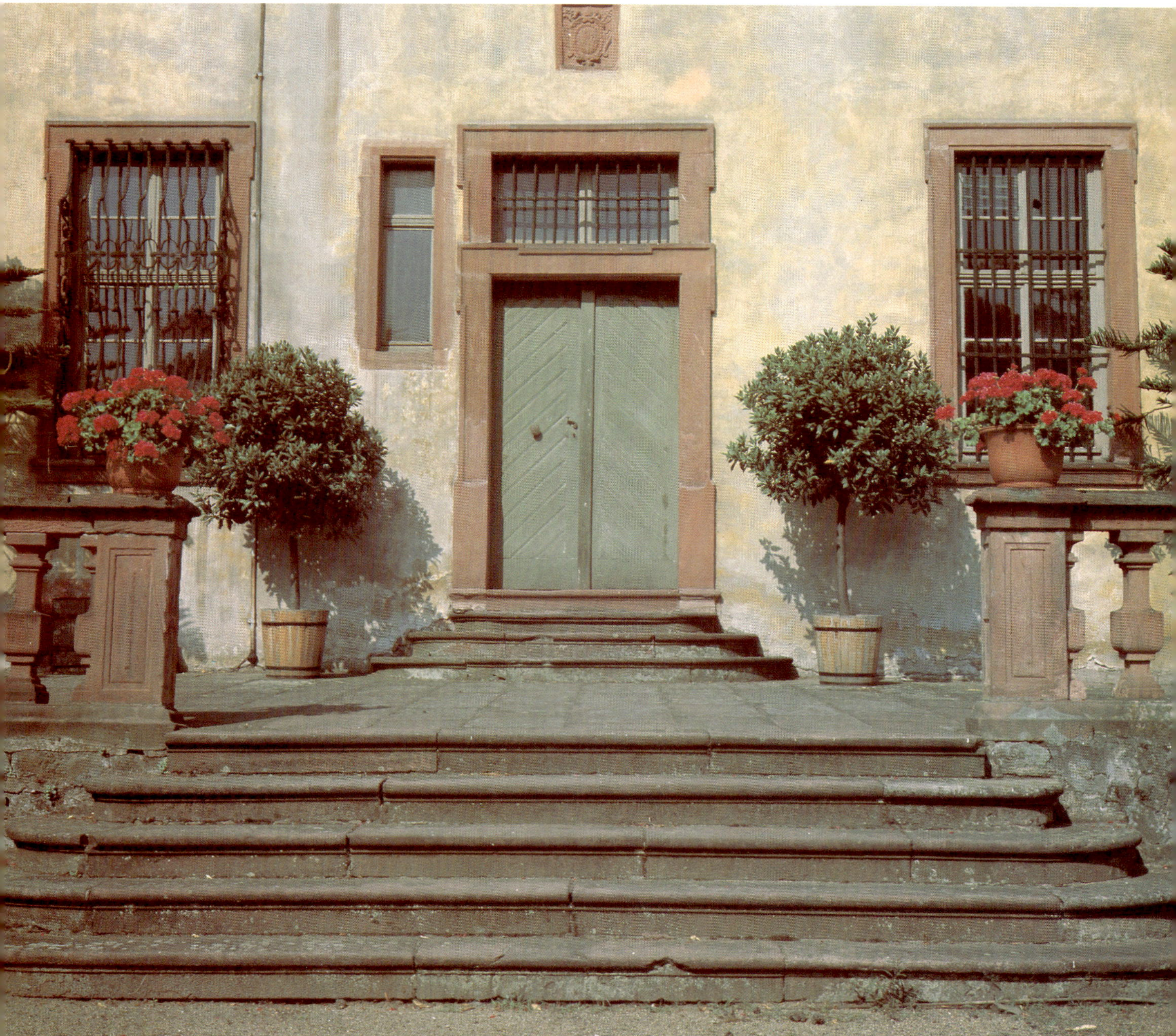

Lorbeer, Laurustinus und Kirschlorbeer

Lorbeer – Laurus nobilis L.

Die zu den Lorbeergewächsen gehörende Gattung *Laurus* enthält nur zwei Arten, *Laurus canariensis* und *Laurus nobilis*. Nur letztere ist als Zierpflanze von Bedeutung. Am natürlichen Standort bildet sie große, immergrüne Sträucher oder kleine, bis 10 m hohe Bäume mit schwärzlicher Rinde. Die Belaubung ist dicht, die dunkelgrünen Blätter sind ledrig und um 10 cm lang. Die eingeschlechtigen Blüten befinden sich auf verschiedenen Pflanzen. Sie sind gelblich und erscheinen in achselständigen, büscheligen Dolden oder kurzen, traubigen Rispen. Die weiblichen Pflanzen bringen tiefschwarze, eiförmige, bis 2 cm lange Beeren.

Die Heimat von *Laurus nobilis* liegt im östlichen Mittelmeergebiet, von wo die Pflanze schon im Altertum nach Italien und in die benachbarten Länder gebracht wurde. Heute ist der Lorbeer im ganzen Mittelmeerraum verbreitet und bildet vor allem in Küstennähe oder warmen, luftfeuchten Lagen immergrüne Gebüsche. Lorbeerwälder dagegen sind selten und auf die Küstengebiete beschränkt. Ein berühmter Lorbeerwald befindet sich in Laurana Abbazia am Südfuß des Monte Maggiore in Istrien. Bei uns ist Lorbeer nicht winterhart, denn er verträgt nur kürzere Kälteperioden, deren Temperatur nicht unter –10°C sinken darf. In wärmeren Teilen Englands dagegen gedeiht er im Freien und verträgt ohne Schaden geringere Fröste.

Nur wenige Pflanzen haben eine so lange Geschichte wie der Lorbeer. Im Altertum war er als Symbol der Reinheit dem Apollo gewidmet. An seinen Tempeln wurden Lorbeerhaine gepflanzt, der Siegerkranz der Phytischen Spiele in Delphi aus Lorbeer geflochten. Dieser Brauch ging mit dem Apollo-Kult an die antiken Römer über, bei ihnen aber trugen ihn vor allem die Sieger in Kriegen und Schlachten bei ihren Triumphzügen durch Rom. Aber auch bedeutende Dichter und Wissenschaftler durften sich mit ihm schmücken. In späteren Zeiten, wahrscheinlich erst in der Renaissance, wurde der beste Dichter seiner Zeit zum „poeta laureatus" ernannt, so als einer der ersten Petrarca.

Schon in altgriechischen Sagen kommt der Lorbeer vor, am schönsten aber wird seine Entstehung in den Metamorphosen des Ovid geschildert. Von heftiger Liebe geplagt, verfolgte Apollo die jungfräuliche Nymphe Daphne, die reizende Tochter des Flußgottes Peneios. Von der Flucht erschöpft, bittet Daphne ihren Vater, sie so zu verwandeln, daß sie dem Verfolger nicht mehr gefalle. Die Schilderung dieser Verwandlung ist so schön, daß sie hier im Wortlaut folgen soll:

Lorbeerbäume sind mannigfaltig verwendbar, so eignen sie sich gut zur Flankierung eines Einganges.

„… Wie sie kaum es erfleht, faßt starrende Lähmung die Glieder,
Und mit geschmeidigem Bast umzieht sich der schwellende Busen.
Grünend erwachsen zu Laub die Haare, zu Ästen die Arme;
Fest hängt, jüngst noch flink, ihr Fuß am trägen Gewurzel.
Wipfel verdeckt das Gesicht; nichts bleibt als die glänzende Schönheit.
So auch liebt sie der Gott. An den Stamm die Rechte gehalten
Fühlt er, wie noch bebt in der bergenden Rinde der Busen,
Und mit den Armen die Äste, als wären es Glieder, umfangend,
Gibt er Küsse dem Holz. Den Küssen entzieht sich das Holz auch.
„Weil du", sprach er sodann, „nicht mein werden kannst als Gattin,
Werde denn mein als Baum. Dich soll nun ständig die Leier,
Dich soll tragen das Haar, dich ständig der Köcher, o Lorbeer!"

Der griechische Name *daphne* für den Lorbeer wurde von Linné nicht übernommen, sondern dem Seidelbast gegeben, statt dessen belegte er die Gattung mit dem lateinischen Namen *Laurus*, einem Namen, der wie *daphne* auf eine alte Mittelmeersprache zurückgeht und aus dem nach mannigfachen Abwandlungen auch das deutsche Wort Lorbeer entstand, allerdings zunächst nur als Bezeichnung für die beerenartige Frucht, die wie die Blätter schon im Altertum medizinisch und als Gewürz verwendet wurde. Beide enthalten ätherische Öle, die zur Herstellung von Salben und Pulvern dienten. Schon damals wurden sie als Mittel gegen Hautkrankheiten benutzt. Deshalb galt der Lorbeer in altgriechischen Sagen als Symbol der Reinheit und wurde dem Lichtgott Apollo gewidmet. Auch heute noch wird er für Salben gegen Hautkrankheiten in der Human- und Veterinärmedizin verwendet, daneben in der Likör- und Seifenindustrie. Weit wichtiger aber als die medizinische Verwendung ist das Lorbeerblatt für die Küche, wo es den verschiedensten Speisen als Aromatikum beigegeben wird. So ist sein Aroma wichtig für manche Fleisch- und Fischgerichte, aber auch „Lorbeerkartoffeln" sind eine nicht zu verachtende Speise. Für uns liegt die größte Bedeutung des Lorbeers in seiner Verwendung als dekorative Kübelpflanze. Wann der Lorbeer zu diesen Zwekken in Deutschland eingeführt wurde, ist nicht mehr mit Sicherheit festzustellen, wahrscheinlich aber gehört er zu den ältesten aller Kübelpflanzen überhaupt. Zwar empfiehlt ihn schon die Heilige Hildegard im 13. Jahrhundert für medizinische Zwecke, doch als Zierpflanze taucht er erst im 16. Jahrhundert auf. So war er bereits in den Gärten Maximilians I. um 1500 vorhanden, 1586 findet man ihn in dem wegen seiner Pflanzensammlungen berühmten Garten des Breslauer Laurentius Scholz und 1672 wird er von Elsholz unter den in den kurfürstlichen Gärten Brandenburgs gezogenen Pflanzen aufgeführt. Es ist aber anzunehmen, daß er zunächst nur wegen seiner medizinischen Eigenschaften, vor allem aber als Lieferant der auch für die damalige Küche wertvollen Blätter gezogen wurde. Wann er zuerst in geschnittenen Formen als Dekorationspflanze auftrat, ist nicht belegt, doch wird das sicherlich schon im 17. Jahrhundert der Fall gewesen sein. So schreibt z. B. Miller in seinem „The Gardeners Dictionary" von 1754: „... but I can by no mean recommend the shearing of those plants into conical or pyramidal figures (as is often practised) for the same reasons as I gave for the laurel ...", ein Hinweis darauf, daß schon damals – wahrscheinlich seit längerer Zeit – geschnittene Lorbeerformen verbreitet waren. Die Blütezeit der Verwendung von in Kugel-, Säulen- oder Pyramidenform geschnittener oder als Hochstamm gezogener Lorbeerbäume lag viel später und zwar in der Wilhelminischen Zeit, also zwischen 1871 und 1918, wo Lorbeerbäume in heute kaum vorstellbarer Zahl bei staatlichen Empfängen und großen Beerdigungen den Rahmen bildeten. Die Pflanzen dazu

Es ist fraglich, ob solche Formen schön sind, sicherlich aber zeugen sie vom Geschick des Gärtners.

kamen vor allem aus Belgien, wo sie in kleinen Familienbetrieben gezogen wurden, wohl deshalb, weil die Anzucht größerer und großer Pflanzen sehr zeit- und arbeitsaufwendig, außerdem aber das belgische wie auch das holländische Klima für das Wachstum besonders günstig ist. Der Pflanzenliebhaber mit meist nur beschränkten Überwinterungsmöglichkeiten wird wohl kaum in Formen geschnittene Lorbeerbäume sich halten, sondern diese vielmehr staatlichen und städtischen Gärtnereien überlassen. Dagegen wird er Freude an natürlichen gewachsenen Sträuchern haben, die er im Sommer vor das Haus oder auf die Terrasse stellt und von denen er ab und zu einige frische Blätter für die Küche abnehmen kann, vorausgesetzt, sie wurden nicht mit giftigen Mitteln gegen Schädlinge behandelt. Werden sie aber zu groß für den Überwinterungsraum, kann man sie im März zurückschneiden; sie treiben dann überall kräftig wieder aus.

Die Anzucht geschnittener Lorbeeren ist ungemein langwierig. Kronen von nur 50 cm Durchmesser erfordern bereits eine Kulturzeit von 10 Jahren. Ihre Anzucht muß darum Spezialbetrieben überlassen werden. Der Liebhaber aber kann sich ohne Schwierigkeit eine Pflanze durch Stecklinge selbst heranziehen. Diese werden von September bis zum März geschnitten und bewurzeln sich bei 16–20° C Bodenwärme innerhalb von 4–5 Wochen. Ihre Weiterkultur erfolgt zunächst in Töpfen, später in Kübeln. Als Erde eignet sich am besten eine nährstoffreiche Mist- oder humose Komposterde, der ein geringer Lehm- und Sandzusatz beigegeben wird. Im Sommer sind die Pflanzen hell und sonnig ins Freie zu stellen, die Überwinterung erfolgt in einem frostfreien, nicht zu dunklen Raum, der gut gelüftet werden kann, bei einer Temperatur zwischen 1 und 6° C. Im März werden Säulen, Pyramiden und als Hochstämme gezogene Kugeln geschnitten, jedoch nie mit der Heckenschere, sondern stets mit einer Gartenschere, denn die Blätter dürfen beim Schnitt nicht beschädigt werden, da dadurch die Schönheit der Pflanzen leidet. Auch freiwachsenden Sträuchern tut ein Einkürzen der Triebe gut, schon darum, daß sie nicht zu groß werden und dicht belaubt bleiben. Neben sehr sorgfältigem Gießen – der Ballen darf nie austrocknen – sollte man die Pflanzen häufig mit scharfem Strahl abspritzen und zwar so, daß alle Blattachseln und Astgabeln getroffen werden, um etwa sich einnistende Läusekolonien zu treffen und abzuspülen. Von April bis Anfang August wird wöchentlich einmal mit einem Volldünger gegossen, besonders dankbar aber sind Lorbeerbäume für gelegentliche Güsse mit Kuhjauche.

Frei wachsende Lorbeersträucher sind besonders schön, vor allem aber während der Blüte.

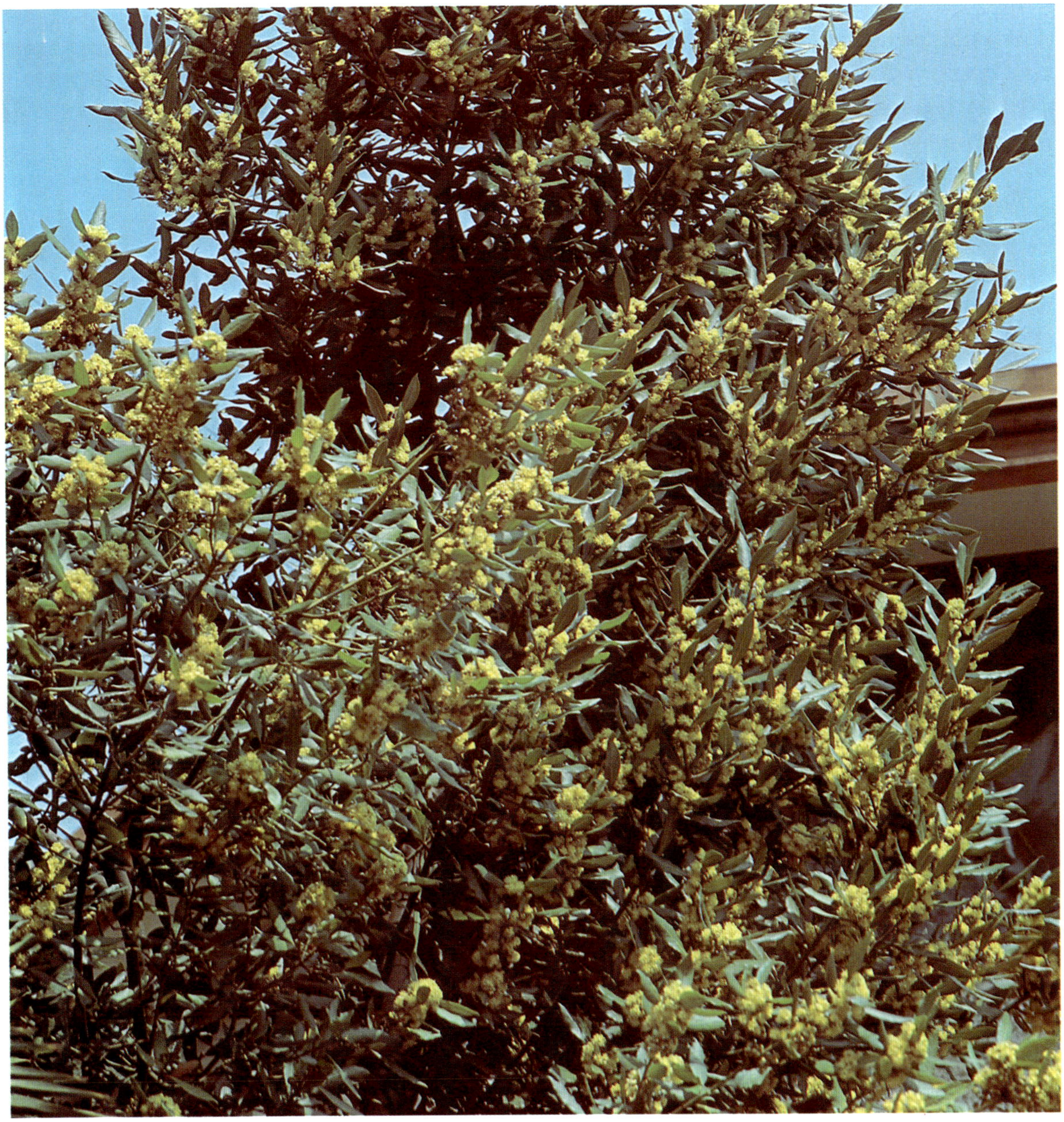

Lorbeerbäume, die häufig zu Dekorationen verwendet werden, sind beim Transport sehr vorsichtig zu behandeln, denn jedes herausgebrochene Ästchen vermindert den Wert der Pflanzen. Also ist darauf zu achten, daß Pyramiden und Säulen beim Transport nie am Stamm angefaßt werden, da dadurch nach kurzer Zeit „Löcher" entstehen, die die Pflanzen unansehnlich machen und nie wieder zuwachsen. Hast und Antreiben beim Transport wertvoller Kübelpflanzen, besonders aber bei geschnittenen Lorbeerformen, lohnt sich nie! Die dadurch eingesparten Minuten sind kein Ersatz für die angerichteten Schäden.

Laurustinus
Viburnum tinus L.

Dieser im Habitus dem Lorbeer sehr ähnliche, immergrüne Strauch stammt wie jener aus dem Mittelmeergebiet, wo er als Unterholz in immergrünen Eichenwäldern (*Quercus ilex*) zusammen mit *Arbutus*, *Erica arborea*, Myrte, *Phillyrea latifolia* etc. den Boden bedeckt. Außerdem ist er Bestandteil vieler primärer oder sekundärer Macchien. Er bildet dort mehr oder weniger hohe, selten 2–3 m überschreitende, reich und dicht beblätterte Sträucher, deren glänzend dunkelgrüne Blätter 3–10 cm lang sind. Die kleinen Blüten sitzen in 4–9 cm breiten Trugdolden, sind beim Aufblühen außen blaßrosa, innen reinweiß und strömen einen zarten Duft aus. Es folgen ihnen rundliche, zunächst dunkelblaue, später schwärzliche Beeren.

Schon im Altertum war unsere Pflanze als *tinus* bekannt. Plinius schildert sie als eine Art Lorbeer mit blauen Beeren und nannte sie deshalb *laurus tinus*. Von daher hat sich in der Sprache der Gärtner der Name Laurustinus bis heute erhalten und zwar nicht nur im Deutschen, sondern ebenso im Italienischen als „Laurotino", im Französischen als „Laurier-tin" und im Englischen als „Laurustine".

Volkstümliche deutsche Namen haben sich nicht gebildet; lediglich durch verschiedene Schriftsteller erscheinen in der Literatur einige künstlich gebildete Namen, so bei Zander 1932 'Lorbeer-Schneeball', eine recht treffende Bezeichnung für unsere Pflanze, doch sollte man besser bei dem schon vor bald 2000 Jahren gebildeten „Laurustinus" bleiben. Von Linné wurde 1753 die alte Gattung *Tinus* aufgelöst und mit der Gattung *Viburnum* verbunden, wo unsere Art jetzt als *Viburnum tinus* zu finden ist.

Laurustinus soll nach Chittenden 1560 eingeführt worden sein, also etwa in der gleichen Zeit wie der echte Lorbeer und wurde wie dieser als Orangeriepflanze gepflegt. Aber auch bei wohlhabenden Bürgern mit weniger Platz wurden sie schon zwischen 1650 und 1730 als eines derjenigen Gewächse gezogen, die in der „Gewächsstube" oder im Keller überwintert wurden. In Dresdener Gärtnereien finden wir im 19. Jahrhundert Laurustinus als Topfpflanze angeboten, und um die Jahrhundertwende werden seine Blütenstände für feine Blumengebinde empfohlen. Heute findet man ihn zu Unrecht nur noch selten, denn die Pflanze ist nicht nur schön, sondern auch recht anspruchslos.

Die Pflege gleicht etwa der des Lorbeers, man kann sogar wie bei diesem Kugeln, Pyramiden und Säulen aus ihm formen. Allerdings muß man dann auf Blüten verzichten. Schöner für Terrasse, Balkon oder Dachgarten sind aber natürlich gewachsene Sträucher im Topf oder Kübel. Im Sommer wollen sie recht warm und sonnig stehen, im Winter brauchen sie eine Temperatur von 1–6° C und reichliche Lüftung. Jüngere Pflanzen werden jährlich, ältere, vor allem in Kübeln stehende, nur nach Bedarf alle paar Jahre einmal verpflanzt. Als Erde nehme man Fruhstorfer Erde oder TKS, dem man aber etwas Lehm beigeben sollte. Von Praxiserde eignet sich eine Mischung aus lehmig-humoser Komposterde mit Zusatz von Lauberde und gedüngtem Torfmull. Nach genügender Durchwurzelung wird von April bis Ende Juli, keinesfalls länger, regelmäßig flüssig gedüngt. Nur wenn im August das Wachstum abgeschlossen ist, kann man im Spät-

Den Blüten des Laurustinus entströmt ein feiner Duft.

winter mit einer reichen Blüte rechnen. Vermehrt wird durch halbreife Stecklinge, die das ganze Jahr hindurch Wurzeln bilden, am besten aber wohl im August/September. In der Jugend, also etwa die ersten zwei Jahre, wird, um eine reiche Verzweigung zu erzielen, mehrmals entspitzt, danach aber läßt man die Sträucher frei wachsen. Wenn die Pflanzen jedoch zu groß geworden sind, sollte man sie nach dem Abblühen einem starken Rückschnitt unterwerfen. Mit Knospen besetzte Pflanzen kann man etwas wärmer stellen, wenn man sie etwas früher in Blüte haben will.

Zur gleichen Gattung gehört *Viburnum odoratissimum* Ker-Gawl., eine im wärmeren Indien und China beheimatete Art, die erst um 1818 Europa erreichte. Sie ist immergrün, wächst strauchig oder bildet kleine Bäume, die bis zu 7 m hoch werden können. Ihre Blätter sind steif-lederig, 10–20 cm lang und etwa halb so breit, glänzend dunkelgrün und glatt. Die weißen Blüten erscheinen in Kultur nur selten.

Es ist eine stattliche Pflanze, die durch den etwas steiferen Wuchs und die großen Blätter wirkt. Man sollte diese Art, die gewiß in manchen botanischen Sammlungen noch vorhanden ist, wieder vermehren und zum Kauf anbieten. Sie ist ebenfalls nicht winterhart und verlangt die gleiche Pflege und Überwinterung wie *Viburnum tinus*. Der Verfasser kennt diese prächtige Pflanze aus alten Orangerien wohlhabender Frankfurter Bürger, die Anfang der dreißiger Jahre aufgelöst wurden. Dort standen einige über hundertjährige Pflanzen in großen Kübeln, die leider aber den Krieg nicht überlebten.

Lorbeerkirsche, Kirschlorbeer
Prunus laurocerasus L.

Die Lorbeerkirsche hat in den Blättern eine gewisse Ähnlichkeit mit dem Lorbeer, doch sind sie meist wesentlich größer. Sie ist heimisch im Ostbalkan und in Vorderasien, heute aber in Süd- und Westeuropa stellenweise eingebürgert. In ihrer Heimat kommt sie als Gebüsch vor oder wächst als Unterholz in Wäldern. Meist ist sie strauchartig, doch kann sie auch bis 8 m hohe Bäume bilden. Die jungen Zweige sind grün, die Blätter länglich bis verkehrteiförmig oder elliptisch, lederartig und fest, oben dunkelgrün und glänzend, unten blaßgrün, meist ganzrandig, bisweilen etwas gezähnt. Die weißen Blüten stehen an aufrechten, 5–12 cm langen, vielblütigen Trauben, die im Mai, bisweilen nochmals im Herbst erscheinen. Die bis 12 mm langen Früchte sind schwarzrot. Die Art umfaßt viele in Größe und Form der Blätter, in Wuchs und Winterhärte voneinander abweichende geographische Formen und Sorten. Die großblättrigen stammen aus dem Kaukasus und sind weniger winterhart als die kleinblättrigen aus dem Balkan.

Der Artname *laurocerasus* ist gebildet aus *Laurus* und *Cerasus*; die Blätter ähneln dem Lorbeer, die Früchte der Kirsche. Bereits 1583 bekam der berühmte Botaniker Clusius, dem die Einfuhr vieler neuer Pflanzen zu verdanken ist, eine kleine Pflanze aus dem damaligen Konstantinopel. Sie wurde von ihm vermehrt und weiterverbreitet. Nach Boom soll die Pflanze schon früher und zwar 1558 in Italien eingeführt worden sein. Sie gehörte schon bald zu den beliebtesten Orangeriepflanzen der damaligen Zeit. Heute zählt die Lorbeerkirsche zu den verbreitetsten immergrünen Sträuchern unserer Gärten, doch sind dort nicht alle Formen ganz winterhart. In sehr kalten Wintern erfrieren sie ganz oder teilweise. Auch heute noch sind besonders die großblättrigen Formen ausgezeichnete Kübelpflanzen für Dekorationen, ihrer Schönheit und Unempfindlichkeit wegen aber auch dem Liebhaber für kalte Treppenhäuser, Vorräume, Dachgärten und Terrassen am Hause zu empfehlen. Nicht verschwiegen werden darf, daß die Art giftig ist und in allen Teilen Blausäure enthält. Beim Zerreiben riechen alle Teile nach Bittermandelöl. Der Gehalt an Blausäureglykosiden ist während der Blütezeit am größten. In manchen Ländern werden die Blätter auch heute noch in der Medizin, vor allem in der Homöopathie, bei verschiedenen Krankheiten verwendet, so z.B. seit alter Zeit als schmerzstillendes Mittel. In einem alten Rezept von 1777 heißt es: „Die Blätter des Baumes sind bitterlich, und theilen der Milch, wenn sie darin gekocht werden, einen angenehmen mandelartigen Geschmack mit". Wohl mancher wird nach dem Genuß solchermaßen zubereiteter Milch krank geworden sein oder sogar sein Leben verloren haben.

Die Vermehrung ist leicht. Man nimmt dazu halbharte oder ausgereifte Triebspitzen, vor allem im Herbst, die bei mäßiger Bodenwärme bald wurzeln. Der Liebhaber aber wird sich besser eine junge, in der Baumschule gezogene Pflanze anschaffen und diese dann in einen Topf oder Kübel in

Im Mai schmückt sich der Kirschlorbeer mit Blüten.

recht lehmige Erde setzen. Im Winter sollte man die Pflanze nicht im Freien lassen, denn dort würde sie, bedingt durch den engen Raum des Gefäßes, leiden. Es ist also besser, sie wie den Lorbeer in einem frostfreien, kühlen und gut lüftbaren Raum zu überwintern. Dies kann ein heller Keller, ein Treppenhaus oder jeder andere kühle und luftige Raum sein.

Eine nahe Verwandte der Lorbeerkirsche, *Prunus lusitanica* L., ist eine ebenfalls schöne, immergrüne Kübelpflanze. Ihre Heimat ist Spanien und Portugal. Im Freien gehalten, erfriert sie in jedem kälteren Winter. Sie wächst in ihrer Heimat strauch- oder baumartig und ähnelt in vielem dem Lorbeer. Von manchen Baumschulen wird sie regelmäßig angeboten.

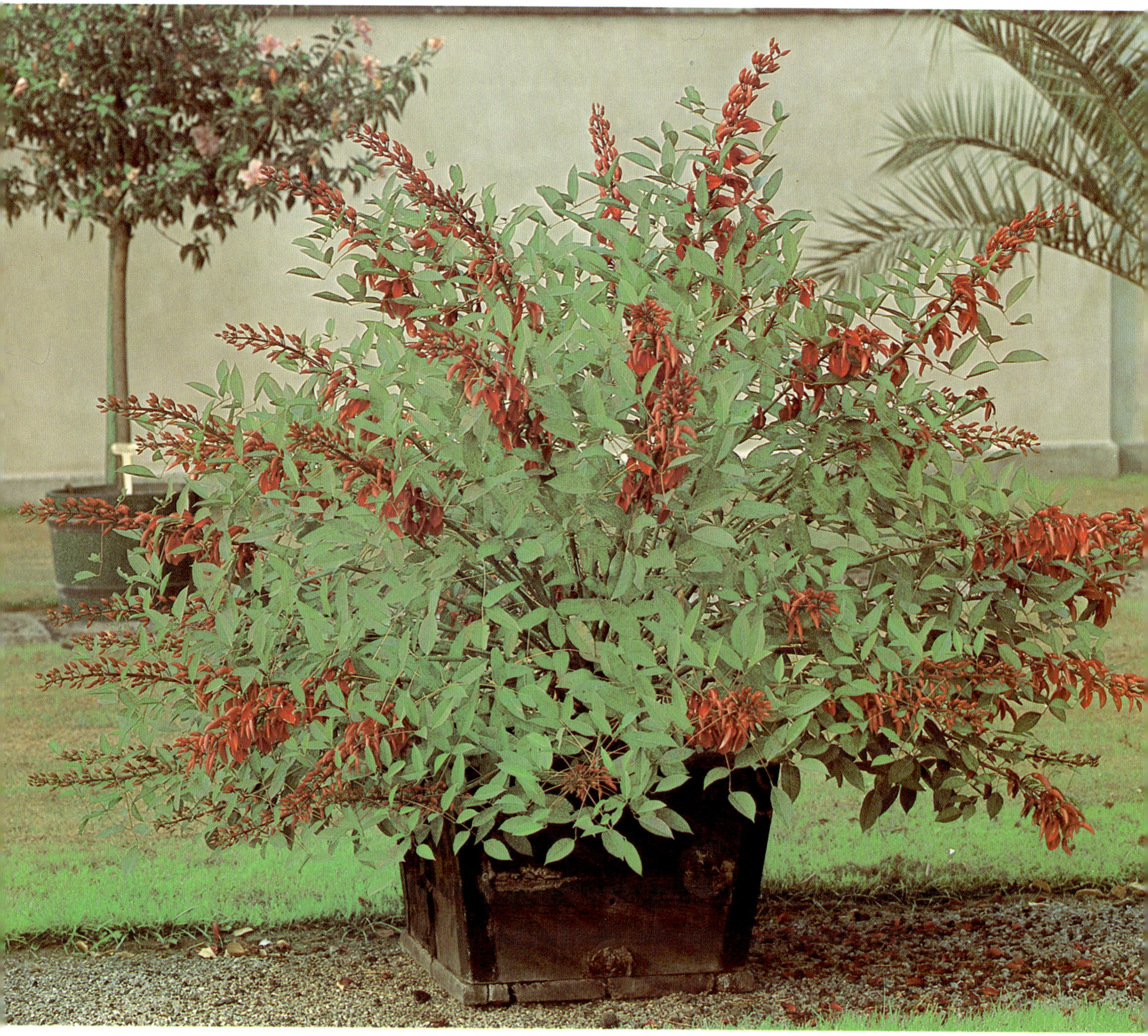

Korallenstrauch und Engelstrompete

Schon die Namen lassen ahnen, daß es sich bei Korallensträuchern und Engelstrompeten um etwas besonderes handeln muß. Da sie außerdem zusammenpassen, ja gegenseitig ihre Schönheit steigern und die gleiche Behandlung verlangen, ist ihnen mit Recht ein eigenes Kapitel vorbehalten.

Korallenstrauch – Erythrina L.

Von den etwa 100 in Subtropen und Tropen verbreiteten Arten wird außerhalb Botanischer Gärten nur eine Art, *Erythrina crista-galli* L., gezogen. Sie soll schon 1633 nach Italien eingeführt worden sein, nach Deutschland aber kam sie erst im letzten Drittel des 18. Jahrhunderts, nach England 1771. Schon 1840 wird sie von Bosse empfohlen. Er schreibt: „Eine überaus prachtvolle, schon als Stecklingspflanze blühende Art." Hierin kann man ihm sicherlich zustimmen, denn *Erythrina crista-galli* gehört wirklich zu den schönstblühenden Tropenpflanzen. *Erythrina* kommt vom griechischen *erythros* (= rot) und weist auf die rote Farbe der Blüten hin. *Crista-galli* ist das lateinische Wort für den Hahnenkamm. In einem botanischen Werk von 1777 lesen wir: „Die Spanier in Brasilien nennen diesen Baum Crista di Gallo, oder Hahnenkamm", daher wohl die von Linné übernommene Bezeichnung der in Brasilien beheimateten Art. Sie bildet dort im Alter dicke, holzige, kurze Stämme, deren bedornte Stengel jährlich neu gebildet werden und nach Blüten- und Fruchtbildung wieder absterben. Die Blüten sitzen in Paaren an endständigen, langen und dichten Trauben. Im Gegensatz zu den meisten anderen Schmetterlingsblütlern hängt die etwa 5 cm lange Fahne abwärts, die Flügel fehlen fast ganz und das Schiffchen krümmt sich von oben gegen die Fahne. Die Bestäubung aller Arten geschieht durch Vögel, die der amerikanischen durch Kolibris, der afrikanischen durch Honigvögel. Von Juni bis zum September erstreckt sich bei uns ihre Blütezeit. Samen werden zwar angesetzt, aber reifen nur in sehr warmen Jahren.

Ihre Pflege gleicht völlig der von *Datura*. Nur in einem weicht sie davon ab, nämlich von Oktober bis April machen alte und junge Pflanzen eine strenge Ruhezeit durch, während der sie keinen Tropfen Wasser bekommen dürfen, und die Wärme 6–8° C nicht übersteigen darf. Die Stengel werden beim Einräumen kurz über dem im Alter dicklichen Stamm abgeschnitten, die neuen entwickeln sich in erstaunlich kurzer Zeit im Laufe des April. Durch kühlen Stand muß man vermeiden, daß sie lang und geil werden. Mitte Mai kommen sie dann ins Freie.

Nur sehr alte Korallensträucher blühen so reich wie diese Pflanze vor der Orangerie von Herrenhausen.

Korallensträucher darf man nicht stutzen, da die Blütentrauben am Ende der in jedem Jahre neu gebildeten Triebe stehen.

Vermehrung aus Samen ist leicht, doch dauert es 3–4 Jahre, ehe Sämlingspflanzen die ersten Blüten bringen. Durch Stecklingsvermehrung kommt man früher zu blühbaren Pflanzen. Nach dem Austrieb im April werden die Stecklinge mit einem Ring alter Rinde geschnitten und bei 20–25° C bewurzelt. Jungpflanzen sind wie die alten Stücke zu behandeln. Weder alte noch junge Pflanzen dürfen gestutzt werden, da die Blütentrauben am Ende der Stengel stehen. Je kräftiger diese sind, desto mehr Blüten tragen sie. Zur Förderung kräftigen Wuchses gieße man von Ende April an einmal wöchentlich mit einer Volldüngerlösung, aber auf keinen Fall länger als bis zum 1. August. Besonders schön wirken Korallensträucher in der Vereinigung mit hohen Engelstrompeten. Die Pflanzen können Jahrzehnte, ja hundert und mehr Jahre alt werden. Je älter sie sind, desto mehr Triebe und damit auch Blüten entwickeln sie.

Engelstrompete – Datura L.

Diese Gattung aus der Familie der Nachtschattengewächse, der *Solanaceae*, gliedert sich deutlich in zwei Gruppen, nämlich in die der strauchigen oder baumartigen und die der krautigen Arten, deren deutscher Namen Stechapfel auf die runden, bestachelten Früchte hinweist. Schon 1803 stellte Persoon für die strauchigen Arten eine eigene Gattung, *Brugmansia*, auf. Seitdem wechselt für die strauchigen Arten, die eigentlichen Engelstrompeten, die Zuordnung zwischen *Datura* und *Brugmansia*. 1921 stellte sie Safford wieder zu *Datura* und so blieb es unwidersprochen bis in die jüngste Zeit, in der einige Botaniker erneut die Ansicht vertreten, daß man sie besser in einer eigenen Gattung vereine, nämlich in der Gattung *Brugmansia*. Ihrer Meinung schließen wir uns vorläufig nicht an und bleiben für die Engelstrompeten bei dem altbekannten Namen *Datura*, geben jedoch, soweit vorhanden, in Klammern die entsprechenden Synonyme an.

Über die Herkunft der beiden Gattungsnamen soll kurz berichtet werden. *Datura* ist zurückzuführen auf das altindische *dhattura*, in hindi *dhatura*, einen altindischen Volksnamen für den Stechapfel, *D. metel*. Die *Brugmansia* bekam ihren Namen zu Ehren von Sebald Justin Brugmans, einem Holländer, der von 1763 bis 1819 lebte, als Professor in Leiden lehrte, zuletzt Leibarzt von Ludwig Napoleon (1806–1810 König von Holland) war.

Die Einführung verschiedener *Datura*-Arten erfolgte verhältnismäßig spät, außer der von *Datura arborea*, die heute sehr selten in Kultur ist, gewiß nicht vor 1800. So kam 1809 *Datura suaveolens* nach Deutschland, die Sorte 'Plena' 1828 nach England. Bei Bosse finden wir 1840 bereits verschiedene „Arten" aufgeführt, doch ist bei manchen von ihnen nicht mit Sicherheit zu sagen, zu welcher Art sie wirklich gehört haben mögen. Auf jeden Fall aber sind Engelstrompeten seit der Mitte des vorigen Jahrhunderts in Schloßgärtnereien, botanischen Gärten und öffentlichen Anlagen häufig gezogene Pflanzen, bei Privatleuten jedoch finden wir sie in größerem Maße erst seit einigen Jahren, nachdem sie in Zeitschriften beschrieben und abgebildet wurden. Dadurch angeregt nahmen sie dann einige Gärtnereien in ihre Sortimente als Jungpflanzen auf.

Die halbgefüllten Blüten dieser Sorte von *Datura × candida* duften ebenso betäubend wie die der Art.

Mit Sicherheit gezogen werden heute wohl nur *Datura × candida*, *Datura rosei* und *Datura suaveolens* sowie verschiedene Sorten meist unsicherer Herkunft.

Datura × candida (Pers.) Saff. (*Brugmansia × candida* Pers.) soll eine aus Ekuador stammende Kreuzung zwischen *Datura aurea* und *Datura versicolor* sein; sie hat 20–30 cm lange, weiße Blüten, deren Kelch einen einseitigen Schlitz hat. Wie bei *Datura suaveolens* duften ihre Blüten gegen Abend sehr stark.

Datura rosei Saff. aus Ekuador wird häufig mit der heute nicht mehr kultivierten

Datura sanguinea verwechselt. Ihre duftlose Blütenkrone ist nicht trompetenförmig, sondern mehr röhrig und hat nur einen kleinen, flach ausgebreiteten Saum. Die Krone ist etwa 15–17 cm lang, am Saume rötlich, zum Grunde hin zunächst gelblich, dann grünlich. Der Kelch besitzt 2–5 Abschnitte an seiner Mündung. Die Hauptblütezeit fällt in die Monate von September bis April. Die Art eignet sich deshalb mehr für das Kalthaus oder den Wintergarten als für das Freie.

Datura suaveolens Humb. et Bonpl. ex Willd. (*Brugmansia suaveolens* [Humb. et Bonpl. ex Willd.] Bercht. et J. S. Presl) aus dem südöstlichen Brasilien entwickelt sich zu einem baumartigen, bis 5 m hohen Strauch, der im Spätsommer und Herbst, im Gewächshaus sogar im Winter die Fülle seiner 20–30 cm langen, weißen, betäubend duftenden Blüten entfaltet. Ihr Kelch hat an seiner Mündung 2–5 Abschnitte, im übrigen unterscheiden sich die Blüten von anderen Arten dadurch, daß sie nicht hängen, sondern schräg abwärts gerichtet sind. Neben den weißblühenden Arten finden sich Sorten mit gelblichen und rosa bis rot getönten Blüten.

Die Herkunft der gelbblütigen Sorte 'Chlorantha' ist nicht bekannt. Nach Mei-

Beispiel für die gute Verwendung einer Kübelpflanze, hier einer *Datura*, in Verbindung mit Architektur.

nung mancher Autoren soll sie zu *Datura arborea* gehören, einer Art, die selbst nicht mehr in Kultur ist.

In tropischen Gärten finden sich *Datura* seit langer Zeit, kein Wunder, gehören sie doch zu den schönsten und auffallendsten aller Tropenpflanzen. Bei uns stellen wir sie in die nähere Umgebung des Hauses, auf den windgeschützten Dachgarten oder einen Balkon, überall jedoch in volle Sonne. Wie viele Pflanzen aus wärmeren Ländern entwickeln sie ihre volle Schönheit nur in warmen und sonnigen Sommern. Dann aber blühen sie schon vom Spätsommer an und erfüllen in den Abendstunden die ganze Umgebung mit ihrem betäubenden Duft. Die Blüten erscheinen nicht einzeln hintereinander, sondern in Schüben, so daß Blütenperioden mit blütenlosen Zeiten abwechseln. Im Mai werden die Pflanzen ins Freie gebracht, am besten in ein recht großes Gefäß gepflanzt und zwar entweder in eine lehmig-humose, nährstoffreiche Praxiserde oder in Fruhstorfer Erde. Damit beim Herausnehmen im Herbst ein Ballen erhalten bleibt, pflanzt man sie in durchbrochene Draht- oder Kunststoffkörbe, in denen man sie überwintert und dann im Frühjahr mit Ballen wieder auspflanzen kann. Während der kalten Jahreszeit wollen sie hell bei 4–10° C stehen und nur selten einmal gegossen werden. Vor dem Auspflanzen, das nicht vor den letzten Nachtfrösten im Mai vorgenommen werden darf, kürzt man die Triebe um ein Drittel ihrer Länge ein. Nicht nur alte, sondern auch Jungpflanzen blühen reich. Wichtig ist, sie einmal wöchentlich mit einer Volldüngerlösung zu gießen, denn nur bei reichlichen Nährstoffgaben entwickeln sie sich wirklich üppig. Außerdem verbrauchen sie viel Wasser, also ist stets reichlich zu gießen. Anfang August hört man mit dem Düngen auf, damit die Pflanzen mit gut ausgereiften Trieben in den Winter gehen. Bisweilen, besonders bei trockener Witterung, kann ein Befall mit „Roter Spinne" lästig werden, also muß rechtzeitig mit einem der dafür entwickelten Pflanzenschutzmittel gegossen oder gespritzt werden.

Vermehrt wird durch krautige Stecklinge bei mäßiger Bodenwärme. Bei *Datura rosei* muß man Geduld haben, da sie oft sehr lange stehen, bis sie Wurzeln entwickeln.

Rosmarin, Lavendel und Zitronenstrauch

Rosmarin
Rosmarinus officinalis L.

Sicherlich ist Rosmarin die älteste der in Bürger- und Bauernstuben gezogenen Pflanzen. Bereits im Altertum war er bekannt und wurde vielfach genutzt. Der Aphrodite geweiht, wurde er als Schmuck bei vielen Festen getragen, aber auch medizinisch und kulinarisch wurde Rosmarin verwendet. Sein lateinischer Namen war ros marinus, rosmarinus, aber auch marinus ros oder einfach ros. Von der Zusammensetzung *ros* (= Tau) und *marinus* (= Meer) heißt es bei Leunis: „... weil die Pflanze an den Meeresküsten Südeuropas wächst und durch Einwirkung des Meerestaues gut gedeiht." Der Name findet sich außer im Deutschen auch in anderen Sprachen wieder, so im Englischen Rosemary, im Dänischen rosenmarinn, im Französischen rosmarin und im Italienischen rosmarino.

Wann Rosmarin über die Alpen in nördlichere Länder gekommen ist, weiß man nicht, doch muß es schon sehr früh gewesen sein, vielleicht brachten ihn schon die Römer mit, wahrscheinlicher Benediktiner Mönche. Er wurde bereits 794 im Capitulare de villis, der Landgüterordnung Karls des Großen, aufgeführt und auf dem Klosterplan von St. Gallen 820 angegeben. 1491 finden wir ihn im Ortus Sanitatis als rosemaryn und 1543 in einem schönen Holzschnitt im „New Kreuterbuch" des Leonard Fuchs. Er diente wie im Altertum zunächst wohl als Gewürz- und Heilpflanze, später aber wurden seine Zweige als Schmuck von der Hochzeit bis zum Grabe verwendet, so u.a. als Brautschmuck, bis er als solcher langsam von der Myrte abgelöst wurde.

Das aus den Blättern gewonnene Öl, Oleum Rosmarinii, ist offizinell und wird auch heute noch als Salbe gegen Hautkrankheiten verwendet, auch in flüssiger Form gegen verschiedenste Krankheiten gegeben, so u.a. als blähungs- und harntreibendes Mittel; wichtiger als für diese Zwecke ist es für die Parfümerie-, Kosmetik- und Seifenindustrie. So soll z.B. das Rosmarinöl neben Citrus-Ölen ein wichtiger Bestandteil des „Kölnisch Wasser" sein. Aus frischen Blüten mit Alkohol zusammen destilliert, entstand im 16. Jahrhundert das berühmte Parfüm „Aqua reginae Hungariae", französisch „Eau de la Reine d'Hongarie" genannt.

Für die offizinelle und industrielle Verwendung wird heute noch Rosmarin, vor allem in Südfrankreich und auf den Dalmatinischen Inseln, angebaut. In der Küche spielen die frischen Blätter bei der Zubereitung mancher Fleisch- und Fischgerichte sowie als Zusatz zu Saucen und als Salatkraut eine gewisse Rolle. Feinschmeckern ist seit alten Zeiten bekannt, daß das Fleisch von Schafen, die in Südfrankreich

Rosmarin abweiden, besonders schmackhaft ist. Schließlich soll ein Hinweis auf die Rotweinbowle (claret cup) Englands nicht fehlen, denn auch dazu werden Rosmarinblätter benutzt.

Für uns aber ist der Rosmarin vor allem eine besonders schöne, kleine Topf- und Kübelpflanze, die man wieder häufiger sehen möchte. Die Heimat unseres *Rosmarinus officinalis* L. ist das gesamte Mittelmeergebiet, wo er einen Hauptbestandteil vieler Macchien bildet und, wenn auch kümmerlicher, Felstriften bewächst. Die Höhe der Sträucher schwankt zwischen 1 und 1,50 m, in seltenen Fällen kann sie sogar 2 m betragen. Sie sind dicht verzweigt, immergrün und aromatisch duftend, die Äste mit graubrauner, sich ablösender Rinde bedeckt. Die schmalen, linealischen, ledrigen, am Rande zurückgebogenen Blätter sind oberseits grün und runzlig, unterseits dicht weißfilzig. Die Blüten sitzen in kurzen, achselständigen Trauben, sind blaßblau, selten rosa oder weiß, und erscheinen im März und April, in geringerer Menge aber auch zu anderen Zeiten.

Wenn Rosmarin auch in den wärmsten Gegenden Deutschlands einige milde Winter überdauert, so kann man ihn doch nicht zu den zuverlässig winterharten Pflanzen rechnen. Er ist eine ausgesprochene Kalthauspflanze für Töpfe und kleinere Kübel, die von Ende April bis Ende November im Freien stehen kann. Zusammen mit einigen anderen mediterranen Pflanzen wie Myrten, Zistrosen, Lavendel lassen sich in einem Gartenhof oder auf der Terrasse am Hause an den Süden erinnernde Bilder erzielen. Die Überwinterung erfolgt hell und kühl. Als Erde nimmt man humoslehmige Gartenerde mit Sandzusatz. Auch Fruhstorfer Erde ist geeignet. Vermehrt wird durch Aussaat, besser durch halbreife Stecklinge im Juli/August, die sich im Kalthaus oder am Zimmerfenster inner-

Rosmarin ist nicht nur ein guter Gewürzstrauch, sondern auch eine reizvolle Blütenpflanze.

halb einiger Wochen bewurzeln. Um bald zu einem dichten Busch zu kommen, pflanzt man drei Stecklinge oder Sämlinge zusammen in einen Topf und entspitzt einige Male. Später ist dies nicht mehr nötig, da die Sträucher von Natur aus buschig wachsen. Da die Pflanzen im Alter nicht mehr so schön sind, sorge man für Nachzucht. Jungpflanzen wachsen rasch heran, vor allem wenn man sie im Frühjahr ins Freie auspflanzt und im Laufe des August wieder eintopft. Ein Vorteil des Rosmarin liegt in der langen Zeit, die er im Freien verbringen kann. Da er ohne Scha-

den im Herbst einige Grade Frost verträgt, braucht er nicht vor Ende November eingeräumt zu werden. Im übrigen bietet die Pflege keinerlei Schwierigkeiten.

Lavendel – Lavandula L.

Im Namen ist das lateinische *lavare* (= waschen) enthalten, worauf schon Hieronymus Bock in seinem 1546 erschienenen „Kreutterbuch" hinweist. Er schreibt dort: „Lavandel hat seinen Namen à lavando vel lavacro, weil man jhnen gemeiniglich gebraucht, wann man badet und das Haupt zwaget." In leichten Abwandlungen findet sich der Name auch in anderen Sprachen wieder. Bereits im Altertum, vor allem bei den Römern, wurde Lavendel vielfältig verwendet, in Deutschland wohl seit dem späten Mittelalter in Bauerngärten angepflanzt. Hierbei handelte es sich um die auch bei uns winterharte *Lavandula angustifolia (Lavandula officinalis)*, deren Blüten die Lieferanten des echten Lavendelöles sind. Seit altersher dient es zur Herstellung von Duftwässern, früher wurde es auch medizinisch verwendet, so bei Migräne und Schwerhörigkeit sowie als Hautreizmittel für Einreibungen, Bäder und Kräuterkissen. Ihre Hauptverwendung aber finden Lavendelblüten immer noch in der Parfümerie- und Seifenindustrie. So wird schon seit

1770 von der englischen Firma Yardley Lavendelseife und Lavendelwasser als verbreitetes und beliebtes Parfüm hergestellt. Schon seit langem, vor allem in der Biedermeierzeit, wurden Duftkissen zwischen die Wäsche gelegt, ein Brauch, der auch heute noch nicht ausgestorben ist. Lavendelblüten sollen nicht nur der Wäsche und den Kleidern ihren feinen Duft mitteilen, sondern auch die Motten vertreiben. In England sind heute noch Lavendelblüten neben den Blütenblättern der Rosen wichtigster Bestandteil des „Pot-pourri", das nach seiner Herstellung und Trocknung in Porzellangefäße gefüllt wird und dort jahrelang seinen Duft behält. Der alte Reim schließlich: „Lavendel, Myrte, Thymian wächst in unserem Garten, unser Ännchen ist schon Braut, kann nicht länger warten" weist auf den früheren Gebrauch als Abortivum hin. Zur Gewinnung des Öles wird Lavendel im Mittelmeergebiet, besonders in Südfrankreich im großen angebaut. Will man für eigene Zwecke Lavendelblüten sammeln, darf dies nur bei sonnigem, heißem Wetter geschehen, da andernfalls Farbe und Aroma leiden.

Lavandula ist eine nahe mit dem Rosmarin verwandte Gattung aus der Familie der Lippenblütler. Am meisten bei uns verbreitet ist die winterharte, wie alle Arten immergrüne *Lavandula angustifolia* Mill. (*Lavandula officinalis* Chaix, *Lavandula vera* DC.), eine im ganzen Mittelmeergebiet verbreitete Art, die dort an trockenen, warmen Hängen in großer Zahl wächst. Sie bildet einen bis meterhohen Strauch, der dicht mit grauem Filz bekleidet ist und schmale, in der Jugend weißfilzige, später vergrünende Blätter hat. Im Sommer erscheinen am Ende der Triebe die dicht mit blauen Blütchen besetzten, 2–8 cm langen Ähren.

Auch einige andere Arten sind kulturwürdig, so vor allem *Lavandula stoechas* L. der Schopflavendel, im ganzen Mittelmeergebiet und in Portugal verbreitet. Er wird ebenfalls bis meterhoch. Seine Ähren

Schopflavendel ist selten einmal zu sehen, doch lohnt sich der Besitz dieser eigenartigen Pflanze.

enden in einen Schopf aus großen, hellpurpurfarbenen Hochblättern. Die Blütenkrone ist dunkelpurpurn, die ungeteilten Blätter haben einen umgerollten Rand und sind beiderseits weißfilzig. *Lavandula multifida* L. ist von gleicher Größe, unterscheidet sich aber von den beiden obigen Arten durch doppelt eingeschnittene Blätter mit schmalen grünen Abschnitten. Sie ist in den warmen Teilen Spaniens, Italiens, Portugals und in Sizilien zu Hause. *Lavadula stoechas* und *Lavandula multifida* sind bei uns nicht winterhart und müssen hell, luftig und frostfrei überwintert werden.

Der echte Lavendel, *Lavandula angustifolia*, wird hier trotz seiner Winterhärte als schöne kleine Kübelpflanze empfohlen, weil er zusammen mit anderen Mittelmeerpflanzen so manchem Gartenhof, Dachgarten oder einer Terrasse die eigene Note gibt, und man dort neben höheren Pflanzen auch solche von niedrigerem Wuchs braucht. Er paßt gut in größere Keramikgefäße oder kleinere Kübel und kann im Winter unter leichtem Schutz draußen stehen bleiben. Besser jedoch ist es, auch ihn frostfrei zu überwintern, denn bei größerer Kälte leidet er in kleineren Gefäßen, in denen der Ballen gefriert. Wird er zu groß oder hat er durch Frost gelitten, kann man ihn ohne Schaden zurückschneiden. Alle Lavendelarten verlangen eine kalkhaltige, lehmig-humose, durchlässige Gartenerde, auch in Fruhstorfer Erde gedeihen sie.

Lavandula stoechas, *Lavandula multifida* und die ähnliche *Lavandula dentata* wurden um 1600 eingeführt und in Orangerien gezogen. Sie sind Kalthauspflanzen, die am besten dort oder in einem anderen, frostfreien, hellen und luftigen Raum den Winter überstehen. Sie sind als kleine, hübsche Kübelpflanzen, die selten Meterhöhe überschreiten, zu empfehlen, leider aber außerhalb botanischer Gärten nicht mehr zu finden. Wie alle Lavendelarten verlangen sie volle Sonne und sommers wie winters viel Licht. Alle Arten lassen sich durch etwa 10 cm lange Stecklinge fast das ganze Jahr hindurch vermehren, am besten jedoch im August/September. Stecklinge brauchen keine Bodenwärme, sollten jedoch mit Glas abgedeckt werden. Auch Vermehrung durch Aussaat im Spätwinter ist möglich.

Zitronenstrauch, Zitronenblatt Aloysia triphylla (L'Hérit.) Britt.

Von besonderer Schönheit ist dieser Strauch aus der Familie der Verbenengewächse gewiß nicht, dafür aber strömen seine Blätter beim Zerreiben einen erfrischenden Zitronenduft aus. Das ist der Grund, weshalb er im 19. Jahrhundert nicht nur in keiner Orangerie fehlte, sondern auch am Fenster vieler Bürger- und Bauernhäuser stand. Heute ist der Strauch selbst in botanischen Gärten selten zu finden, in tropischen Gärten aber in der ganzen Welt verbreitet. Ihren Namen bekam die Gattung zu Ehren von Maria Louisa, einer Prinzessin von Parma, die von 1751–1819 lebte und als Gattin Karls IV. von Spanien starken politischen Einfluß ausgeübt haben soll, heute aber nur noch in dem Namen *Aloysia* fortlebt. Von den in Amerika verbreiteten 37 Arten ist für uns nur *Aloysia triphylla* (L'Hérit.) Britt. (*Lippia citriodora* (Ortg.) H.B.K., *L. triphylla* (L'Hérit.) O. Kuntze) interessant. Sie ist in Uruguay, Argentinien und Chile weit verbreitet. Dort wächst sie als 3–5 m hoher Strauch. Ihre Blätter stehen zu dritt, manchmal auch zu viert in Quirlen, sie sind kurzgestielt, 7–10 cm lang und 1–1,5 cm breit, ganzrandig und auf der Rückseite drüsig gepunktet. Die kleinen, blaßlilafarbenen, beim Verblühen weißen, duftenden Blüten erscheinen in achselständigen Ähren oder in endständigen Rispen. In England wurde die Art 1784 eingeführt, in Deutschland war sie nach Bosse 1840 „in allen Handelsgärten" zu kaufen. Ihre Blätter werden heute noch als Herba Verbenae odoratae angeboten. Die Droge wird, vor allem in Südamerika, als Tee getrunken, auch in der Parfümerie-, Kosmetik- und Seifenindustrie verwendet.

Die Pflege ist recht einfach und bietet keinerlei Schwierigkeiten. Überwintert wird bei 3–10° C, luftig und hell, bei nur geringen Wassergaben. Die Pflanzen verlieren im Winter die meisten ihrer Blätter, treiben aber im März wieder aus. Dann nimmt man sie in Kultur, schneidet sie bis etwa zur Hälfte zurück, schüttelt wie bei Fuchsien die Erde aus den alten Ballen aus und pflanzt sie in den alten Topf oder Kübel in neue Erde wieder ein. Diese sei lehmig-humos, auch Fruhstofer Erde ist zuträglich. Zu alt lasse man seine Pflanzen nicht werden, da sie dann leicht etwas unansehnlich werden. Jungpflanzen wachsen rasch heran und sind wüchsiger als alte. Besonders schön entwickeln sich Mitte Mai auf die Terrasse ausgepflanzte Sträucher, die im September wieder einzutopfen sind.

Stecklinge bewurzeln sich bei leichter Bodenwärme unter Glas innerhalb von 3–4 Wochen. Da sie nach dem Schneiden sehr schnell welken, sind sie sofort zu stecken und mit Glas oder Folie abzudecken. Nach dem Eintopfen wird mehrfach entspitzt, damit sie sich zu recht buschigen Pflanzen entwickeln.

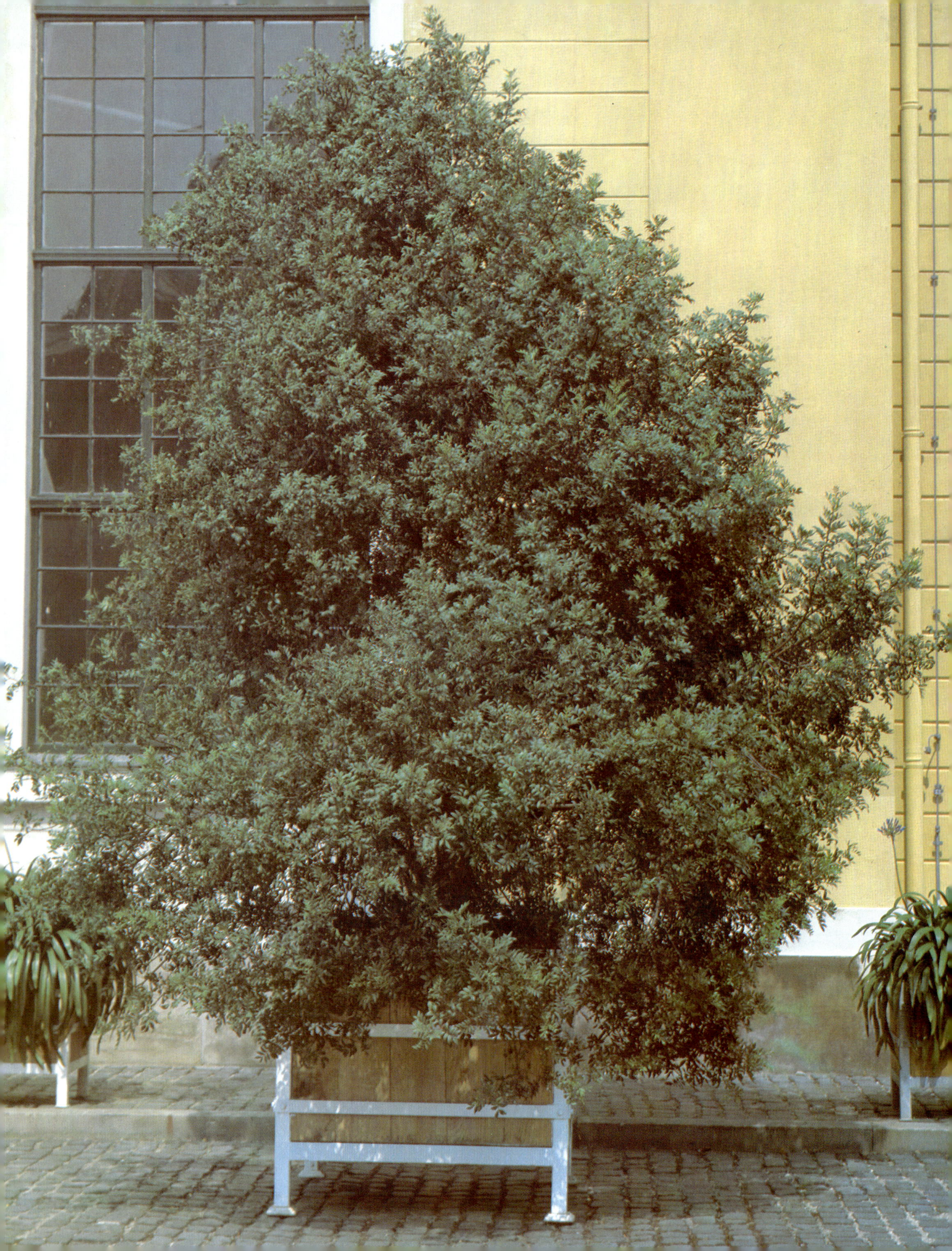

Johannisbrotbaum und Mastixstrauch

Johannisbrotbaum und Mastixstrauch waren schon im Altertum als Nutzpflanzen bekannt und wurden im ganzen Mittelmeergebiet angepflanzt. Bereits im 16. und 17. Jahrhundert kamen sie nach Europa und wurden dort zu beliebten Orangeriepflanzen. Heute sind sie selten geworden. Sie haben zwar keine auffallenden Blüten, sind aber durch Wuchs und Belaubung so schön, daß man sie wieder in den Kreis hübscher, stattlicher und haltbarer Kübelpflanzen einbeziehen sollte.

Johannisbrotbaum
Ceratonia L.

Ceratonia siliqua L., die einzige Art der Gattung, ist wohl ursprünglich im östlichen Mittelmeergebiet, vor allem jedoch in den arabischen Ländern heimisch, wurde aber schon im Altertum zuerst im östlichen, später auch im westlichen Mittelmeergebiet gepflanzt und ist heute bis Südeuropa und Nordafrika verwildert, ja stellenweise eingebürgert. Nach dem nördlichen Europa kam der Johannisbrotbaum um 1570. Eine Erklärung des deutschen Namens gab bereits Johann Bauhin 1591 in „De Plantis a Divis Sanctisve nomen habentibus". *Ceratonia* entwickelt sich zu einem breitkronigen, immergrünen, bis 10 m hohen Baum oder großen Strauch mit unpaarig gefiederten, ledrigen, oberseits glänzend dunkelgrünen Blättern und unscheinbaren, in traubigen oder kätzchenförmigen, oft dem Stamm oder alten Zweigen entspringenden Blütenständen. Die ledrige, bräunlich-violette Frucht wird 10–20 cm lang und 1,5–2 cm breit. Die Hülsen enthalten ein süßes Mark, in das die harten Samen eingebettet sind. Ihren botanischen Namen verdanken sie den Hülsen. *Ceratonia* kommt von dem spätgriechischen *keratonia*, das in Bezug auf die hornförmig gebogene Hülse des Baumes von keras, Hörnchen abgeleitet wurde.

Die Pflanze bringt vielfachen Nutzen, so wird der ausgepresste Saft der Früchte als Sirup und zur Konservierung von anderen Früchten verwandt. Die Hülsen werden gerne von Kindern gegessen und dienten in Notzeiten als Nahrung, auch sind sie offizinell, vor allem aber waren und sind sie als Viehfutter wichtig. Über die Früchte schreibt Tabernaemontanus 1771 in seinem Kräuter-Buch sehr hübsch: „Seine Frucht seyn die lange krumme Schotten/ eines Schuhs lang und eines Daumens breit/ flach und dick/ in welchen ein breiter steinharter Saame liegt: Wenn die Schotten dürr und trocken worden/ sind sie

---

Wie viele alte Kübelpflanzen stammt auch diese aus Herrenhausen, wo sie seit nahezu 200 Jahren gepflegt wird. Es ist der Mastixstrauch, eine schon in der Jugend reizvolle immergrüne Pflanze.

eines süßen lieblichen Geschmacks/ aber alldieweil sie noch grün und frisch seyn/ haben sie einen unfreundlichen Geschmack." An anderer Stelle lesen wir: „Dioscorides schreibt/ dass die frische Schotten dem Magen gar zuwider seyn/ und erweichen den Bauch: Aber die dürre und truckene Schotten sind dem Magen bequem und haben eine Art zu stoppfen. Sie werden aber gar schwärlich verdaut/ bleiben lang im Leib/ und geben eine böse Nahrung." Bleibt schließlich noch zu erwähnen, daß nach der Legende sich Johannes der Täufer, als er in der Wüste lebte, von den Früchten dieses Baumes ernährt habe; daher der Name. Ein anderer alter deutscher Name ist „Soodbrodbaum", weil er früher u.a. auch als Arznei gegen Sodbrennen diente. Schließlich wurden früher die harten, getrockneten Samen (Karat) von Apothekern und Juwelieren als Gewicht gebraucht. Der Name Karat hat sich bis heute als Einheitsgewicht für Edelsteine und als Maß für die Feinheit des Goldes erhalten. Dem im Mittelmeergebiet reisenden Mitteleuropäer fallen oft während des Sommers, wenn alles ringsherum verdorrt ist, die grünen Büsche des Johannisbrotbaumes auf, denen offenbar Hitze und Trockenheit nichts anzutun vermögen. Von dort mitgebrachter Samen, warm ausgesät, keimt bald und wächst in einigen Jahren zu stattlichen Büschen heran. Überwinterung und Pflege gleichen ganz der des Oleanders.

St. Johannsbrodt.
Ceratia siliqua.

Mastixstrauch, Pistakistrauch – Pistacia L.

Eine *Pistacia*-Art, wahrscheinlich *Pistacia lentiscus*, wurde bereits zwischen 1541 und 1560 im Voyssel'schen Garten in Breslau gezogen, *P. terebinthus*, die Terpentin-Pistazie, wird 1656, *Pistacia vera*, die Echte Pistazie, 1770 erwähnt. Im Altertum scheint letztere in der ersten Hälfte des 1. Jahrhunderts n. Chr. von einem Römer aus Syrien nach Italien, gleichzeitig von einem anderen nach Spanien gebracht worden zu sein. *Pistacia vera* und *Pistacia terebinthus* gehören in die Sammlungen Botanischer Gärten, der Mastixstrauch, *Pistacia lentiscus*, dagegen ist eine vorzügliche Kübelpflanze, der man wieder eine weitere Verbreitung wünscht. Der Name *Pistacia* ist alter Herkunft und kommt vom griechischen *pistake*, einem Wort für die Nuß, wahrscheinlich von einem persischen Namen entlehnt, latinisiert *pistacia* (= Pistazienbaum); *lentiscus* ist das lateinische Wort für klebrig.

Pistacia lentiscus L., der Mastixstrauch, ist ein immergrüner, kleiner, 1–3 m hoher Strauch, bisweilen aber auch ein bis 8 m hoher Baum. Die paarig 3- bis 5fach gefiederten Blätter haben eine breitgeflügelte Blattspindel und kahle Blattstiele. Die Art ist wie die anderen *Pistacia*-Arten zweihäusig. Ihre Blüten sitzen in dichten, ährenartigen Rispen. Die männlichen

Nur die männlichen Blüten des Mastixstrauches fallen durch ihre roten Staubbeutel auf.

Pflanzen fallen durch ihre roten Staubbeutel auf, die weiblichen sind gelblich und unauffällig. Die Steinfrüchte sind etwa 4 mm dick, rundlich, zugespitzt, zunächst rot, später schwarz. Im ganzen Mittelmeergebiet ist die Art verbreitet, meist als Bewohner der Macchien, aber auch als Unterholz im Baumbestand der Dünenwälder. Technisch wichtig ist das seit dem Altertum gewonnene Mastixharz, das nach Einschnitten in die Rinde aus den Wunden fließt und gesammelt wird. Es stammt hauptsächlich von der nur aus Kultur bekannten var. *chia* Desf. Diese soll besonders im südlichen und westlichen Teil der Insel Chios angebaut werden. Das Harz wird zu Pflastern und Verbänden etc. verwendet, technisch zu Kitten, farblosen Firnissen und Lacken. Im übrigen war Mastix von altersher als Zahnputzmittel im Gebrauch und wurde auch gekaut, einmal zur Pflege der Zähne, zum anderen, um einen guten Mundgeruch zu bekommen. So heißt es z.B. bei Tabernaemontanus: „Mastix im Mund gekäuet/ zeucht das Zahnfleisch zusammen/ und wann sie geschwollen seyn/ so truckt er die Geschwulst nider."

Die dichtverzweigten, immergrünen Mastixsträucher sind vorzügliche Dekorations- und Kübelpflanzen, die recht fremdartig wirken und im Sommer am besten vor einer warmen Südwand stehen. Im Winter hält man sie kühl und hell, am besten in einem Kalthaus, aber auch in einem nicht geheizten, hellen Treppenhaus überstehen sie die kalte Jahreszeit. In jeder nährstoffreichen, lehmigen, kalkhaltigen Erde oder in Fruhstorfer Erde gedeihen sie gut. Regelmäßiges Gießen und wöchentliche Düngung darf nicht vernachlässigt werden. Vermehrt wird am besten durch Aussaat, aber auch halbreife Stecklinge, halbwarm gesteckt, wurzeln nach einiger Zeit.

Drachenbäume und Verwandte

Diese drei Gattungen aus der Familie *Agavaceae* enthalten eine Reihe stammbildender Arten, die zu den schönsten Kübelpflanzen gehören. Im Alter bilden sie dünnere oder dickere, einige Meter hohe, einfache oder verzweigte, palmenähnliche Stämme, die an ihrem Ende einen dichten Blätterschopf tragen. Als Jungpflanzen werden einige von ihnen häufiger angeboten. Sie sind recht hübsch, doch ihre volle Schönheit erreichen sie erst dann, wenn sie Stämme ausgebildet haben, was allerdings erst nach mehreren Jahren der Fall ist. Deshalb ist zu empfehlen, sich gleich eine größere Pflanze zu beschaffen.

Keulenlilie
Cordyline Comm. ex Juss.

Die Gattungen *Cordyline* und *Dracaena* sind nahe miteinander verwandt. Sie sind sich so ähnlich, daß sie oft miteinander verwechselt werden. Ein einfaches Unterscheidungsmerkmal bieten uns ihre Wurzeln. Bei *Cordyline* ist der Wurzelstock knollig und die Wurzeln weiß, bei *Dracaena* dagegen unverdickt und die Wurzeln orangefarben oder gelblich. Der Gattungsname kommt vom griechischen *kordyle*,

Der Drachenbaum, *Dracaena draco*, ist vor allem im Alter eine bizarre Pflanze.

Keule. Nur die Arten mit ungestielten Blättern sind für unsere Zwecke wichtig. Die Arten mit gestielten Blättern, zu denen auch die bekannte Warmhauspflanze *Cordyline fruticosa (Cordyline terminalis)* gehört, sind außerhalb tropischer Länder und botanischer Gärten kaum verbreitet und als Kübelpflanzen ohne Bedeutung.

Cordyline australis (G. Forst.) Endl. (*Dracaena australis* G. Forst.) stammt aus Neuseeland und entwickelt sich zu einem Baum von 10 bis 12 m Höhe, der einen unbiegsamen, am Grunde stark verdickten Stamm hat. Seine Blätter sind schwertförmig, lederartig, 80–120 cm lang und bis 6 cm breit. Nach dem Abblühen der in großen, endständigen Rispen sitzenden Blüten gabelt sich der Neutrieb. 1823 wurde die Art in England eingeführt, nicht viel später ist sie auch in Deutschland anzutreffen. Hin und wieder findet man auch heute noch die ein oder andere buntlaubige Sorte wie 'Atropurpurea' und 'Variegata'.

Drachenbaum.
Draco.

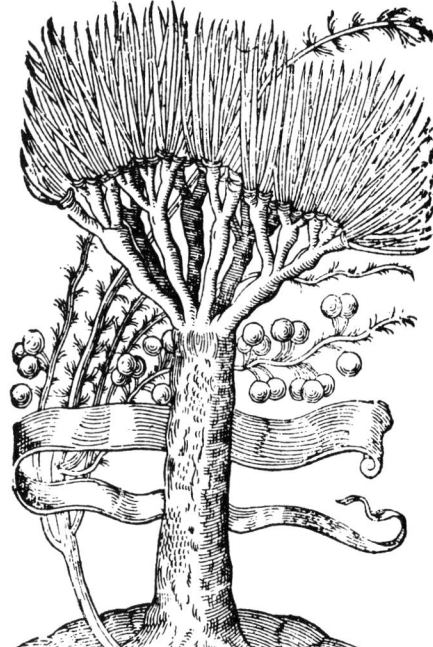

Cordyline indivisa (G. Forst.) Steud. (*Dracaena indivisa* hort.) stammt ebenfalls aus Neuseeland und bildet einen 12–15 m hohen Baum mit biegsamem, einfachem Stamm, der sich im Gegensatz zur vorigen Art nach dem Abblühen nicht gabelt. Die Blätter sind riemenförmig, 70–150 cm lang und 13–15 cm breit. Sie haben eine stark ausgeprägte Mittelrippe. Die Art war 1830 in England in Kultur, wurde aber wohl erst nach 1850 in Deutschland eingeführt. Heute wird sie seltener gezogen als *Cordyline australis*.

Cordyline stricta (Sims) Endl. (*Cordyline congesta* Endl.) aus dem subtropischen Australien wird nur 1,50–3 m hoch, hat einfache, dünne Stämmchen und 30 bis 60 cm lange, in der Mitte 2–3 cm breite Blätter. Diese Art ist sehr viel zierlicher als die beiden vorigen. Um rasch zu vielstämmigen Pflanzen zu kommen, pflanzt man 5–10 Jungpflanzen zusammen in einen Kübel. 1825 war die Art in England in Kultur, in Deutschland erst um 1850.

Alle drei Arten sind für die Schaffung subtropischer Szenerien am Hause, auf dem Dachgarten oder in einem Gartenhof besonders geeignet. Während des Sommers stehen sie dort warm und sonnig, winters gebührt ihnen ein nicht zu dunkler Platz in einem Kalthaus oder einem anderen genügend hohen, hellen Überwinterungsraum, wo sie bei 2–10° C stehen sollten. Das ganze Jahr hindurch bedürfen sie gleichmäßiger Feuchtigkeit und während der Frühlings- und Sommermonate wöchentlicher Düngung. Alte Pflanzen sind im allgemeinen erst dann umzupflanzen, wenn der alte Kübel durch einen neuen ersetzt werden muß.

Am besten versucht man große Pflanzen mit Stamm zu kaufen, denn die an sich leichte Anzucht aus Samen ist doch recht langwierig. Will man es trotzdem versuchen, wird der eingeführte Samen im Januar/Februar im warmen Vermehrungshaus oder am Fenster eines warmen Zimmers ausgesät, wo ein Teil bereits nach 3–4 Wochen aufgeht, ein anderer Teil aber erst nach mehreren Monaten. Man muß deshalb immer wieder vorsichtig die aufgegangenen Sämlinge aus dem Aussaatgefäß herausnehmen, pikieren oder gleich in kleine Töpfe pflanzen. Im ersten Jahr wird warm durchwintert, später hält man sie im Kalthaus, im Sommer im Freien. Als Jungpflanzen sind sie für kühle und helle Räume des Hauses zu empfehlen.

Drachenbaum
Dracaena Vand. ex L.

Von den etwa 150 in den wärmeren Gebieten der Alten Welt vorkommenden Arten sind einige beliebte Gewächshaus- und Zimmerpflanzen, darunter auch *Dracaena draco* (L.) L., der Drachenbaum, der beim Älterwerden sommers ins Freie gehört und dort wie *Cordyline* als stattliche Kübelpflanze zu verwenden ist. Der Gattungsname kommt vom griechischen *drakaina* und dem lateinischen *dracaena*, beides der Name für einen weiblichen Drachen oder eine Schlange. Der blutrote Saft der Pflanze, das sogenannte Drachenblut, wird getrocknet zu Lacken und Polituren verarbeitet. Schon im Altertum war Drachenblut als Arznei bekannt, doch stammte dieses aus Sokotra und wurde von *Dracaena cinnabari* gewonnen. Im 18. Jahrhundert wurde der Lack von den italienischen Geigenbauern benutzt.

Von der Geschichte des kanarischen Drachenbaumes, *Dracaena draco*, ist einiges zu berichten, so schrieb Houttuyn 1777: „Clusius ist der erste, welcher von dem Drachenbaum eine gute Abbildung nebst einer richtigen und ziemlich vollständigen Beschreibung mitgetheilet hat. Seine eigenen Nachrichten von demselben lauten folgendergestalt: Ich sah diesen Baum im Jahr 1564 zu Lissabon, wo er hinter einem Kloster auf einem Hügel zwischen Ölbäumen

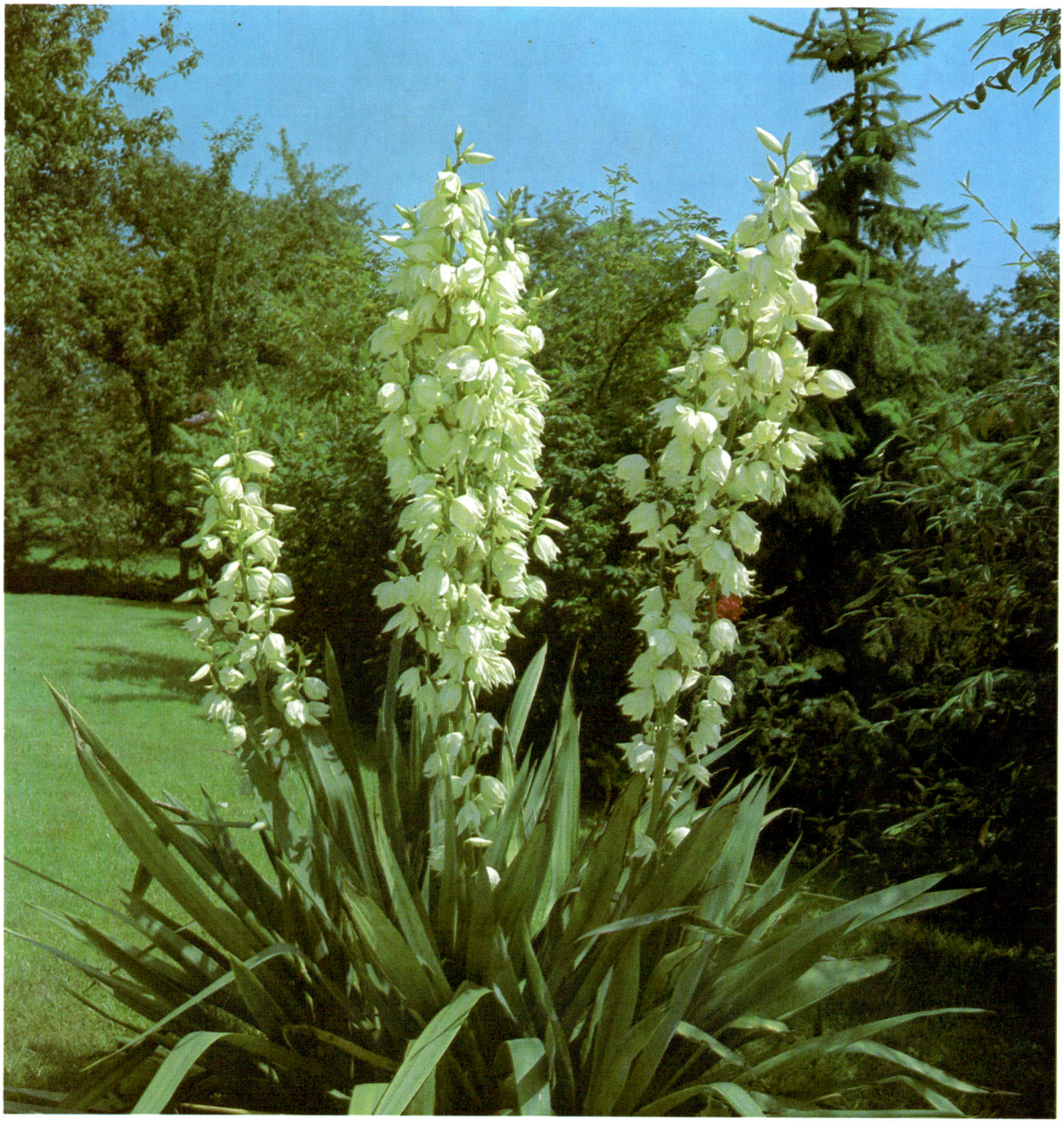

stund ..." In England soll *Dracaena draco* erst seit 1640 kultiviert worden sein. Berühmt war ein alter, großer Drachenbaum in Orotava, den Alexander von Humboldt 1799 bewundert und beschrieben hat. Er gab als Höhe über 21 m an und als Durchmesser in Brusthöhe 4,65 m und schätzte sein Alter auf 5000 bis 6000 Jahre, was aus heutiger Sicht wesentlich zu hoch geschätzt war. Dieser ihn so beeindruckende Baum war damals aber bereits hohl, wurde 1819 durch einen Sturm beschädigt und 1868 völlig zerstört. Es gibt aber auch heute große Drachenbäume auf Teneriffa, die dem von Humboldt geschilderten nicht nachstehen, deren Alter man jedoch nicht viel höher als auf 150–200 Jahre schätzt. Diese mächtigen Bäume tragen auf dickem Stamm eine dicht verzweigte Krone, deren Blätter, die bis 70 cm lang und 3–4 cm breit sind, in dichten Schöpfen sitzen. Dabei sind sie straff und steif, die untersten zurückgebogen, graugrün, deutlich vielnervig und gerippt. Wer einmal seinen Urlaub auf den Kanarischen Inseln verbracht hat, wird voll Bewunderung unter einem dieser riesigen Bäume gestanden und wohl auch Samen oder Jungpflanzen vom Boden aufgesammelt haben. Diese werden eingetopft und die erste Zeit im warmen Zimmer gehalten, nach einigen Jahren aber im Sommer an einen sonnigen oder halbschattigen Platz ins Freie gebracht, im Winter frostfrei, hell und luftig in einen entsprechenden Raum gestellt. Die Pflege größerer Pflanzen gleicht der von *Cordyline*.

Palmlilie – Yucca L.

Alle 35 *Yucca*-Arten bewohnen die ausgedehnten Trockengebiete vom südlichen Nordamerika bis Mexiko und Guatemala. Es sind stattliche Pflanzen mit ober- oder unterirdischem Stamm, der von einem Schopf schmaler, steifer, zugespitzter und stechender Blätter gekrönt wird. Die ansehnlichen Blüten sitzen in großen, weit über die Blätter herausragenden Blütenständen. Ihre Bestäubung gehört zu den eigenartigsten Vorgängen im Pflanzenreich. Sie erfolgt durch eine kleine, weiße Motte (*Pronuba yuccasella* = *Tegeticula alba* und andere Arten), die den Pollen zu einer Kugel formt, diese zu einer anderen Blüte trägt und dort in einen der drei Griffeläste stopft, nachdem sie vorher ein oder mehrere Eier in den Fruchtknoten gelegt hat. Diesen Vorgang wiederholt sie auch bei den beiden anderen Griffelästen. Die Räupchen, die nach acht Tagen aus den Eiern schlüpfen, verzehren nur einen Teil der Samen, der Rest bleibt unberührt und

Die 1550 eingeführte *Yucca gloriosa* wird heute noch häufig gezogen. Ihre mächtigen Blütenstände gleichen denen der hier abgebildeten *Yucca filamentosa*.

kann reifen. Ohne die Motte findet keine Bestäubung statt, deshalb findet man außerhalb der Heimat nie reifen Samen an den Pflanzen. Motte und Pflanze sind also für die Fortpflanzung aufeinander angewiesen, ein Vorgang, der sich in ähnlicher Weise nur noch bei den Feigen abspielt.

Der Name *Yucca* ist eigentlich der karibische Name der Manihotpflanze *(Manihot esculenta)*. Warum ihn Linné dieser so völlig andersartigen Pflanze gegeben hat, ist nicht bekannt. Einige Arten wurden schon im 16. und 17. Jahrhundert nach Europa gebracht und gehörten zu beliebten Orangeriepflanzen, so die bereits 1550 eingeführte *Yucca gloriosa* und die seit 1605 kultivierte *Yucca aloifolia*. Andere Arten kamen erst später nach Europa, so die heute weit verbreitete *Yucca elephantipes (Yucca guatemalensis)* 1873.

Als Kübelpflanzen zu empfehlen sind *Yucca aloifolia* L., verbreitet von North-Carolina bis Ostmexiko und Westindien, mit 4–6 m hohem Stamm; *Yucca brevifolia* Engelm., der Josuabaum, in Südostkalifornien, Arizona und Utah heimisch, mit bis 10 m hohem Stamm; *Yucca elephantipes* Regel, die Riesenpalmlilie, aus Mexiko; *Yucca gloriosa* L., die seit altersher am weitesten verbreitete Art, heimisch von North-Carolina bis Florida, mit einem nur 1–2 m hohen Stamm; *Yucca schottii* Engelm., von New Mexico und Arizona bis nach Mexiko verbreitet und *Yucca treculeana* Carr. aus Texas und Westmexiko. Alle diese Arten sind empfehlenswert, aber außer der auch heute noch von Liebhabern gezogenen *Yucca gloriosa* sind die meisten wohl nur in botanischen Gärten zu finden. Eine Ausnahme macht seit einigen Jahren *Yucca elephantipes (Yucca guatemalensis, Yucca elegantissima* hort.), die zur Gewinnung der Stämme in Guatemala im Großen angebaut wird. Diese werden in verschiedenen Längen nach Europa gebracht und dort von einigen Spezialgärtnereien bewurzelt und dann verkauft. Dadurch kann man bis 2 m hohe Pflanzen erwerben und als Kübelpflanzen weiterpflegen.

Pflege und Überwinterung gleicht der von *Cordyline*, nur daß die Überwinterung in einem gerade frostfrei gehaltenen Raum erfolgen sollte. Während des Sommers brauchen sie als typische Pflanzen der Trockengebiete den wärmsten und sonnigsten Platz, den man ihnen geben kann. Auch ohne Blüten sind ältere Pflanzen, die nicht selten einen Schopf von 100 und mehr Blättern tragen, dekorative Gewächse. Ehe sie einmal blühen, müssen sie schon viele Jahre alt sein, aber es lohnt sich darauf zu warten, denn das Erscheinen des 1–2 m hohen Blütenstandes mit den vielen großen, hängenden Blüten ist ein wirklich einmaliges Erlebnis.

Phormium tenax 'Aureum' ist eine stattliche Kübelpflanze von eigenartigem Wuchs.

Neuseeländer Flachs

Dieser stattlichen, so fremdartig anmutenden Pflanze gebührt ein eigenes Kapitel, denn sie weicht in ihrem ganzen Habitus völlig von anderen Pflanzen ab, ja sie nimmt überhaupt in der Pflanzenwelt eine Sonderstellung ein. Aus einem kurzen, verdickten Rhizom erheben sich grundständige, linealisch-schwertförmige, zweizeilige Blätter. Sie sind 2–3 m lang bei einer Breite von nur 5–12 cm, dunkelgrün mit rötlichem oder bräunlichem Blattkiel und ebensolchen Rändern. Der 2–5 m hohe Blütenschaft ist oben verzweigt und vereinigt in einer großen Rispe die ansehnlichen, stumpfroten bis gelben Blüten. Alte Pflanzen kommen auch bei uns regelmäßig zur Blüte. Neben dem allgemein verbreiteten *Phormium tenax* J. R. et G. Forst., auf den auch die obige Beschreibung zutrifft, wird in botanischen Sammlungen bisweilen noch eine andere Art, *Phormium colensoi* Hook. f., gezogen. Sie ist in allen Teilen kleiner und nicht ganz so unempfindlich wie *Phormium tenax*. Beide Arten kommen ausschließlich in Neuseeland und auf den Norfolk-Inseln vor, wo sie stellenweise der Landschaft das Gepräge geben. *Phormium tenax* wächst u.a. am Rande fließender Gewässer, wo es sich besonders stattlich entwickelt, und in Sümpfen, wo es weniger groß wird, außerdem aber auch im Hügelland. *Phormium colensoi* dagegen kommt nur an trockenen Berghängen vor. Die Bestäubung wird durch Vögel, u.a. durch kleine Papageien besorgt, die sich an dem reichlich vorhandenen Nektar gütlich tun.

Die Bastfasern der Blätter gehören zu den stärksten im Pflanzenreich und sind fast unzerreißbar. Deshalb wurden sie bereits von den Maoris, den Ureinwohnern Neuseelands, für allerlei Flechtwerk verwendet. Wie wichtig diese Pflanze ihnen war, geht schon daraus hervor, daß ihnen mehr als 50 verschiedene Formen bekannt waren. Der Name *Phormium* ist auf das griechische *phormion* (= Flechtwerk, Matte) zurückzuführen, einen Namen, den Vater und Sohn Forster der Gattung im Hinblick auf die Verwendung bei den Maoris gaben. *Phormium tenax* bedeutet das zähe *Phormium* und weist auf die Fasern hin.

Die ersten Pflanzen in Europa entstanden wohl aus Samen, den Sir Joseph Banks von Captain Cook's erster Reise um die Welt (1768–1771) mitbrachte und in Kew Gardens aussäen ließ. Er dachte dabei an einen Anbau dieser wertvollen Faserpflanze in den milderen Teilen Englands, um aus den Fasern die schier unverwüstlichen Taue und Segel im eigenen Lande herstellen zu können. 1813 soll der französische Admiral Freycinet (1779–1842), einer der damaligen Weltumsegler, Pflanzen in Frankreich kultiviert haben. Ein Anbau in den wärmeren Teilen Europas schien durchaus möglich, da die Blätter leichte

Fröste bis −10° C aushalten, vorausgesetzt sie dauern nicht zu lange. Als Zierpflanze taucht Neuseeländer Flachs wohl erst in der zweiten Hälfte des 19. Jahrhunderts auf. Heute ist seine Bedeutung als Nutzpflanze weitgehend zurückgegangen, doch wird die Pflanze in den Subtropen hie und da immer noch angebaut.

Mit ihren bis zu 3 m langen, senkrecht gestellten, schwertförmigen Blättern gehören ältere Pflanzen zu den eindrucksvollsten aller Kübelpflanzen. Wie Palmen eignen sie sich am besten zur Einzelstellung, aber auch zur Flankierung eines Eingangs, eines Durchgangs oder in Verbindung mit einem Wasserbecken. *Phormium tenax* ist nicht nur eine sehr dekorative Pflanze von einzigartigem, mit nichts zu vergleichendem Habitus, sondern auch von großer Härte und Widerstandsfähigkeit. Während des Sommers sollte sie halbschattig oder sonnig stehen und sehr reichlich gewässert sowie wöchentlich gedüngt werden, im Winter braucht sie einen hellen und luftigen Platz bei 4–10° C. Keinesfalls sollte es im Überwinterungsraum wärmer sein, auch ist nur mäßig zu gießen. Ein Verpflanzen alter, großer Pflanzen ist nur selten einmal nötig, wenn es aber erforderlich wird, ist ein Teilen zu empfehlen, damit man den neuen Kübel nicht zu groß wählen muß, da dadurch die Pflanzen mit der Zeit zu unhandlich werden. *Phormium* gedeihen gut in lehmiger Rasenerde mit Zusatz von etwas alter Lauberde und Sand. Außer durch Teilung ist auch eine Vermehrung durch Aussaat möglich. Diese nimmt man am besten schon im Januar/Februar vor, damit die Sämlinge bis zum Herbst zu größeren Pflanzen herangewachsen sind. Doch dauert es immerhin einige Jahre, bis sich aus Sämlingen eine stattliche Kübelpflanze entwickelt hat. Um dies zu beschleunigen, pflanzt man von Anfang an 3–6 der Sämlingspflanzen zusammen in einen Topf.

Von *Phormium tenax* gibt es einige buntblättrige Sorten, die schön, aber etwas empfindlicher als die Art sind. Zu empfehlen sind 'Atropurpureum' mit dunkel-violettroten Blättern, 'Aureum', Blätter mit breiten, gelben Längsstreifen, 'Rubrum' mit rötlichen Blättern, 'Variegatum', Blätter grün mit schmalem rotem Rand und mehreren weißlichen Längsstreifen.

Neuseeländer Flachs gehört zu denjenigen Kübelpflanzen, denen man wieder eine große Verbreitung wünscht, denn es gibt wenig andere, die in gleicher Weise Fremdartigkeit mit dekorativem Aussehen und Widerstandsfähigkeit verbinden.

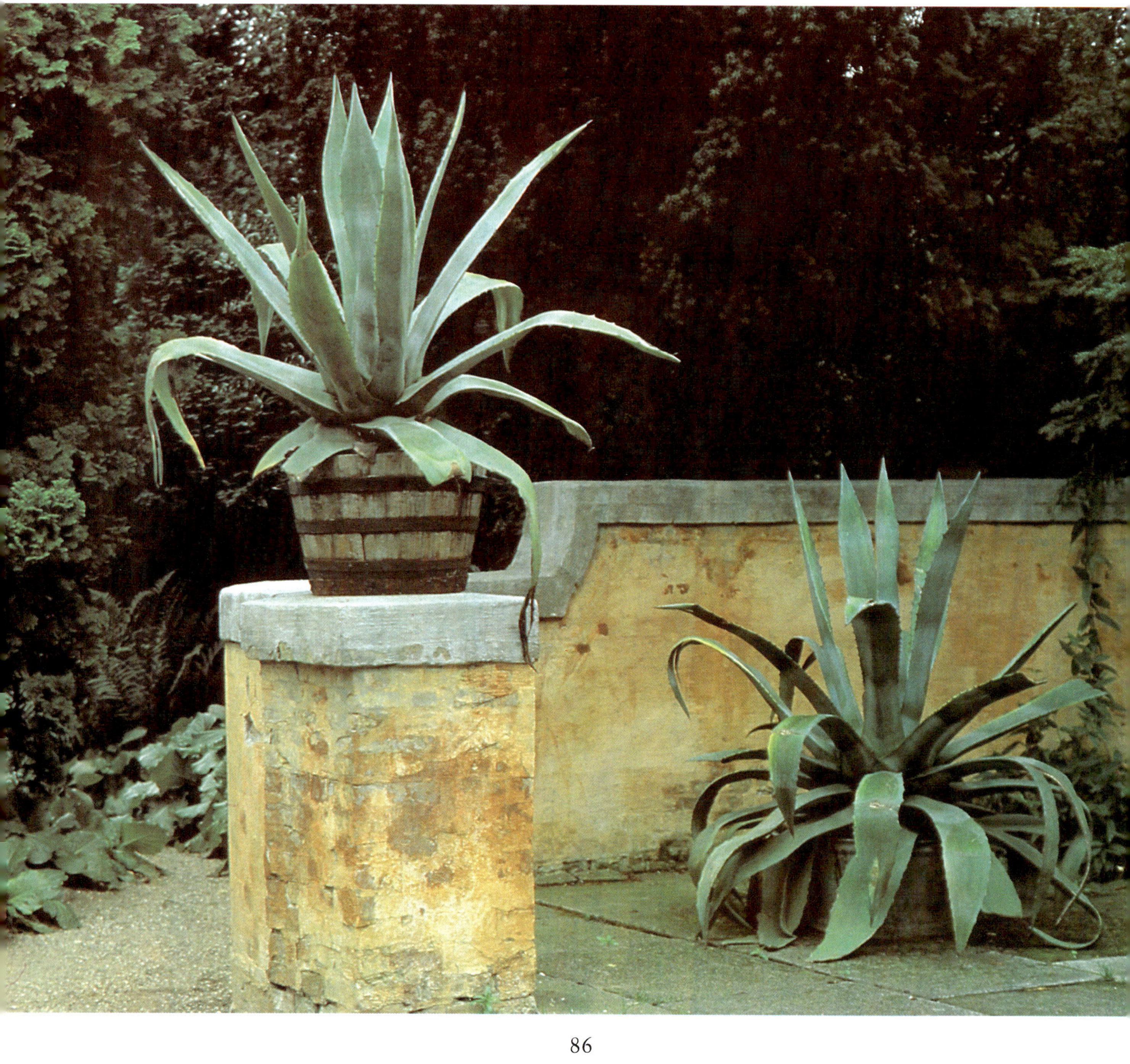

„Hundertjährige Aloe"
Amerikanische Agave

Eine unserer ältesten Kübelpflanzen ist die amerikanische Agave, *Agave americana* L. Der Name ist als Hinweis auf den stattlichen Wuchs zu verstehen. In der griechischen Mythologie ist Agave die Tochter des Kadmos und die Mutter des Pentheus. Die eigentliche Bedeutung des Wortes ist „die Edle, Ruhmvolle, Erhabene".

Jeder nach Süden Reisende kennt Agaven und hält sie wie die Feigenkakteen, *Opuntia ficus-indica*, für dort heimisch. Das ist aber nicht so, vielmehr liegt die ursprüngliche Heimat in den Steppen und Wüsten Mexikos. Heute sind sie in vielen Ländern der Welt, so im ganzen Mittelmeergebiet, verwildert und eingebürgert. Schon 70 Jahre nach der Entdeckung Amerikas durch Kolumbus sollen die ersten *Agave americana* nach Italien gekommen sein, wo nach Houttuyn die erste 1580 „im Garten des Großherzogs von Toscana mit einem über 24 Schuh hohen Stengel geblühet" habe. Nach Deutschland ist sie nicht viel später gekommen. 1583 empfängt das Gewächshaus in Stuttgart eine Pflanze, und 1590 wird sie bereits in dem berühmten Garten des Camerarius in Nürnberg kultiviert, ebenso in dem des Laurentius Scholz in Breslau. Danach hat es noch eine ganze Reihe von Jahren gedauert, bis aus diesen Pflanzen die ersten Blütenschäfte erschienen sind. Dies war jedesmal von Neuem ein besonderes Erlebnis für die Menschen der damaligen Zeit, das schriftlich, zum Teil auch im Bild, festgehalten wurde. So berichtet Teicher in seiner 1865 erschienenen „Geschichte der Ziergärten und der Ziergärtnerei": „In des Herrn Cunrad von Lösern Lustgarten zu Khora in Meissen blühte im Juni 1665 eine 56jährige *Agave americana* mit einem 12 Ellen hohen Stengel, 33 Zweigen und an 3000 Blumen, auf welches Ereignis zu Altenburg eine Historie gedruckt wurde." Weiter wird berichtet, daß 1634 in München eine Agave mit 7 m hohem Schaft blühte, 1662 im Gräfl. Oppersdorf'schen Garten zu Glogau und 1690 und 1770 im Bosse'schen Garten in Leipzig. Für die dort 1770 blühende Agave wurde sogar eine Gedenkmünze geprägt.

Heinrich Hesse gibt in seinem Buch „Neue Garten-Lust" in der Ausgabe von 1703 bereits eine ausführliche Kulturanweisung und Anregungen, wie man die Zeit bis zur Blütenbildung verkürzen könne. Abschließend schreibt er: „Meine vorgedachte Pflantzung und Wartung ist die sicherste und gewisseste/ und wäre fast unnötig so viele Worte von diesem Gewächse zu machen/ weil es so langsam hergehet/ ehe man eine Blume davon zu sehen bekommt? Was mich selber anlanget/ bin ich nunmehr über 30 Jahre ein Gärtner gewesen/ und habe in solcher Zeit nur

Ein Mauervorsprung ist ein idealer Platz für eine größere amerikanische Agave.

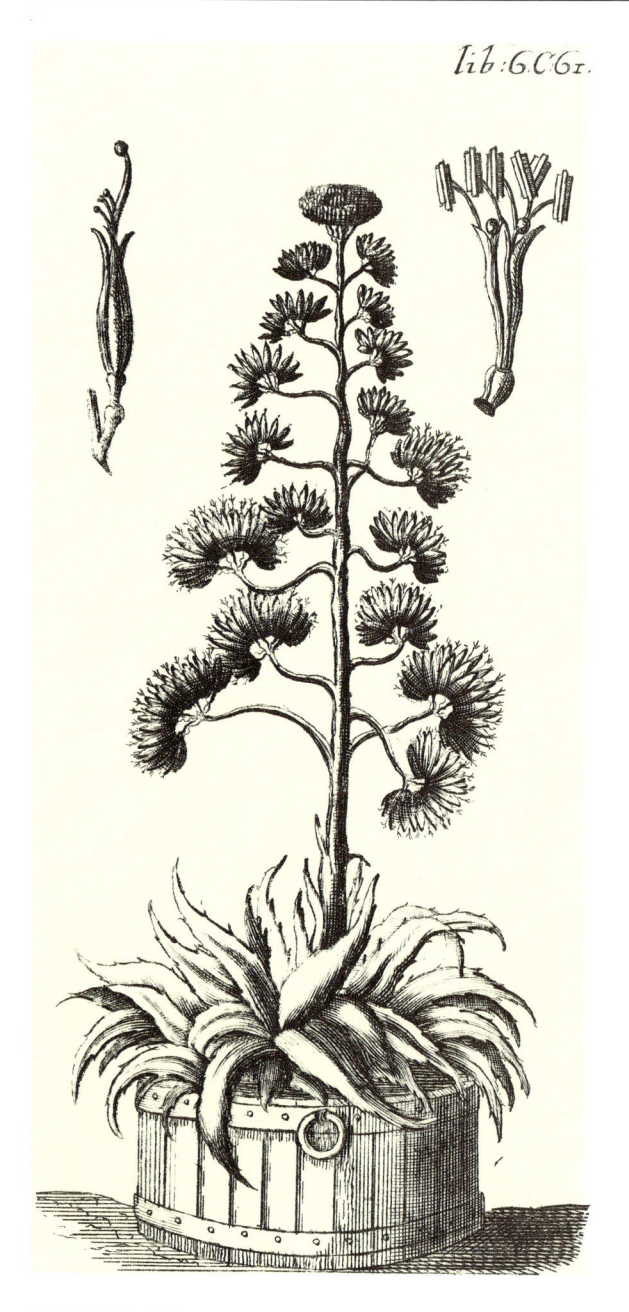

6 Aloen blühend gesehen ... Das einen also die Weile wohl solte lang fallen auff solche Blumen zu warten."

Bis in unsere Zeit hat sich die Freude an Agaven gehalten; so schreibt Leunis 1877: „Auf Veranden (Vorbau) und Mauern ist die Agave auch eine unserer beliebtesten Kübel-Zierpflanzen, die man auch aus Blech nachahmt."

Seit altersher ist unsere Agave eine in ihrer Heimat wichtige Nutzpflanze, die zu allem möglichen gebraucht wird. Davon schreibt schon Tabernaemontanus in der 1731 erschienenen Ausgabe des „Neu vollkommen Kräuter-Buch" über die „Stachelicht Aloe" sehr anschaulich das folgende: „Ist gar ein frembd Gewächs in Teutschland/ so da erstlich aus den occidentalischen Inseln in Teutschland ist gebracht worden. Um Mexiko da es dann gar viel wächst/ pflegen die Americaner um ihre Äcker zu pflanzen (wie wir die Dörner) zur Verhütung derselbigen: Sie gebrauchen auch für Holtz/ und die Aschen davon zu Laugen. Die Blätter brauchen sie für Ziegel: Sie machen auch Papeir daraus für die Maler. Sie bereiten auch wie Hanff oder Flachs/ und machen Seiler/ Gürtel/ Halfftern/ Kleider und dergleichen daraus: wie denn auch Schuhe/ als wann sie von Seilern gemachet wären: Es sollen auch zu

Für Menschen früherer Zeiten waren blühende Agaven stets ein Erlebnis, das häufig im Bilde festgehalten wurde.

Hispali, wie Clusius meldet/ Hembder daraus gemacht/ verkaufft werden. Die Priester pflegen sich bey ihren Opfferen mit dem Dorn/ so zu öberst am Blatt stehen/ zu stechen."

Zum Abschluß sei als Kuriosität noch folgendes Zitat über eine weitere Verwendung gebracht, das wir Houttuyn entnehmen. Nach kurzen Ausführungen über den Nutzen der Agaven schreibt er: „... oder sie vergraben, nach Osbecks Bericht, die Blätter eine Zeitlang in die Erde, welche hernach besser als Melonen und fast wie bezuckerte Citronen schmecken."

Eine Beschreibung der Agaven erübrigt sich wohl, weil ein jeder diese bizarren Pflanzen kennt. Doch sollen noch einige buntblättrige Sorten erwähnt werden. Es sind dies 'Marginata', Blätter mit gelblich-weißen bis tief goldgelben Rändern; 'Medio-picta', Blätter mit breitem gelbem Mittelstreifen und 'Stricta' mit gelb oder weiß gestreiften Blättern. Wie die Art bilden auch die Sorten Ausläufer, die man abnehmen und zur Vermehrung benutzen kann. Bis ein Blütenstand erscheint, dauert es zwar keine hundert Jahre, wie man früher meinte, aber in unserem Klima immerhin 30–40 und mehr, während es in den Tropen nur 10–20 Jahre sind. Auch heute noch ist es für jeden Botanischen Garten in

Was könnte wohl eindrucksvoller sein als dieser gewaltige Blütenstand einer „Hundertjährigen Aloe"?

unseren Breiten ein besonderes Ereignis, wenn eine seiner Agaven sich zum Blühen entschließt. Der Blütenschaft entwickelt sich außerordentlich schnell, und zwar so rasch, daß man von Tag zu Tag an einer beigesteckten Meßlatte den täglichen Zuwachs ablesen kann. Nach der Samenbildung geht die Pflanze ein.

Wenn man *Agave americana* und ähnliche Arten als Kübelpflanzen zieht, braucht man für ältere Pflanzen bei der Überwinterung sehr viel Platz. Am besten stehen sie in einem großen Kalthaus bei 3–5° C, aber auch ein anderer heller, frostfreier und gut zu lüftender Raum genügt ihnen. Während des Winters darf nur ganz sparsam gegossen werden, ja der Ballen darf ruhig für längere Zeit ganz austrocknen. Dies ist besser als ein Zuviel an Wasser, das nach einiger Zeit zum Faulen der ganzen Pflanze oder einzelner Teile führt. Nur alle paar Jahre, meist nur dann, wenn der Kübel auseinander fällt, ist ein Verpflanzen nötig. Dazu eignet sich eine humos-lehmige Rasenerde mit Zusatz von alter, gut verrotteter Lauberde und Sand. Zu guter Entwicklung brauchen ältere Pflanzen einen recht großen Kübel oder einen quadratischen Kasten aus dikken Bohlen. Größere Pflanzen kann sich nur eine Stadt- oder Schloßgärtnerei leisten, denn schon zum Transport im Frühling und Herbst sowie zum Verpflanzen sind Spezialeinrichtungen und mehrere Leute vonnöten. Bei großen und kleinen Pflanzen muß man sich vor den harten, nadelspitzen Blattenden in acht nehmen. Diese haben schon manches Unheil, vor allem an den Augen, angerichtet. Um dies zu verhüten, steckt man bei großen und kleinen Pflanzen auf jeden Endstachel einen Korken oder ein Stück Hollundermark, und dies sowohl beim Transport und Umpflanzen als auch im Winterquartier. Beim Aufstellen im Freien muß der Platz so gewählt werden, daß ein größerer Abstand zu vorübergehenden Menschen gewahrt bleibt, denn auf keinen Fall dürfen diese in die Nähe der Stacheln kommen. Für gewisse Standorte gibt es nichts Kraftvolleres als eine große Agave, vor allem für solche Stellen, wo eine Pflanze allein dominieren soll. Gute Nachbarn sind z.B. *Yucca*, Drachenbäume oder der Feigenkaktus. Außer *Agave americana* gibt es noch eine ganze Reihe anderer Arten von ähnlichem Habitus, die sich ebenso gut wie diese zur Kultur im Kübel eignen, so z.B. *Agave coccinea*, *Agave ferox*, die riesige *Agave franzosinii*, mit bis 4 m breiter und bis 2 m hoher Rosette, und *Agave marmorata*.

Agave americana 'Marginata' ist eine zu empfehlende Sorte mit gelb gerandeten Blättern. Wer möchte wohl nicht eine so vollkommene Pflanze ohne Fehl besitzen? Aber auch hier Vorsicht vor den harten, nadelspitzen Blattenden!

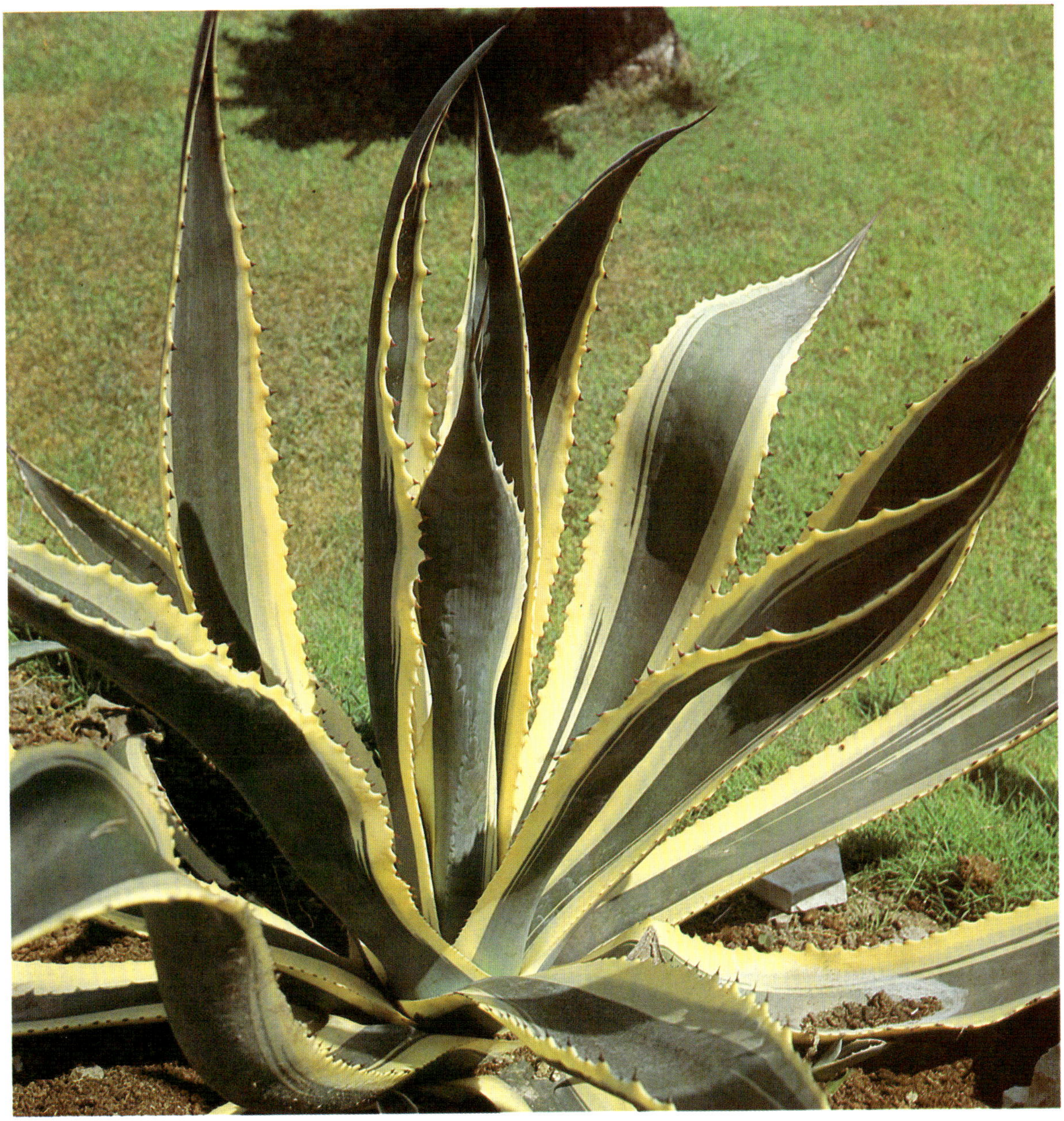

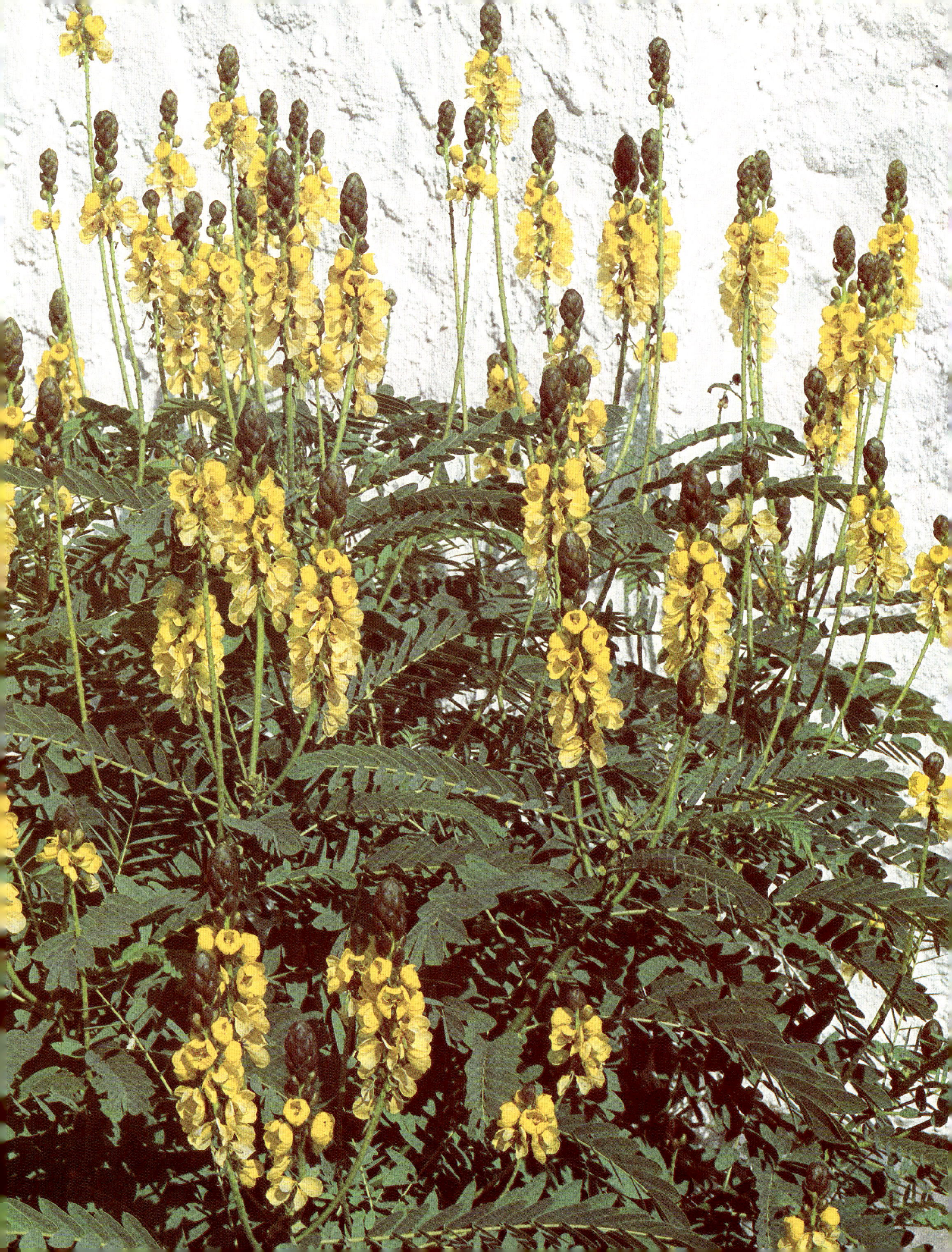

Schönblühende Kübelpflanzen

Abutilon – Cassia – Cistus – Cytisus – Chrysanthemum
· Fuchsia – Plumbago

Neben den in anderen Kapiteln behandelten schönblühenden Oleandern, Granaten, Laurustinus, Engelstrompeten und Korallensträuchern gibt es noch eine ganze Reihe ebenso schön- und reichblühender Kübelpflanzen, von denen aber die meisten heute weniger bekannt und schwieriger zu erwerben sind. Über sie wird in diesem Kapitel berichtet. Ihre Pflege ist nicht schwierig, vor allem aber nehmen sie nur wenig Überwinterungsraum in Anspruch, was sicher nicht unwillkommen ist.

Samtmalve – Abutilon Mill.

Von den über 100 Arten dieser in Tropen und Subtropen verbreiteten Gattung kommt nur eine, *Abutilon pictum* (Gill. ex Hook. et Arn.) Walp. (*A. striatum* Dicks. ex Lindl.) als Kübelpflanze in Betracht, eine andere finden wir im Kapitel „Hochstämme". *Abutilon pictum* stammt aus Brasilien, ist heute aber in Mittelamerika und dem nördlichen Südamerika eingebürgert. Es bildet einen 2–3 m hohen, kahlen Strauch mit krautigen Zweigen, die mit langgestielten, herzförmigen, drei- bis fünflappigen, kahlen, grobgesägten Blättern besetzt sind. Die Blütenstiele sind achselständig, einzeln und einblütig, die Blüten glockig, blaßrot und von verästelten Adern durchzogen. Häufiger als die 1832 in England eingeführte Art ist die 1868 von der Firma Veitch and Sons, London aus Guatemala nach England eingeführte Sorte 'Thompsonii' mit goldgelb gescheckten Blättern. Interessanterweise wird bei ihr die Panaschierung durch eine Virusinfektion hervorgerufen.

Zu den *Abutilon*-Hybriden, entstanden vor allem aus Kreuzungen von *Abutilon darwinii* mit *Abutilon pictum*, deren Mehrzahl als hübsch blühende Topfpflanzen gezogen werden, gehört wahrscheinlich auch die Sorte 'F. Sawitzer' ('Andenken an Bonn'), von ähnlichem Habitus wie 'Thompsonii', aber mit weißgescheckten Blättern. Vor allem in botanischen Gärten wird diese Sorte immer noch gezogen. Bleibt noch zu sagen, daß sich der Name *Abutilon* von dem arabischen *abu tilun* (= indische Malve), also dem Namen einer malvenähnlichen Pflanze, herleitet.

Abutilon pictum mit den Sorten 'Thompsonii' und 'F. Sawitzer' eignen sich sowohl zum Auspflanzen in Blattpflanzengruppen als auch zur Pflanzung in große keramische Gefäße oder zur Dauerhaltung in Kübeln. Der lockere, ungezwungene Wuchs und die panaschierten Blätter sowie die den ganzen Sommer hindurch erscheinenden, zierlichen Blüten machen den besonderen Reiz dieser Pflanzen aus. Sie werden im Mai ins Freie gestellt oder in die dafür aufgestellten Gefäße gepflanzt, am

Cassia didymobotrya wird zu Unrecht so selten gezogen; sie blüht fast den ganzen Sommer hindurch.

Abutilon 'Thompsonii', eine hochwachsende Samtmalve.

besten in Fruhstorfer Erde oder eine nährstoffhaltige, humos-lehmige Komposterde, stets reichlich gegossen und regelmäßig wöchentlich gedüngt. Sie verlangen volle Sonne, gedeihen aber auch noch dort, wo sie in den Mittagsstunden leicht beschattet werden. Im Laufe des Sommers entwickeln sie sich zu 2–3 m hohen, verzweigten Büschen. Ende September/Anfang Oktober, auf jeden Fall vor den ersten Nachtfrösten, nimmt man die ausgepflanzten Exemplare aus ihren Gefäßen, schneidet sie um die Hälfte zurück und topft sie wieder ein. Den Winter über stehen sie zusammen mit den dauernd in Kübeln gehaltenen Pflanzen, die ebenfalls beim Einräumen zurückgeschnitten werden müssen, bei etwa 10° C in einem hellen Raum, am besten einem kalten Gewächshaus, wo der Ballen stets leicht feucht, aber nie naß gehalten wird. Vermehrt wird durch krautige Stecklinge im Spätwinter im Vermehrungsbeet bei 20–25° C Bodenwärme.

Kassie – Cassia L.

Von dieser großen, über 400 Arten umfassenden Gattung, die auch einige Arzneipflanzen enthält, eignen sich besonders zwei Arten als Kübelpflanzen. Diese werden heute zu Unrecht nur wenig gezogen. Es sind dies *Cassia corymbosa* aus Nordargentinien, Uruguay und Südbrasilien, und *Cassia didymobotrya* aus dem tropischen Afrika. Erstere wurde 1796 nach England eingeführt, nach Deutschland kam sie wahrscheinlich nur wenig. Der Gattungsname *Cassia* geht zurück auf den griechischen Namen einer Leguminose.

Cassia corymbosa Lam. (*C. floribunda* hort.) ist ein 1–3 m hoher, reichblühender Strauch mit meist unpaarig gefiederten, länglichen Blättern. Seine gelben Blüten sitzen in langgestielten, achselständigen, kleinen, die Blätter überragenden Doldentrauben am Ende der Triebe, die der ähnlichen, aber noch schöneren var. *plurijuga*

Benth. traubig in doldentraubigen Rispen. Ihre Blätter sind 4- bis 5paarig gefiedert. Die Blütezeit erstreckt sich von Juli bis in den Spätsommer.

Cassia didymobotrya Fresen. unterscheidet sich von der vorigen Art vor allem durch die längeren Blätter, die 4 bis 18 Fiederpaare haben, und die aufrechten, 15–30 cm langen Doldentrauben.

Leider sind diese schönen und reichblütigen Kübelpflanzen sehr selten einmal zu sehen, Anfang des Jahrhunderts dagegen wurden sie häufig gezogen, vor allem von Gartenverwaltungen größerer Städte. Am schönsten sind kleine Hochstämme mit 1,50–2 m hohem Stamm, auf dem dann eine rundliche Krone sitzt, die sich im Sommer über und über mit Blüten bedeckt. Die Anzucht ist nicht schwierig. Man läßt wüchsige Sämlinge oder Stecklinge bis zu einer Höhe von 1,50–1,80 m heranwachsen, und stutzt sie dann, damit sich eine Krone entwickelt. Damit diese recht dicht wird, ist häufig zu entspitzen. Kronenbäumchen lassen sich vielseitig verwenden, z.B. zur Flankierung eines sonnig gelegenen Hauseinganges, auf Dachgarten, Terrasse etc. Während der Überwinterung in einem hellen, luftigen, 5–10°C warmen Raum, am besten einem größeren Kalthaus, machen die Pflanzen eine gewisse Ruhezeit durch, während der sie nach der trockenen Seite zu halten sind. Als Erde eignet sich TKS 2, Fruhstorfer Erde oder eine lehmig-humose Mischung. Während der Vegetationszeit muß reichlich gegossen, vor allem aber von April bis Mitte August wöchentlich gedüngt werden, denn nur dann entwickeln die Pflanzen sich zufriedenstellend; hungrige dagegen kümmern.

Vermehrt wird durch Aussaat oder durch halbreife Stecklinge im geschlossenen, nur mäßig warmen Vermehrungsbeet. Dabei ist darauf zu achten, daß Luft und Substrat nicht zu feucht werden.

Geißklee – Cytisus L.

Ein wohl schon um die Mitte des 17. Jahrhunderts in Orangerien gehaltener Strauch

Kanarischer Ginster, ein schöner Frühlingsblüher.

ist der Kanarische Ginster, *Cytisus canariensis*. Der Name *Cytisus* geht zurück auf das griechische *kytisos*, bei den Griechen die Bezeichnung für verschiedene Arten holziger Schmetterlingsblütler. In Dresdener Gärtnereien wurden seit etwa 1880 *Cytisus* in größeren Mengen als blühende zwei- oder dreijährige Topfpflanze gezogen. Auch heute ist er wieder nach einer durch Krieg und Nachkriegszeit bedingten Pause auf dem Markt, so daß es lohnt, sich kleine Topfpflanzen anzuschaffen, nach dem Abblühen aber nicht fortzuwerfen, sondern zu halten, damit sie mit der Zeit sich zu größeren, meterhohen Kübelpflanzen entwickeln können. Sie sind nicht nur während der Blütezeit von April bis Juni schön, sondern auch dann wenn sie ausgeblüht haben.

Zistrosen wurden bei uns schon im 16. Jahrhundert gezogen. *Cistus ladanifer* ist besonders schön.

Cytisus canariensis (L.) O. Kuntze stammt von den Kanarischen Inseln und wurde bereits 1659, nach Boom 1656, in England und wenig später nach Deutschland eingeführt. Er bildet immergrüne, dicht verzweigte, bis 2 m hohe, weichzottige Sträucher mit gestielten, beiderseits zottigen, dreizähligen Blättern. Die gelben Blüten stehen in endständigen, dichten und ziemlich kurzen Trauben und strömen einen feinen Duft aus.

Cytisus racemosus Marnock ex Nichols. (? *C. canariensis* × *C. maderensis* var. *magnifoliosus*) ist ähnlich der vorigen Art, doch stehen die Blüten in mehr lockeren, 5–10 cm langen Trauben. Er wurde erst 1850, nach Boom 1835, nach England eingeführt.

Die Kultur bietet keinerlei Schwierigkeit. Es wird hell und kühl überwintert und von Mai bis September ins Freie gestellt. Sonne und viel Licht ist zu guter Entwicklung Voraussetzung. Ziemlich rasch wachsen sie zu großen Pflanzen heran, die in jedem Jahr nach dem Abblühen leicht zurückgeschnitten werden. Gepflanzt wird am besten in Fruhstorfer Erde oder in eine kalkhaltige Mischung aus humos-lehmiger Komposterde.

Vermehrt wird aus krautigen, halbreifen, aber noch nicht verholzten Stecklingen im Nachwinter oder Hochsommer unter Glas bei 15–20° C. Jungpflanzen sind häufig zu entspitzen, damit sie recht buschig werden, jedoch nicht länger als bis Anfang August, da sie bei späterem Entspitzen im kommenden Jahr nicht blühen würden. Im übrigen ist von Frühling bis August wöchentlich zu düngen, da die Pflanzen einen besonders hohen Nährstoffbedarf haben.

Zistrose – Cistus L.

Außerhalb botanischer Gärten findet man heute wohl keine Zistrosen mehr, und dabei gehören sie zu den ältesten in Orangerien gezogenen Pflanzen. *C. salviifolius* soll bereits um 1550 in Kultur gewesen sein, mehrere andere Arten um 1650. So berichtet eine Quelle, daß *C. salviifolius* zur Zeit der Renaissance in den Gärten Schlesiens gezogen wurde. Auch bei Elsholz tauchen 1672 verschiedene *Cistus*-Arten, als in den kurfürstlich-brandenburgischen Gärten gezogen, auf. Und schließlich finden wir in dem 1731 erschienenen „Kräuter-Buch" des Tabernaemontanus zusammen mit Abbildungen verschiedener Arten die folgende hübsche Beschreibung ihrer Blüten: „Die Blumen seyen gleich den wilden Rosen/ so viel die Größ belangt/ mit fünff schönen saatrothen Blättlein gezieret/ in der Mitte mit vielen Saffrangelben Fäslein besetzet/ ..."

Da Zistrosen im ganzen Mittelmeerraum weit verbreitet sind – sie bilden einen Hauptbestandteil der Macchien und bedekken als Unterholz große Strecken in lichten, immergrünen Wäldern – ist es nicht verwunderlich, daß sie bereits den alten Griechen bekannt waren, die sie *kistos* nannten, woraus das lateinische *Cistus* entstanden ist. Einige Arten, vor allem *Cistus ladanifer*, waren Lieferanten eines berühmten, vielverwendeten Heilmittels, auch gegen Haarausfall, des „Gummi Ladanum", eines wohlriechenden, harzigen Stoffes, der auch in der Parfümerie von Bedeutung war.

Alle Zistrosen sind sehr reichblütig, die Einzelblüten aber lassen bereits etwa acht Stunden nach dem Öffnen ihre Kronblätter fallen; doch öffnen sich bei der Unzahl von Knospen von Tag zu Tag neue Blüten, allerdings nur bei Sonne. Die meisten Arten bilden etwa 1–2 m hohe, immergrüne, reichbelaubte Büsche und bringen große rote oder weiße Blüten. Eine Art, *Cistus laurifolius*, hält sogar in den mildesten Gegenden Deutschlands einige Jahre im Freien aus, bis ein harter Winter ihrem Leben ein Ende bereitet. Da die einzelnen Arten in Tracht und Blüte einander sehr ähnlich, aber alle sehr schön sind, erübrigt sich eine nähere Beschreibung. Es soll nur eine Auswahl der schönsten Arten namentlich aufgeführt werden wie *Cistus albidus* L., *Cistus creticus* L. (*C. villosus* auct. vix L.), *Cistus crispus* L., *Cistus ladanifer* L. und *Cistus monspellianus* L. Aber auch die anderen

Strauchmargeriten blühen fast das ganze Jahr hindurch.

der 20 Arten umfassenden Gattung sowie eine Reihe von Hybriden sind mit dem gleichen Recht zu empfehlen.

Die Vermehrung durch Aussaat ist leicht, Sämlinge wachsen sehr schnell und können bereits in wenigen Jahren zu großen Büschen herangewachsen sein. Zunächst werden sie mehrfach gestutzt, damit sie sich reich verzweigen, großen Pflanzen aber bleibe man mit Schere und Messer vom Leibe, um die Schönheit ihres natürlichen Wuchses nicht zu zerstören. Jede lehmig-humose Erde, aber auch Fruhstorfer Erde genügt ihnen, doch ist besonders in den ersten Jahren häufig zu verpflanzen. Außerdem sind vor allem größere Kübelpflanzen wöchentlich zu düngen, denn nur bei reichlicher Ernährung entwickeln sie sich zu wirklich schönen Pflanzen. Unterernährte Pflanzen wachsen und blühen nur spärlich. Überwintert wird bei 5–10° C. Den Sommer über stellt man sie an einen der sonnigsten und wärmsten Stellen im Freien, z.B. vor eine Südwand auf die Terrasse oder auf den Dachgarten. Während der Blütezeit im Frühling und Sommer gibt es kaum etwas Schöneres als verschiedene Zistrosen-Arten.

Strauchmargerite
Chrysanthemum frutescens L.

Seit vielen Jahrzehnten gehören Strauchmageriten zu den beliebtesten Pflanzen für Balkonkästen, Beete und mobile Pflanzgefäße verschiedenster Größe. Man pflanzt sie im Frühjahr, freut sich den Sommer an

Bleiwurz, *Plumbago lanceolata,* ist eine der wenigen blaublühenden Kübelpflanzen.

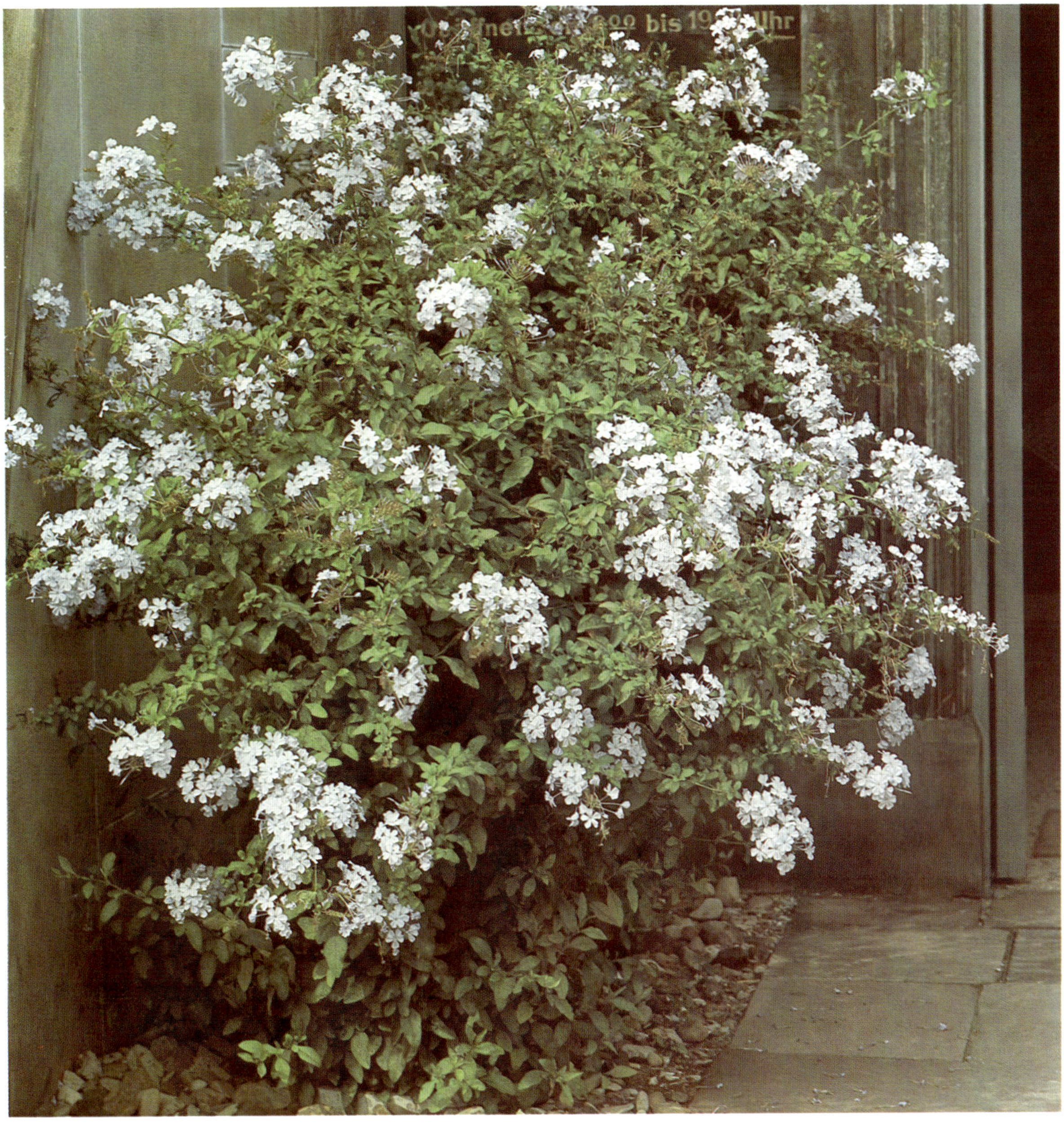

ihrer reichen Blüte und wirft sie im Herbst weg. Wer aber doch einmal eine Pflanze im hellen und kühlen Gewächshaus in einem entsprechend großen Gefäß überwintert hat, ist erstaunt über die Fülle von Blüten, die den ganzen Winter über ununterbrochen an ihr erscheinen. Mehrere Jahre alte Pflanzen erreichen einen Durchmesser von mehr als einem Meter und eine Höhe bis zu 1,50 m. Sie blühen dann – mit kurzen Pausen – Sommer und Winter in der gleichen Fülle, vorausgesetzt, man entfernt laufend alles Verblühte.

Chrysanthemum frutescens L. stammt von den Kanarischen Inseln, wo sie in Lagen zwischen 200 und 700 m, vor allem in der Küstenzone, weit verbreitet ist. Schon 1699 soll sie in England eingeführt worden sein. In einer Schrift von 1801 heißt es am Ende der Beschreibung: „In unseren botanischen Gärten ist dieses Gewächs nun keine Seltenheit mehr". Daraus geht hervor, daß man Strauchmargeriten damals noch nicht für Beetbepflanzungen benutzte, sondern sie vielmehr als Blütenpflanzen in die Gewächshäuser stellte. Wohl erst in der zweiten Hälfte des 19. Jahrhunderts gewannen sie nach und nach ihre Bedeutung als Beet- und Balkonpflanzen. Was heute unter dem Namen *Chrysanthemum frutescens* gezogen wird, entspricht allerdings nicht mehr der Wildpflanze, sondern weicht von dieser in mancherlei Beziehung ab, so in wesentlich höherem Wuchs und abweichender Belaubung. Unsere Kulturpflanzen sind wahrscheinlich Hybriden, an denen neben *C. frutescens* andere kanarische Arten wie *Chrysanthemum coronopifolium* (Willd.) Steud. und *Chrysanthemum foeniculaceum* (Willd.) Steud. (*C. anethifolium* hort. non [Willd.] Steud.) beteiligt sind. So gleicht die Belaubung der Sorten einmal mehr der einen, ein andermal mehr einer anderen Art. Von Sorten werden neben den alten 'Floribunda' und 'Maja Bofinger' u. a. die neuere 'Silverleaf' verwendet.

Chrysanthemum frutescens in großen Töpfen und Kübeln sind in einem hellen Kalthaus zu überwintern, jährlich – bei großen Pflanzen unter einer gewissen Verringerung des Ballens – in lehmige Erde oder in Einheitserde zu verpflanzen und wöchentlich von März bis Oktober zu düngen, denn nur gut ernährte Pflanzen entwickeln sich zur Vollkommenheit.

Bleiwurz – Plumbago L.

Der Name leitet sich ab vom lateinischen *plumbum* (= Blei). Die einzige als Kübelpflanze zu verwendende Art ist *Plumbago auriculata* Lam., immer noch bekannter unter dem Synonym *Plumbago capensis* Thunb. Sie ist ein kleiner, bis 2 m hoch werdender, südafrikanischer Strauch, der aufrechte oder überhängende, fast kletternde Stengel hat, die wie die Blätter mit kleinen, weißen Schuppen bedeckt sind. Die Blüten sind hellblau, erscheinen stets am Ende neuer Triebe in reichen, kurzen, fast einseitigen Ähren und blühen unermüdlich vom Frühsommer bis zum Herbst.

Jüngere Pflanzen eignen sich zur Bepflanzung von Beeten und Balkonkästen, ältere dagegen als Kübelpflanzen, die im Sommer sonnig an einer Südwand stehen können und deren Triebe dort an ein Gestell oder an Drähte anzubinden sind. Aber auch eine ältere, nach allen Seiten überhängende Pflanze kann sehr schön wirken. Als Hochstämmchen gezogen sind sie mannigfaltig verwendbar. Von den während des Sommers ausgepflanzten *Plumbago* soll hier nicht die Rede sein, sondern lediglich von den in Töpfen oder in Kübeln gehaltenen. Ihre Überwinterung erfolgt bei 4–8° C im Kalthaus, nachdem man beim Einräumen die Triebe um die Hälfte eingekürzt hat. Bei hellem Stand bleiben dort die Blätter erhalten. Läßt man die Pflanzen im kühlen Keller überwintern – und das ist durchaus möglich – dann müssen sie den Winter über recht trocken gehalten werden, wobei sie die meisten Blätter verlieren. Diese Pflanzen aber müssen bereits Anfang April hell gestellt und wieder in Kultur genommen werden. Als Erde eignet sich Fruhstorfer Erde oder TKS 2 sowie eine lehmig-humose Mischung. Die regelmäßige Düngung darf während der Wachstumszeit nicht versäumt werden. Vermehrt wird durch halbreife Stecklinge im offenen, warmen Vermehrungsbeet.

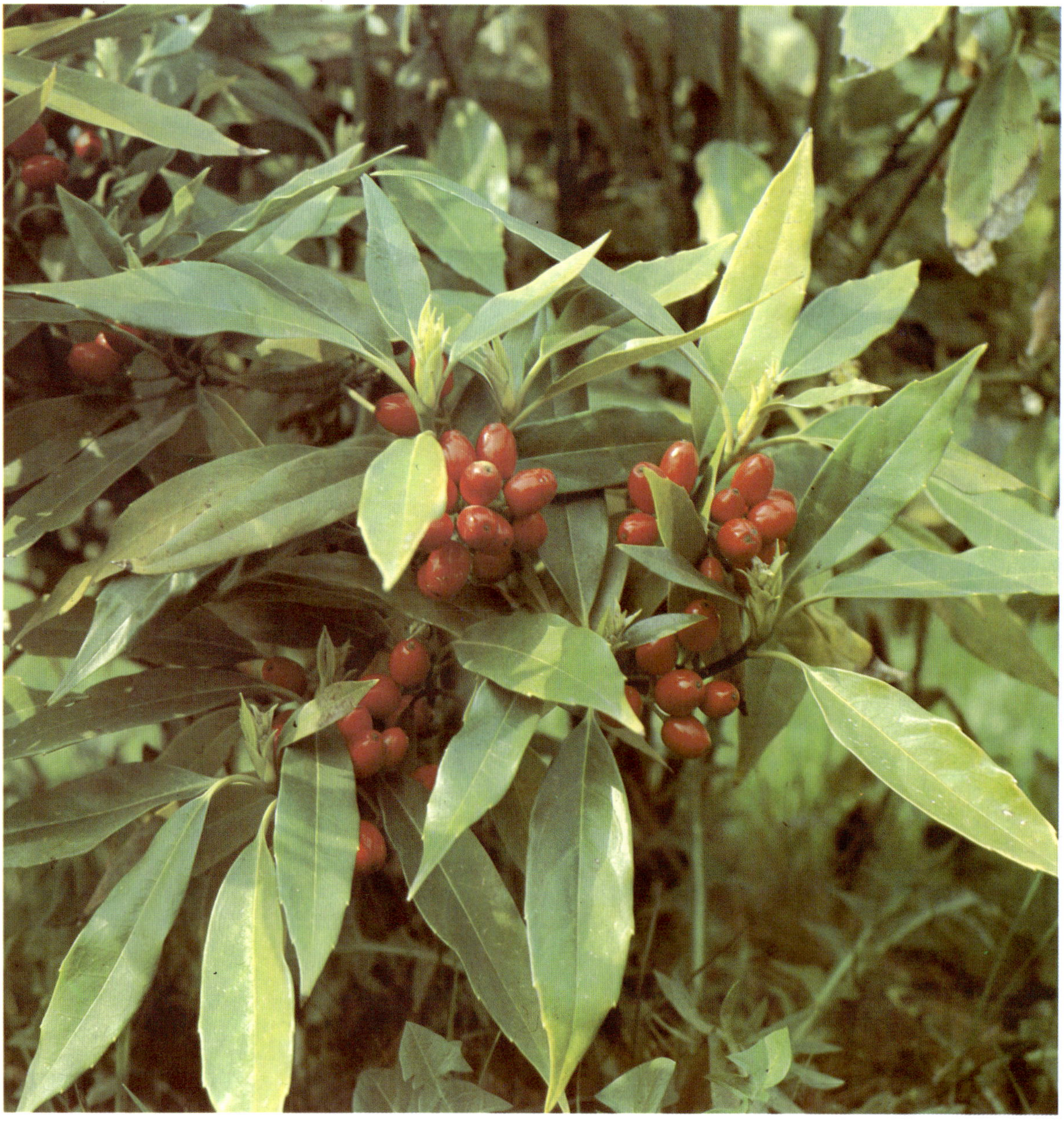

Subtropische Sträucher mit großen Blättern

Aucuba – Eriobotrya – Ficus – Magnolia – Sparmannia

Aukube
Aucuba japonica Thunb.

Obwohl die Aukube auch bei uns einige, nicht allzu harte Winter an schattigen, geschützten Stellen im Freien aushält, liegt ihr Hauptwert doch in der Verwendung als unverwüstliche Dekorations- und Kübelpflanze. Wie so manche fernöstliche Pflanze wurde auch die Aukube verhältnismäßig spät eingeführt. Erst 1783 erreichte eine weibliche Pflanze Europa, und zwar nicht die grünblättrige Art, sondern bereits eine buntblättrige Sorte. Sehr viel später erst folgte ein männliches Exemplar der grünblättrigen Wildpflanze, nämlich 1863 (nach Rehder 1861). Da die Art zweihäusig ist, also weibliche und männliche Blüten auf verschiedenen Pflanzen sich befinden, wurde jetzt erst eine Fruchtbildung möglich. Etwa um die gleiche Zeit führte Siebold etwa ein Dutzend in japanischen Gärten schon seit langem gezogene Sorten ein, von denen die eine oder andere wahrscheinlich heute noch vorhanden ist.

Die Gattung *Aucuba* Thunb., zu den *Cornaceae* gehörend, enthält wenige Arten, von denen für uns nur *Aucuba japonica* Thunb. wichtig ist. Schon der Name *Aucuba* weist auf die japanische Herkunft hin, stellt er doch eine Latinisierung des japanischen Namens der Pflanze, *aokiba*, dar. Heimisch ist unsere Pflanze in immergrünen Buschwäldern des Tieflandes und der Gebirge Japans, Taiwans und Koreas. Schon seit langer Zeit aber wurden in japanischen Gärten nicht wenige Sorten mit meist gelbbunten Blättern gezogen. *Aucuba japonica* ist ein buschiger, immergrüner Strauch, der 3–5 m hoch werden kann und für den die gabelförmige Verzweigung der dicken, grünen, kahlen Äste charakteristisch ist. Die Blätter sind gegenständig, lederartig, schmaloval bis elliptisch, 8–20 cm lang, ganzrandig oder an der Spitze entfernt grobgesägt. Die rötlichen Blütchen sind unscheinbar und sitzen in pyramidenförmigen, rispigen, reichblütigen Blütenständen. Nur wo beide Geschlechter zusammenstehen, kann eine Bestäubung stattfinden, der später die beerenartigen, eiförmigen, einsamigen, 1–2 cm langen, leuchtendroten Früchte folgen, die für viele Wochen im Spätwinter und Frühling die Sträucher schmücken. Man sollte sich nicht scheuen, durch künstliche Bestäubung für einen reichen Ansatz zu sorgen, eine kleine Mühe, die sowohl für den Liebhaber als auch für den Gärtner sich lohnt. Verbreiteter als die grünblättrige Art und einige Wuchsformen sind vor allem Sorten mit gelbgeflecktem und gepunktetem Laub, so z.B. 'Crotonifolia' und 'Variegata'.

Meist sieht man buntblättrige Aukuben, aber auch solche mit grünen Blättern sind recht hübsch, vor allem im Schmuck ihrer roten Beeren.

Auch 'Picturata', deren Blätter in der Mitte mit einem großen, gelben Fleck geziert sind, trifft man häufiger an. Kleine Aukuben eignen sich für Treppenhäuser, kühle Flure und Zimmer, Empfangsräume usw., größere in Kübeln gehaltene Pflanzen für Dekorationen, im Sommer zur Ausschmückung von schattigen und halbschattigen Gartenhöfen, Dachgärten und Terrassen wie auch an entsprechenden Stellen im Stadtbild. Gerade dort sind sie wegen ihres malerischen Wuchses und der Widerstandsfähigkeit gegen Abgase besonders zu empfehlen. Von April bis in den November hinein können sie dort stehen, da ihnen ein geringer Frost im späten Herbst nichts ausmacht. Die Überwinterung erfolgt frostfrei und luftig. Als Erde eignet sich recht lehmige Gartenerde. Ältere Pflanzen brauchen nur alle 2–4 Jahre einmal verpflanzt zu werden. Im übrigen ist regelmäßige Düngung nicht zu vergessen und für gleichbleibende Feuchtigkeit des Ballens durch regelmäßiges Gießen zu sorgen.

Die beste Vermehrungszeit liegt im Februar und August, doch wachsen Stecklinge auch in den Monaten von August bis März noch recht gut. Sie wurzeln zwar schon bei 10–15° C Bodenwärme, wesentlich schneller aber bei einer solchen von 20–22° C. Alle Sorten fallen nur aus Stecklingen echt, Aussaat ergibt grünblättrige Typen und kommt deshalb im allgemeinen für die Vermehrung nicht in Frage. Die ersten zwei Jahre werden die Jungpflanzen auf Beete im Freien gepflanzt, zur Sicherheit aber während des Winters frostfrei eingeschlagen. Im Herbst des dritten Jahres sind die Pflanzen dann soweit, daß sie in ihren endgültigen Topf kommen. Durch mehrmaliges Stutzen erzielt man gedrungene, buschige Pflanzen. Alte Sträucher jedoch lasse man ungeschnitten wachsen, da sie nur so ihre malerischen Formen bewahren, auch vermeide man jede Beschädigung der großen, ledrigen Blätter.

Japanmispel, Loquat
Eriobotrya japonica (Thunb.) Lindl.

Ein in Japan, aber auch in anderen Ländern, in großem Maßstab angebautes, mit unserem Kernobst verwandtes Obstgehölz ist die aus dem mittelöstlichen China stammende Japanmispel oder Loquat, wie sie in allen englisch sprechenden Ländern genannt wird. Auch im Mittelmeergebiet findet man diesen großen Strauch oder kleinen Baum allenthalben in den Gärten angepflanzt. Seine Früchte sind ein saftiges, beliebtes Obst. Schon so mancher hat sich aus dem Süden einige Samen mitgebracht und später im warmen Zimmer ausgesät. Sie keimten bald und entwickelten sich zu schönen Zimmerpflanzen für kühle

Räume. Bald aber werden sie dort zu groß und man muß einen anderen Raum für ihre Überwinterung suchen. Von Mitte Mai bis in den Oktober hinein stehen sie am besten im Freien, wo sie mit anderen Kübelpflanzen zusammen einem Gartenhof oder einer Terrasse einen südlichen Charakter geben.

Der Gattungsname *Eriobotrya* weist auf eine Eigenschaft des Strauches hin, nämlich die weißfilzigen Zweige, die traubenständige Blüten tragen (griech. *erion* = Wolle, *botry* = Traube). Loquat kamen schon im Altertum nach Japan, wo sie überall dort angepflanzt werden, wo auch *Citrus*-Früchte reifen. In Europa sind sie seit 1784 bekannt und heute in Italien und Sizilien eingebürgert. In den Gärten ausgepflanzt wie auch in Töpfen und Kübeln sind sie weniger der Blüten oder Früchte wegen wertvoll, sondern vielmehr wegen ihrer schönen Belaubung. Selten werden sie höher als 5–6 m. Zunächst bilden sie einen etwa meterhohen Stamm, darüber entwickelt sich dann eine dichte reichverzweigte Krone, die dicht mit den 15–25 cm langen, gebuckelten, oberseits dunkelgrünen, unterseits dicht rostfarbenen oder graufilzigen Blättern besetzt ist. Die duftenden, weißen Blüten sind mehr oder weniger in der Wolle der Zweige versteckt und fallen nicht weiter auf. Die Früchte werden bei der Reife gelb bis orangerot und enthalten mehrere Samen. Ihre Haut ist so dick wie die eines Pfirsichs, ihr Fleisch fest und fleischig, weiß bis tieforange und von leicht säuerlichem Geschmack. Die Früchte werden roh gegessen, aber auch zu Gelees und Torten verarbeitet.

Ältere Pflanzen stehen am besten in kleinen Kübeln in lehmig-humoser Erde. Sie sind stets reichlich zu gießen und von März bis August wöchentlich zu düngen. Im Winter sollen sie hell, luftig und bei etwa 5–10° C stehen, dann werden sie weder von Schädlingen noch Krankheiten befallen. Man lasse die Pflanzen stets ungestört wachsen und schneide nichts an ihnen, denn sie verzweigen sich von selbst. Die Vermehrung durch Aussaat in einem warmen Raum ist nicht schwierig. Die Sorten lassen sich durch Veredlung auf Sämlinge ebenfalls leicht vermehren. Neben der Art gibt es eine Sorte 'Variegata' mit gelb panaschierten Blättern, die aber die Art an Schönheit nicht übertrifft.

Gummibaum – Ficus L.

Unter den Gummibäumen gibt es zwei in Australien heimische Arten, die im Sommer ihren Platz im Freien finden, im Winter dagegen bei etwa 10° C im hellen Kalthaus stehen sollen.

Ficus macrophylla Desf. ex Pers. wird in seiner Heimat als stattlicher Straßenbaum gepflanzt. Er hat große, 10–25 cm lange und bis 10 cm breite, glänzend-dunkelgrüne, am Grunde herzförmige Blätter. 1869 wurde die Art in England eingeführt.

Ficus rubiginosa Desf. (*F. australis* Willd.) ist ein kleiner, reichverzweigter Baum oder großer Strauch, der viele Luftwurzeln ausbildet. Vor allem die jungen Zweige sind rostig-behaart, ebenso die Blattstiele und die Blattunterseite in der Jugend braunfilzig. Selten sind die Blätter länger als 10 cm, im übrigen lederartig und auf der Oberseite glänzendgrün. Diese Art wurde bereits 1789 in England eingeführt. Weiter verbreitet als sie ist die Sorte 'Variegata' mit gelblich-weiß marmorierten und gefleckten Blättern. Obwohl *Ficus rubiginosa* nur langsam wächst, möchte man auf diese schöne Art nicht verzichten, da sie recht dekorativ ist und sich durch einen malerischen Wuchs auszeichnet, der in einem schattigen Gartenhof besonders zur Geltung kommt.

Vermehrung und Pflege gleichen denen der normalen Gummibäume.

Blühender Zweig der Japanmispel.

Fruchtender Zweig der Japanmispel.

Immergrüne Magnolie
Magnolia grandiflora L.

„Der schönste Baum der amerikanischen Wälder" sagt Leunis von dieser immergrünen Magnolienart. Andere preisen sie in ähnlichen Worten, und in der Tat, es gibt kaum etwas stattlicheres als eine dicht mit den großen Blättern und Blüten besetzte *Magnolia grandiflora*. Ihre Heimat sind feuchte Wälder der südöstlichen Vereinigten Staaten, wo sie in den Staaten Georgia, South-Carolina, Alabama, Louisiana und Florida vorkommen. Es sind dort kegelförmig wachsende, bis 25 m hohe, immergrüne Bäume, deren glänzendgrüne Blätter zwei Jahre an der Pflanze bleiben. Auf ihrer Unterseite sind sie wie die jungen Triebe und Knospen rostbraun und kurzfilzig. Die 20–30 cm breiten, rahmweißen, duftenden Blüten erscheinen im Mai und Juni, einige Nachzügler noch bis in den August hinein. In Deutschland ist diese stattliche Art nicht winterhart, bedarf also der frostfreien Überwinterung. Sie gedeiht recht gut in Kübeln und wächst im Laufe der Jahre zu stattlichen Pflanzen heran, vor allem dann, wenn man die regelmäßige Düngung nicht vergißt. Als Erde eignet sich Fruhstorfer Erde oder eine humos-lehmige Mischung.

In den Mittelmeerländern findet man stattliche Magnolienbäume. Auch in den wärmeren Teilen Englands sind sie winterhart. Dort sollen sie 1734 eingeführt worden sein. Wahrscheinlich handelte es sich bei diesen in England gezogenen Pflanzen um Sämlinge, denn Miller schreibt 1754: „There were a great number of young plants in England before the year 1739; but a great part of them were destroyed by that severe winter ..." Den Namen *Magnolia*

Ficus rubiginosa 'Variegata'.

Zimmerlinden kennt wohl ein jeder.

gab Linné der Gattung in Erinnerung an den Botaniker Pierre Magnol, 1638–1715, der Direktor des Botanischen Gartens in Montpellier war und sich Gedanken zur Einteilung der Pflanzen in Klassen machte.

Zimmerlinde
Sparmannia africana L. f.

Eine nahe Verwandte unserer Linden ist die Zimmerlinde, ein bis 4 m hoher, baumartiger Strauch, der seit etwa 150 Jahren zu den beliebtesten Zimmerpflanzen zählt. Weniger bekannt ist, daß sie zu einer stattlichen Kübelpflanze heranwächst, die den Sommer über an einer halbschattigen Stelle im Freien ausgezeichnet gedeiht und auch nach dem Abblühen durch die großen, samtigen Blätter auffällt. Den Namen gab ihr Linné filius 1782 zu Ehren von Dr. Andreas Sparrman (1748–1820), einem schwedischen Botaniker, der Captain Cook auf seiner zweiten Weltreise auf der „Resolution" (1772–1775) begleitete, außerdem später mit Thunberg Südafrika bereiste. Eingeführt wurde die Zimmerlinde 1790 nach England, aber schon wenig später war sie auf dem Kontinent verbreitet. 1840 war sie, wie Bosse schreibt, in den meisten Handelsgärten zu kaufen. Die Hauptverbreitung als Zimmerpflanze lag wohl in der zweiten Hälfte des vorigen bis in die zwanziger Jahre dieses Jahrhunderts. So schreibt Steffen 1937, daß sie in der Erwerbsgärtnerei nur einen bescheidenen Platz einnehme, und das ist bis heute so geblieben. Allerdings sagt dies nichts über ihre wirkliche Verbreitung aus, denn Zimmerlinden kauft man nicht, sondern tauscht untereinander Stecklinge aus.

Sparmannia africana L. f. stammt aus Südafrika und bildet dort einen vielstämmigen Strauch mit großen, hellgrünen, herzförmigen, eckigen, fast gelappten Blättern und großen weißen Blüten, die in vielblütigen Trugdolden angeordnet sind. Um den unscheinbaren Fruchtknoten stehen zahlreiche, gelbe und braunrote Staubblätter mit purpurnen Staubbeuteln. Nach außen gehen diese in unfruchtbare, gelbe Staubfäden über, die eigenartige Knoten tragen. Diese Staminodien und die Staubblätter sind reizempfindlich. Berührt man sie mit einem Hölzchen, so spreizen sie sich langsam nach außen. Der Zweck dieser Bewegung ist ungeklärt. Die stachelborstigen Samen sitzen in einer runden Kapsel.

Von der Pflege der Zimmerlinden im Zimmer soll hier nicht die Rede sein, sondern nur von der Kultur der in Kübeln gezogenen Pflanzen, die im Laufe der Jahre zu vieltriebigen, hohen Büschen heranwachsen und bei guter Ernährung sehr große, hellgrüne Blätter bilden. Im Freien beanspruchen sie einen vor Zugluft, Wind und

Mittagssonne geschützten Platz. Von Mitte Mai bis in den September hinein können sie dort stehen. Man vergesse nicht, daß sie keinen Frost vertragen. Überwintert wird hell, etwa in einem Kalthaus, am besten bei 10–12° C. Auch darunter liegende Temperaturen werden zwar vertragen, führen aber zur Bildung vieler gelber Blätter, die nach und nach abfallen. Dies ist jedoch nicht schlimm, wenn man die Pflanzen im März, April um die Hälfte zurückschneidet; danach treiben sie bald wieder aus und schmücken sich mit neuen Blättern. Diese Methode hat aber einen Nachteil, man muß auf die im Spätwinter und Frühling erscheinenden Blüten verzichten, weshalb in den meisten Fällen eine wärmere Überwinterung und der Verzicht auf den Rückschnitt vorzuziehen ist. Als Erde eignet sich jede nährstoffreiche lehmig-humose, durchlässige Mischung, aber auch Fruhstorfer Erde. Alte Pflanzen verlangen recht große Gefäße. Am besten verpflanzt man sie etwa vier Wochen vor dem Ausräumen. Gewissenhaftes Gießen, an heißen Sommertagen unter Umständen sogar morgens und abends, ist sehr wichtig, da schon ein einmaliges Trockenwerden des Ballens der Schönheit der Pflanze abträglich ist. Auch der wöchentliche Dungguß vom Frühling bis in den Spätsommer darf nicht vergessen werden, denn hungrige Pflanzen versagen wie im Zimmer so auch im Freien und erlangen nie ihre volle Schönheit.

Vermehrt wird am besten durch Stecklinge im Frühjahr. Diese bewurzeln sich bei etwa 20°C Boden- und Luftwärme in 2–3 Wochen. Bei mehrmaligem Umpflanzen und zwei- bis dreimaligem Stutzen erhält man bis zum Herbst recht große und buschige Pflanzen, die im kommenden Frühjahr dann in kleine Kübel gesetzt werden können.

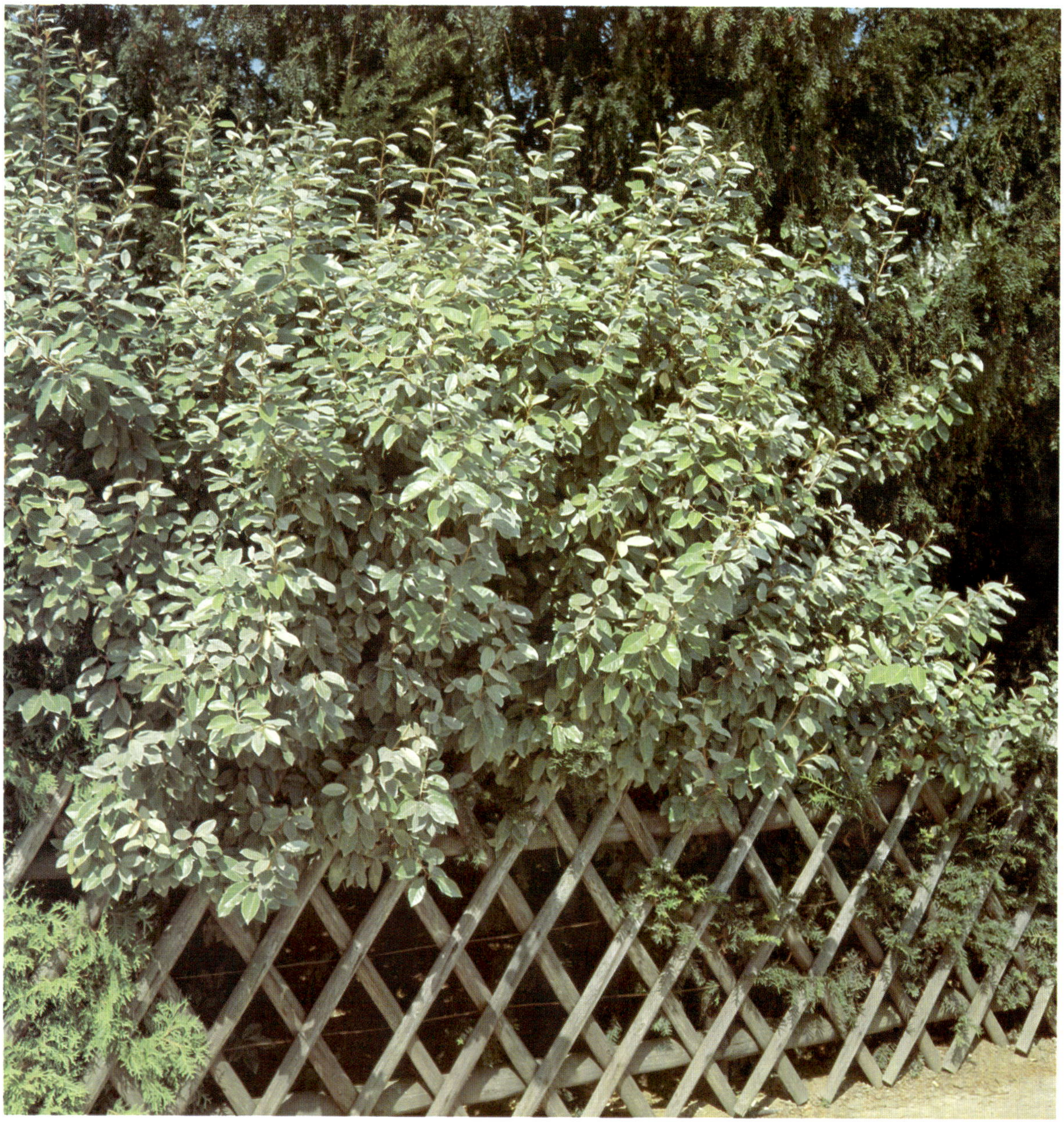

Kleinblättrige Kübelpflanzen

Cleyera – Elaeagnus – Euonymus – Griselinia – Olearia
Pittosporum – Tarchonanthus

Allen in diesem Kapitel genannten Pflanzen gemeinsam ist die verhältnismäßig kleine Belaubung, die sie völlig von so großblättrigen Gewächsen wie Aukube, Lorbeerkirsche oder Zimmeralie abweichen läßt. Vielen ist außerdem ein malerischer Wuchs zu eigen. Bis auf wenige sind sie alte Kübelpflanzen, die heute kaum noch bekannt sind, jedoch wieder in Kultur genommen zu werden verdienen.

Sperrkraut
Cleyera japonica Thunb.

Noch 1938 wurde dieser schöne, immergrüne Strauch in den Dresdener Gärtnereien gezogen und zusammen mit anderen Pflanzen in alle Welt verschickt. Wie so manches andere ging auch er dann nach dem Kriege verloren.

Von der zu den *Theaceae* gehörenden Gattung *Cleyera* Thunb. wird nur *Cleyera japonica* Thunb. (*C. ochnacea* DC., *Eurya ochnacea* [DC.] Szysz.) gezogen. Sie bildet kahle, immergrüne Sträucher, die bis 5 m hoch werden können, und elliptische bis schmal-verkehrteiförmige, 7–15 cm lange und 2–5 cm breite Blätter haben. Von jeher fast ausschließlich in Kultur ist die Sorte 'Tricolor' (*Cleyera fortunei* Hook. f., *Eurya japonica* var. *variegata* hort.). Ihre Blätter sind entlang dem Mittelnerv dunkel- und hellgrün marmoriert, die Ränder unregelmäßig creme bis goldgelb, außerdem, wenn jung, häufig rot überlaufen. Ihre Heimat liegt in Japan, auf den Riukiu-Inseln und Taiwan sowie im wärmeren China. In Japan waren Art und Sorte alte Kulturpflanzen. Erstere wurde 1859 nach England eingeführt, die Sorte 'Tricolor' 1861 von John Gould, wenig später auch von Fortune aus Japan nach England gebracht. Ihren Namen bekam die Gattung zu Ehren von Andreas Cleyer, gestorben 1697 oder 1698, einem holländischen Arzt deutscher Herkunft, der bis 1680 Schiffsarzt der Dutch East India Company war. Nach 1680 bis zu seinem Tode schrieb er über indische und chinesische Pflanzen und über Medizin.

Cleyera ist eine hübsche, locker wachsende Dekorationspflanze für kühle Räume, die aber den Sommer über halbschattig bis schattig im Freien stehen kann. In der Jugend wächst sie recht langsam, so daß es lange dauert, bis man zu größeren Pflanzen kommt, die also stets auf ein höheres Alter zurückblicken. Vermehrt wird durch halbreife Stecklinge, die bei leichter Bodenwärme in einigen Wochen wurzeln. Später gedeihen sie gut in Fruhstorfer Erde oder einer lehmig-humosen Mischung aus Rasen- und Komposterde mit einem Zusatz von Sand und alter Lauberde.

Elaeagnus glabra ist für Kübel nicht zu empfehlen, sondern nur die ähnlichen *E. macrophylla* und *E. pungens*.

Ölweide – Elaeagnus L.

Zu den schönsten aller Kübelpflanzen überhaupt zählen große Exemplare zweier immergrüner Ölweiden-Arten. Sie sind zwar begrenzt winterhart, aber leiden in kalten Jahren stets und werden dann unansehnlich, wenn sie nicht sogar ganz eingehen. Im Kübel gezogen, entwickeln sie sich in wenigen Jahren zu 2–3 m hohen und entsprechend breiten Sträuchern, die sowohl innerhalb der Stadt auf großen Plätzen als auch in Verbindung mit Gebäuden, auf Gartenhöfen und Terrassen von eindrucksvoller Wirkung sind. Hierfür in Frage kommen nur *Elaeagnus macrophylla* und *Elaeagnus pungens* mit verschiedenen Sorten. Der Name der Gattung wird meist abgeleitet vom griechischen *eleia* (= Ölbaum) und *agnos*, der Bezeichnung für *Vitex agnus-castus*; wahrscheinlicher aber liegen das griechische *helodes* (= sumpfig) und *hagnos* (= rein, hier im Sinne von weiß) zu Grunde.

E. macrophylla Thunb. wächst in Dikkichten nahe dem Meeresufer in Japan, Südkorea und auf den Riukiu-Inseln. Der reichverzweigte Strauch wird bis 3 m hoch und hat dornenlose, etwas abstehende, silbrige Zweige. Die 6–10 cm langen Blätter sind oben dunkelgrün, unten aber dicht mit silberschilfrigen Schuppen besetzt. Die Blüten sind nicht sehr auffallend, erscheinen von September bis November, ähneln silbrigen, kleinen Fuchsienblüten und duften sehr stark. Im Mai des folgenden Jahres reifen die schönen, roten Früchte.

Elaeagnus pungens Thunb. ist eine sehr variable Art von ähnlicher Größe und ähnlichem Habitus wie die vorige. Ihre Zweige sind braun und dornig, die Blätter bis 10 cm lang, am Rande wellig oder gekräuselt, oben dunkelgrün, unten stumpf-silbrig mit einigen großen, braunen Schuppen. Auch hier fällt die Blütezeit vom Oktober bis in den November und die Fruchtreife in den Mai. Die Art wurde 1830 von Siebold nach Belgien eingeführt. Von den Sorten sind besonders zu empfehlen 'Aurea', Blätter grün mit tiefgelbem Saum, in Belgien seit 1864 in Kultur; 'Frederici', Blätter nur klein und schmal, gelblich mit grünem Saum, seit 1880 in Holland in Kultur; 'Maculata', Blätter groß, in der Mitte gelb, in Deutschland seit 1864 kultiviert; 'Tricolor', Blätter grün mit gelblichen und weißlich-rosafarbenen Zonen, in England seit 1900 in Kultur. Die ebenfalls immergrünen *Elaeagnus glabra* Thunb. und *Elaeagnus ebbingei* Boom ex Dorenb. sind für Kübel nicht zu empfehlen.

Ölweiden verlangen nicht zu kleine Gefäße, eine lehmige Erde, reichliches Gießen und gute Ernährung. Mit der Schere muß man ihnen vom Leibe bleiben, denn nur natürlich gewachsene Pflanzen zeigen ihre volle Schönheit. Vermehrt wird durch krautige und ausgereifte Stecklinge unter Glas. Veredlung ist nicht zu empfehlen, da bei den Sorten immer wieder die Unterlage durchtreibt. Die Überwinterung erfolgt frostfrei und hell, außerdem muß der Raum gut zu lüften sein, um ein Ansteigen der Wintertemperaturen zu vermeiden.

Japanischer Spindelstrauch
Euonymus japonicus L. f.

An Schönheit kann sich der japanische Spindelstrauch mit den meisten anderen Kübelpflanzen nicht messen. Doch ist er so unempfindlich, daß er auch heute noch zu den verbreitetsten Dekorationspflanzen zählt. Kaum eine Friedhofskapelle, in der zusammen mit Aukuben und Lorbeerkirschen nicht auch einige Spindelsträucher stehen. Schön sind nur recht alte, große Pflanzen, gleich ob sie grün- oder buntblättrig sind.

Euonymus kommt vom griechischen *euonymon dendron*, lateinisch *euonymus*, (= eigentlich „mit gutem Namen").

Marzell schreibt über den botanischen Namen der Gattung: „Griech. euonymos: mit gutem Namen berühmt". Vielleicht ist der Name euphemistisch zu verstehen, da der Baum nach Theophrast einen Leichengeruch hat und für die Weidetiere giftig ist. Ob es sich bei dem antiken Namen wirklich um eine *Euonymus*-Art handelt, bleibt unsicher. Spindelbaum, Spindelstrauch bezieht sich auf das harte Holz von *Euonymus europaeus*, aus dem früher Spindeln hergestellt wurden.

Euonymus japonicus wächst als Unterholz in Gebüschen und lichten Wäldern, vor allem an Abhängen in der Nähe des Meeres in Südjapan, auf den Riukiu-Inseln, in Korea und im wärmeren China. Dort können die Sträucher eine Höhe von 5–8 m erreichen, bei uns aber werden sie selten höher als 2 m. Jüngere Zweige und Knospen sind grün, die Blätter derbslederig, oben glänzend grün, unten etwas heller, 3–7 cm lang, die Blüten unscheinbar. Die Art ist sehr variabel, so gibt es groß- und kleinblättrige Formen sowie Sorten mit verschiedenartig gelb und weiß gezeichneten Blättern. In japanischen Gärten werden viele dieser vom Typ abweichenden Sorten seit langen Jahren kultiviert. Die ersten Spindelsträucher erscheinen in England 1804.

Eine begrenzte Zahl milder Winter überstehen *Euonymus japonicus* auch in unserem Klima, auf die Dauer jedoch sind sie bei uns im Freien nicht zu halten. Deshalb pflanzt man sie in Töpfe und Kübel, die wie Aukuben frostfrei, hell und luftig überwintert werden. Letzteres ist besonders wichtig, da bei geschlossenem Stand häufig star-

Die buntblättrigen Sorten des Spindelstrauches sind schöner als die grünblättrige Art.

ker Mehltaubefall auftritt. Während des Sommers gehören die Pflanzen an einen schattigen oder halbschattigen Platz im Freien. Man läßt sie stets ungestört wachsen, lediglich unschön an der Pflanze sitzende Triebe werden eingekürzt. Durch häufigen Gebrauch für Dekorationen unansehnlich gewordene Pflanzen können kräftig zurückgeschnitten werden. Im übrigen lassen sich die kleinblättrigen Sorten zu Kugeln, Säulen oder Hochstämmen formieren.

Die Vermehrung durch halbreife Stecklinge erfolgt vom Herbst bis zum Frühjahr. Bei 15–20° C bilden sie bald Wurzeln. Im Frühling werden die bewurzelten Stecklinge auf Beete ausgepflanzt und im Herbst in lehmige Erde eingetopft. Ein mehrfaches Stutzen sorgt für buschige Pflanzen. Es gibt viele Sorten, die sich durch Wuchs, Blattgröße, vor allem aber durch verschiedenartig weiß- oder gelbgezeichnete Blätter voneinander unterscheiden. Die meisten tragen lateinische Namen wie 'Argenteovariegatus', 'Albomarginatus', 'Aureomarginatus', 'Crispus', 'Microphyllus', 'Macrophyllus'. Die buntlaubigen Sorten sind etwas empfindlicher als die grünblättrigen und sollten im Winter etwas wärmer gehalten werden.

Griselinie – Griselinia G. Forst.

Aus dieser kleinen Gattung aus der Familie *Cornaceae* kommen zwei Arten als hübsche, aber selten einmal gezogene Kübelpflanzen in Frage. Es sind dies *Griselinia littoralis* und *Griselinia lucida*, beide aus Neuseeland, wo sie im Unterholz der Wälder große Sträucher oder kleine Bäume bilden. Ihren Namen erhielten sie zu Ehren von Francesco Griselini, 1717–1783, einem venetianischen Naturwissenschaftler.

Griselinia littoralis (Raoul) Raoul wird in ihrer Heimat ein bis 15 m hoher Baum mit nur dünnem Stamm, bei uns bildet sie als Kübelpflanze kleine, 1–2 m hohe Sträucher von leicht überhängendem Wuchs und gelblich-grünen, 2–10 cm langen, dicklichen Blättern, deren Nerven fast unsichtbar sind. Diese Art ist verbreitet in Wäldern des Tieflandes und der Gebirge, wo sie bis in die subalpine Zone emporsteigt.

Griselinia lucida G. Forst. ist im ganzen kleiner als die vorige Art, hat aber größere, glänzend gelblichgrüne, am Grunde auffallend ungleichseitige, sehr dicke und lederige Blätter mit sichtbaren Nerven. Ihre Verbreitung ist auf Wälder des Tieflandes beschränkt, wo sie häufig epiphytisch wächst und lange Wurzeln auf die Erde herabhängen läßt. In subtropischen Ländern, so im Mittelmeergebiet, werden Griselinien häufig in den Gärten angepflanzt, vor allem solchen in der Nähe des Meeres, weil die Pflanzen völlig unempfindlich gegen salzhaltige Luft sind. *Griselinia littoralis* wurde 1872 nach England eingeführt, nicht viel später kam sie auch nach Deutschland, wo sie gegen Ende des 19. Jahrhunderts in vielen Kalthäusern und Wintergärten zu finden war. Ihre besondere Schönheit liegt in dem bei älteren Pflanzen malerischen Wuchs und der gelblichen Belaubung. Heute möchte man ihnen wieder eine weitere Verbreitung wünschen, da sie nicht nur schön, sondern auch raschwüchsig und

Die Samen aller *Pittosporum*-Arten sind in eine harzige, sehr klebrige Masse eingebettet.

widerstandsfähig sind. Sie gedeihen in jeder nährstoffreichen lehmig-humosen Erde, auch in Fruhstorfer Erde, vertragen im Winter viel Schatten und verlangen einen gerade frostfreien, luftigen Stand. Während des Sommers gehören sie an einen schattigen oder halbschattigen Platz im Freien. Vermehrt wird durch halbreife Stecklinge, die bei mäßiger Bodenwärme das ganze Jahr hindurch wurzeln. Jungpflanzen hält man das erste Jahr hindurch bei 12–15° C, wenn möglich bei geringer Bodenwärme, um ein schnelles Wachstum zu erreichen. Am schönsten sind ältere, 1–2 m hohe, durch lockeren Wuchs und leicht überhängende Zweige auffallende Pflanzen. Man sollte sich ihrer wieder annehmen und die heute nur noch in manchen Botanischen Gärten gezogenen Sträucher vermehren.

Baumaster – Olearia
Moench

Von dieser etwa 100 Arten umfassenden Gattung aus der Familie *Compositae*, deren sämtliche Mitglieder strauch- oder baumartig wachsen und in Neuguinea, Australien und Neuseeland ihre Heimat haben, ist nur *Olearia paniculata* (J. R. et G. Forst.) Druce (*O. forsteri* (Hook. f.) Hook. t.) als eine vorzügliche, haltbare Kübelpflanze zu nennen. Alle übrigen sind zwar schöne Kalthauspflanzen für botanische Sammlungen, eignen sich aber nicht für dekorative Zwecke. *Olearia paniculata* ist eine Bewohnerin Neuseelands, wo sie von Meereshöhe bis 500 m vorkommt und meist in der Nähe der Küsten wächst. Bei uns ist sie ein reich verzweigter, hoher Strauch, in ihrer Heimat kann sie bis zu 7 m hohe Bäumchen bilden. Ihre Blätter sitzen wechselständig an gerillten, kantigen, filzigen Zweigen und sind 3–7 cm lang, lederig, unterseits angedrückt-grünweißfilzig mit stark gewellten Rändern. Nach England fand sie ihren Weg im Jahre 1866.

Der Name der Gattung hält die Erinnerung an Adam Ölschläger (latinisiert Olearius) aufrecht. Er lebte von 1603–1671, war ein deutscher Schriftsteller, Bibliothekar und Mathematiker, der im diplomatischen Auftrag Persien und Rußland bereiste und darüber in dem Buche „Offt begehrte Beschreibung der Newen Orientalischen Reise" 1647 berichtete.

Viele *Olearia*-Arten finden sich in subtropischen Gärten, wo sie willig wachsen und auch blühen. Im Topf gedeihen sie weniger gut, vor allem blühen sie dort nur sehr spärlich. Eine Ausnahme macht *Olearia paniculata*, über deren Pflege wenig zu sagen ist. Sie gleicht der anderer subtropischer Kübelpflanzen, muß also hell, luftig und kühl überwintert werden, im Sommer gehört sie an einen sonnigen, warmen Platz im Freien, etwa auf einen Dachgarten oder vor die Hauswand einer Terrasse. Vermehrt wird durch halbreife Stecklinge im Laufe des Spätsommers, die zur raschen Bewurzelung eine mäßige Bodenwärme verlangen.

Klebsamen
Pittosporum

Banks et Soland. ex Gaertn.

Fast hundert Jahre lang waren Arten der Gattung *Pittosporum* nur in botanischen Gärten zu sehen, seit jüngerer Zeit aber tauchen sie bei einigen Gartenverwaltungen größerer Städte auf und werden in steigendem Maße zur Schaffung grüner Inseln im Stadtgrün verwendet. Sie gedeihen dort sehr gut und scheinen ziemlich unempfindlich gegen Abgase zu sein. Ihr lockerer, malerischer Wuchs und ein schnelles Wachstum sind weitere Vorteile. Von den 150 in Tropen und Subtropen der östlichen Hemisphäre vorkommenden Arten werden bisher nur wenige, meist aus Australien und Neuseeland stammende, als Kübelpflanzen verwendet. All diese Arten sind immergrüne Bäume und Sträucher mit ganzrandigen, mehr oder weniger ledrigen Blättern und mit einzeln oder in seitenständigen Doldenrispen erscheinenden, nicht sehr großen weißen, gelben oder roten, besonders in den Abendstunden stark duftenden Blüten. Die Frucht ist eine Kapsel, in der die zahlreichen Samen in eine harzige, klebrige Masse eingebettet sind. Dies gab der Gattung ihren deutschen Namen Klebsamen und den lateinischen *Pittosporum*, das sich zusammensetzt aus dem griechischen *pitta* (= Harz, Pech) und *spora* (= Samen). Für Kübel empfehlen sich vor allem *Pittosporum revolutum* Ait., *Pittosporum tenuifolium* Gaertn. und *Pittosporum undulatum* Vent., aber auch andere Arten sind einen Versuch wert.

Da Samen auch bei Kulturpflanzen reichlich angesetzt wird, ist Aussaat bald nach der Reife die beste Art der Vermehrung. Sämlinge gehen bald auf und wachsen rasch zu größeren Pflanzen heran. Im ersten Jahr wird mehrfach gestutzt, um dadurch eine reiche Verzweigung zu erzielen. Später lasse man die Pflanzen ungestört wachsen. Als Erde eignet sich sowohl Fruhstorfer Erde als auch eine Mischung aus lehmiger Rasenerde, alter Lauberde und Torfmull zu gleichen Teilen. Überwintert wird hell und luftig bei 4–10° C, im Sommer stellt man sie sonnig ins Freie.

Pelzsame
Tarchonanthus L.

Ein heute sehr seltener, in vergangenen Jahrhunderten aber in jeder Orangerie gezogener Strauch ist der zu den Korbblütlern gehörende *Tarchonanthus camphoratus*. Der Gattungsname wurde gebildet aus dem griechischen *anthos* (= Blüte) und *tarchon* (*tharchun*), einem arabischen Namen für den Estragon *(Artemisia dracunculus)* wegen der auffallenden Ähnlichkeit der Blütenstände, *camphoratus* weist auf den starken Geruch der Blätter hin. Der von Linné-Houttuyn gegebene deutsche Name „Pelzsame" ist so bezeichnend, daß man ihn auch heute beibehalten sollte. Er nimmt Bezug auf die zottige Behaarung der Einzelblüte und Frucht. 1690 soll die Pflanze in England eingeführt worden sein, nach Deutschland kam sie nicht viel später, so schreibt Houttuyn 1773: „... man zieht es in Holland, England, Frankreich und Deutschland in Gewächshäusern."

Tarchonanthus camphoratus L. ist von Südafrika bis Äthiopien verbreitet und wächst dort als Strauch oder kleiner, selten über 5–8 m hoher Baum. Seine Blätter sind 7–12 cm lang bei 2,5–3,5 cm Breite, lanzettlich, länglich oder eiförmig, meist ganzrandig, graugrün, in der Jugend sehr flaumig, später oberseits fast kahl, unterseits filzig. Blüten erscheinen nur selten bei uns. Die Köpfchen sind etwa 1 cm breit, die Blüten purpurn. Was diesen Strauch so wertvoll macht, ist neben seinem oft malerischen Wuchs der ungemein starke Duft der Blätter, der dem Kampfer-, Salbei- oder Rosmarinduft ähnlich ist.

Pflege und Überwinterung ähnelt ganz der des Oleanders, nur darf er weniger gegossen werden. Der Ballen soll zwar stets feucht, aber nie längere Zeit naß sein. Vermehrung durch Stecklinge im April/Mai bei mäßiger Boden- und Luftwärme. Jungpflanzen werden mehrfach gestutzt, damit sie recht buschig werden, ältere Pflanzen dagegen läßt man ungestört wachsen, damit sie ihren schönen, natürlichen Wuchs nicht verlieren. Besonders Freunde duftender Pflanzen sollten sich des *Tarchonanthus* wieder erinnern. Jeder Terrasse und jedem Dachgarten gereicht dieser schöne Strauch zur Zierde.

Nothofagus antarctica wirkt während der Herbstfärbung besonders schön.

Bizarre Pflanzen

Acacia – Casuarina – Corokia – Eucalyptus – Nothofagus

Auf manche dieser bizarren und besonders fremdartig wirkenden Gehölze möchte man nicht verzichten, weil sie eine ganz besondere Note haben. Sie sollten für sich allein stehen, da sie sich nicht gut mit anderen Pflanzen vereinigen lassen.

Akazie – Acacia Mill.

Von den 750 bis 800 in vielen Teilen der Tropen und Subtropen verbreiteten Arten tragen etwa 300 keine Blätter, sondern blattähnliche Phyllodien, d.h. blattartig verbreiterte Blattstiele. Bei Sämlingen kann man die Entwicklung vom normalen, gefiederten Laubblatt bis zu Phyllodien verfolgen, ebenso bei der Schwarzholzakazie, *Acacia melanoxylon*, an der in jedem Alter der Übergang vom gefiederten Blatt bis zum Phyllodium in allen Stadien zu beobachten ist. Nach einem kräftigen Rückschnitt ist diese Entwicklung beim Neutrieb besonders instruktiv zu sehen. Fast alle Arten mit Phyllodien stammen aus Australien und Polynesien. Von der Gruppe der fiederblättrigen Akazien, von denen viele ihrer Blüten wegen gezogen werden, ist hier nicht die Rede, sondern nur von den so fremdartig wirkenden Arten mit Phyllodien. Nur am Rande sei erwähnt, daß es unter Akazien eine ganze Reihe von Nutzpflanzen gibt, darunter *Acacia senegal* (L.) Willd., dem in Senegal und einigen anderen afrikanischen Gebieten heimischen Gummiarabicumbaum, einem Dornstrauch, der beim Anzapfen der Rinde einen wasserlöslichen Klebstoff ausscheidet, der bereits bei Ägyptern, Griechen und Römern bekannt war. Der Name *Acacia* ist griechischen Ursprungs; er wurde abgeleitet von *ak* (= spitz).

Die meisten *Acacia*-Arten wurden zwischen 1780 und 1840 eingeführt, nur eine Art wesentlich früher, nämlich *Acacia farnesiana* im Jahre 1656. Um die Mitte des 19. Jahrhunderts müssen Akazien häufig in Deutschland gezogen worden sein, nennt doch Bosse 1840 etwa 100 Arten und schreibt dazu: „Die meisten der oben beschriebenen Arten u.a.m. sind in größeren deutschen Pflanzen- und Handelsgärten (namentlich bei J. Booth und Söhne zu Flottbeck bei Altona, Fr. A. Haage jun. in Erfurt, A. Schelhase in Cassel, in Herrenhausen bei Hannover) zu erhalten." Heute dagegen werden Akazien in Kübeln oder Töpfen ganz selten einmal angeboten, doch ist es leicht, sie aus Samen heranzuziehen.

Von den Phyllodien tragenden Arten können fast alle als Kübelpflanzen empfohlen werden. Besonders schön sind u. a. *Acacia armata* R. Br., *Acacia cyanophylla* Lindl., *Acacia cultriformis* A. Cunn. ex G. Don mit kurzen, fast dreieckigen Phyllodien, *Acacia drummondii* Lindl., langsam wachsend aber schön, häufig zum Blumenschnitt angebaut, *Acacia juniperina* Willd. mit fast nadelartigen Phyllodien und reichblühend, *Acacia longifolia* var. *floribunda* (Vent.) F. v. Muell., *Acacia melanoxylon* R. Br., *Acacia podalyriifolia* A. Cunn. mit zuerst weißlichen, kurzen Phyllodien, *Acacia pycnantha* Benth., *Acacia retinodes* Schlechtend., *Acacia saligna* (Labill.) H. L. Wendl. und *Acacia suaveolens* Willd.

Alle Akazien mit Ausnahme der an der Riviera zum Blumenschnitt angebauten Sorten, die aber als Kübelpflanzen kaum in Frage kommen und durch Veredlung vermehrt werden, sind leicht durch Aussaat zu vermehren. In der Regel keimen die Samen nach 2–6 Wochen, es kann aber auch vorkommen, daß sie ein bis zwei Jahre überliegen. Manche Arten wie *Acacia armata*, *Acacia drummondii* oder *Acacia longifolia* var. *floribunda* wird man aus halbreifen Stecklingen heranziehen müssen, da sie oft keinen Samen ansetzen. Die beste Zeit zum Stecken ist März/April und Juli/August. Sie werden in ein Sand/Torfmullgemisch ohne Bodenwärme in geschlossene Schalen gesteckt. Sämlinge der meisten Arten wachsen sehr schnell zu ansehnlichen Pflanzen heran, am besten in einer leicht sauren lehmig-humosen Mischung, in Fruhstorfer Erde oder TKS 2. Die Überwinterung erfolgt hell bei 2–10° C, am besten in einem Kalthaus oder einem hellen Raum der Wohnung. Im Sommer stehen sie in voller Sonne im Freien. Von März/April an sind sie wöchentlich zu düngen, denn nur gut ernährte Pflanzen entwickeln sich kräftig und wachsen rasch heran. Besondere Beachtung ist dem sorgfältigen Gießen zu schenken, denn schon ein einmaliges Austrocknen des Ballens kann den Tod herbeiführen. Rückschnitt wird zwar vertragen, sollte jedoch überall dort unterbleiben, wo man Wert auf natürlich und bizarr gewachsene Pflanzen legt.

Kasuarine, Känguruhbaum
Casuarina Adans.

Ihren Namen erhielt die Gattung nach dem Vogel Kasuar, wegen der bei manchen Arten feinen, überhängenden Zweige, die an die Federn dieses Vogels erinnern. Schon 1776 scheinen einige Arten in Kultur gewesen zu sein. Heute sind sie außerhalb botanischer Gärten wohl kaum einmal zu finden, und das zu Unrecht, da einige Arten mit ihren feinen, blattlosen Zweigen sich während des Sommers vor einer hellen, sonnigen Hauswand schön ausnehmen, vor allem durch das Schattenspiel ihrer grazilen Zweige auf der Wand.

Die Gattung *Casuarina* enthält etwa 40–50 Arten und kommt sowohl in den altweltlichen Tropen als auch von Australien bis Polynesien vor. Alle Arten dieser zu der

Eine typische australische Akazie mit Phyllodien.

kleinen Familie *Casuarinaceae* gehörenden Gattung zeichnen sich dadurch aus, daß die in Quirlen stehenden Blätter zu winzigen Schuppen oder Zähnen reduziert sind und die grünen Zweige Schachtelhalmen ähneln. Die Blüten sind einhäusig und unscheinbar. Die Arten wachsen baum- oder strauchartig, viele von ihnen in den Trockengebieten oder an den Küsten Australiens und Neukaledoniens. Einige liefern wichtiges Nutzholz.

Casuarina equisetifolia J.R. et G. Forst. ist weit verbreitet, so wächst sie in Nord- und Nordostaustralien, Neukaledonien, im tropischen Südostasien und den Maskarenen, außerdem ist die Art in vielen tropischen Ländern eingebürgert. Da sie unempfindlich gegen brackigen Boden und salzhaltige Winde ist, auch zur Befestigung sandiger Böden beiträgt, wird sie vor allem in der Nähe des Meeres häufig angepflanzt. Ihr hartes, rotes Holz ist als „Beefwood" bekannt. Diese Art wächst außerordentlich rasch und bildet 15–30 m hohe Bäume, deren Äste aufrecht oder ausgebreitet wachsen, während die Ästchen hängen und schachtelhalmartig gegliedert sind. Von anderen Arten finden sich bei uns häufiger *Casuarina stricta* Dryand. aus Südaustralien und Tasmanien sowie *Casuarina torulosa* Dryand. aus Ostaustralien, auffallend durch die besonders feinen Zweige. Alle drei Arten werden bereits 1840 neben einigen anderen von Bosse aufgeführt.

Man sollte Kasuarinen heute wieder häufiger ziehen, zumal Sämlinge sehr schnell zu großen Pflanzen heranwachsen. Wenn sie nach einigen Jahren zu groß geworden sind, kann man sie zwar zurückschneiden, doch leidet darunter ihre Schönheit beträchtlich. Deshalb sollte man regelmäßig für Nachzucht sorgen, am besten durch Aussaat im warmen Haus. Auch Stecklinge bewurzeln sich bei 20° C in einem geschlossenen Beet. Als Erde bewährte sich Fruhstorfer Erde oder eine lehmig-humose Mischung. Überwintert wird hell bei 5–10°C; von Mai bis Ende September gehören die Pflanzen an einen möglichst hellen und sonnigen Platz im Freien.

Zickzackstrauch
Corokia cotoneaster
Raoul

Der deutsche Name weist auf eine typische Eigenschaft der Pflanze hin, nämlich auf die zickzackförmig gebogenen und wirr durcheinander wachsenden Zweige, die diesen aus Neuseeland stammenden, bis 3 m hohen Strauch zu einer der bizarrsten Kübelpflanzen machen. Dazu kommen eine dunkle Rinde, winzige, rundliche, oberseits dunkelgrüne, unterseits weißfilzige, in den verbreiterten Stiel verschmälerte Blätter. Die leuchtend gelben Blüten erscheinen im Frühling zu 1–4 an den Enden kurzer Seitenzweige. Ihnen folgen rote oder gelbe Früchte. In ihrer Heimat gibt es sowohl Typen mit duftenden als solche mit geruchlosen Blüten. Das Vorkommen der Art beschränkt sich auf das Tiefland, Flußtäler und steinige Orte, wo sie häufig zusammen mit dem Myrtengewächs *Leptospermum* große Bestände bildet. Der Gattungsname stammt von den neuseeländischen Maori.

Corokia cotoneaster wurde 1875 in England eingeführt, in Deutschland aber kam sie erst zu größerer Verbreitung in den fünfziger Jahren dieses Jahrhunderts, wo sie, wie heute noch, als Jungpflanze bei der Bepflanzung von Schalen und Körben verwendet wird. Obwohl der Zickzackstrauch schon als kleine Pflanze hübsch ist, erreicht er seine volle Schönheit und Eigenart erst als ältere Pflanze, die vor eine helle Wand gestellt am schönsten wirkt, weil sich dort das dunkle, bizarre Gezweig am besten abhebt.

Überwintert wird bei 2–10° C im Kalthaus oder einem hellen, luftigen Raum des Hauses, etwa einem kühlen Treppenhaus. Als Erde eignet sich Fruhstorfer Erde genau so gut wie eine lehmig-humose Mischung. Die Vermehrung ist nicht schwierig, da krautige oder halbreife Stecklinge sich das ganze Jahr hindurch bei 15–20° C Bodenwärme bewurzeln.

Lange Zeit waren sich die Botaniker über die systematische Stellung der Gattung im Unklaren. So rechnete man sie zunächst zu den *Cornaceae*, später zu den *Saxifragaceae* und letztlich zu der von diesen abgespaltenen kleinen Familie *Escalloniaceae*.

Eucalyptus L'Hérit.

Die Gattung *Eucalyptus* wurde erst 1792 von dem Botaniker L'Héritier aufgestellt und erhielt ihren Namen im Hinblick auf eine Besonderheit im Blütenbau. Er setzt sich zusammen aus dem griechischen *eu* (= gut, schön) und *kalyptos* (= verhüllt, verdeckt), ein Hinweis auf die Blütenblätter, die einen Deckel oder eine Kappe bilden, die abgeworfen wird, wenn die Blüten sich öffnen. Die Gattung hat noch eine Reihe anderer Besonderheiten, so die der Heterophyllie, der Verschiedenblättrigkeit, das heißt, die Blätter der meisten Arten sind bei Sämlingspflanzen und Schößlingen anders gestaltet als bei älteren Pflanzen. Außerdem bieten die Blätter nicht wie bei unseren Laubbäumen die ganze Spreite dem Licht dar, sondern die Blattflächen stehen durch eine Drehung des Blattstieles stets senkrecht. Dadurch dringt das Licht tief in die Kronen, ja sogar bis auf den Boden des Waldes. Weiter ist merkwürdig, daß die Samen dieser riesigen Bäume nur klein, ja in manchen Fällen winzig sind. Soviel von einigen der Besonderheiten.

Eucalyptus, zu den Myrtengewächsen gehörend, sind Charakterpflanzen Australiens. Sie bilden dort einen großen Teil der Wälder, sind heute aber nicht auf diesen Erdteil beschränkt, sondern in vielen Teilen der Welt in wärmeren Gebieten als wertvolle Nutzpflanzen forstlich angebaut oder werden ihrer Schönheit wegen in Gärten und Parks verwendet. Außer einem zähen und harten Holz liefern sie medizinisch und technisch wertvolle, starkriechende ätherische Öle, die aus den Blättern gewonnen werden, sowie Gerbstoffe und Harze.

Alle *Eucalyptus* sind immergrüne Bäume, seltener große Sträucher, mit einfachen, ganzrandigen, harten Blättern, die bei der Jugendform waagerecht gestellt und gegenständig, bei der Altersform hängend und wechselständig sind. Das Auffallende an den Blüten, deren Kronblätter als Kappe abfallen, sind die zahlreichen weiß oder gelblich, selten rot gefärbten Staubblätter. Die Frucht ist eine harte, holzige, vierfächerige Kapsel, deren Deckel bei der Samenreife abspringt. Von den vielen Arten sind für Topf- und Kübelkultur vor allem die drei folgenden zu empfehlen, alle übrigen überlasse man botanischen Sammlungen. Eine der schönsten Arten überhaupt ist der Blaugummibaum, *Eucalyptus globulus* Labill. Er wird bis 60 m hoch und ist die in wärmeren Ländern am häufigsten angebaute Art. Sie wurde 1799 von Houston de La Billardière beschrieben und seiner rundlichen Samen wegen „*globulus*" (= Kügelchen) benannt. Als junge Pflanze hat sie einen jährlichen Zuwachs von 2–4 m Länge. Als Zierpflanze liegt ihr besonderer Wert in den bei Sämlingen und Jungpflanzen blaugrünen, weißlich bereiften, sitzenden, waagerecht gestellten Blättern.

Eucalyptus citriodora Hook. (= nach Zitronen duftend) wächst gegenüber der vorigen Art nur langsam und zeichnet sich durch den starken Zitronenduft der Blätter aus. In ihrer Heimat wird sie selten höher als 15 m, ist deshalb ihres langsamen Wachstums und köstlichen Duftes wegen für Kübelkultur ganz besonders geeignet. Als dritte Art ist *Eucalyptus gunnii* Hook. f.

zu empfehlen. Ihren Namen erhielt sie zu Ehren eines R. C. Gunn, der von 1808–1881 in Tasmanien lebte. Sie weicht von den beiden zuerst genannten Arten durch die bei der Jugendform kreisrunden, 2–5 cm breiten, bläulichgrünen Blätter ab. Da sie Rückschnitt gut verträgt, läßt sich die Jugendform erhalten, denn auch bei den danach erscheinenden Trieben und Schossen sind die Blätter rund; erst bei älteren Pflanzen werden die Blätter lanzettlich und hängend.

Die Kultur dieser drei Arten bereitet keinerlei Schwierigkeit, vorausgesetzt, man hat einen kalten, frostfreien Überwinterungsraum, sei es nun ein heller Keller, ein kaltes Zimmer oder ein Gewächshaus. Wichtig ist, daß die Wärme den ganzen Winter über 4–10° C nicht übersteigt. Von Mai bis zum Herbst stellt man sie an einen recht warmen und sonnigen Platz ins Freie, am besten in die Nähe des Hauses. Sie gedeihen gut in jeder lehmig-humosen und recht nährstoffreichen Erde, auch in Einheitserde, und verlangen vom Frühling bis in den Herbst hinein reichlich Wasser und Nahrung.

Während man *Eucalyptus citriodora* und *Eucalyptus gunnii* viele Jahre lang im Kübel halten kann, sie auch einen Rückschnitt nicht übelnehmen, wächst *Eucalyptus globulus* so schnell, daß man sich nach zwei, spätestens nach drei Jahren von ihr trennen muß. Da sie leicht aus Samen heranzuziehen ist und rasch wächst, ist dies kein großer Verlust.

Die Aussaat aller Arten erfolgt im Januar/Februar im warmen Zimmer oder Gewächshaus, wo die Keimung innerhalb von zwei bis drei Wochen erfolgt. Gleich nach dem Aufgehen werden die Sämlinge einzeln oder zu dritt in Töpfe gepflanzt und in einem kühlen Zimmer oder im Kalthaus weitergezogen. Bis zum Herbst sind die Sämlinge von *Eucalyptus globulus* 1–2 m hoch geworden. Die beiden anderen Arten wachsen wesentlich langsamer.

Scheinbuche – Nothofagus Bl.

Was die Buchen *(Fagus)* für die nördliche Halbkugel, das sind die nahe verwandten Scheinbuchen *(Nothofagus)* für die südliche Halbkugel. Sie unterscheiden sich von unseren Buchen u. a. durch ganz kurzgestielte, kleinere Blätter und die nur zu 1–3 in den Achseln der Laubblätter sitzenden männlichen Blüten, die bei *Fagus* zu vielblütigen Blütenständen zusammengefaßt sind. *Nothofagus* – der Name setzt sich zusammen aus dem griechischen *nothos* (= unecht) und *fagus* (= Buche) – umfaßt etwa 35 Arten, deren Verbreitung sich von Neuguinea, Neukaledonien, dem gemäßigten Australien, Neuseeland bis in das gemäßigte Südamerika erstreckt. Alle Arten

Die besondere Schönheit des Blaugummibaumes liegt in den weißlich bereiften, blaugrünen Jugendblättern.

sind sommer- und immergrüne Bäume und Sträucher.

Eine Art, die laubabwerfende *Nothofagus antarctica* (G. Forst.) Oerst. ist in den milderen Gegenden Deutschlands winterhart und eignet sich vor allem für kleinere, geschützt liegende Gärten. Gleichzeitig ist sie aber ihres bizarren Wuchses wegen eine vorzügliche Kübelpflanze. Stamm und Zweige haben in der Jugend glatte, schwärzliche Rinde mit weißen Lentizellenbändern, die vor allem im Winter auffallen. Die Blätter sind klein, nur bis 2,5 cm lang, glänzend grün, am Rande fein gekerbt und gewellt, außerdem sehr dicht gestellt. In ihrer Heimat, die sich vom südlichsten Südamerika und den chilenischen Anden bis Argentinien erstreckt, bilden sie bis 35 m hohe Bäume. Bei uns finden sich in den Gärten nur Pflanzen von wenig über 6–8 m Höhe. Die ersten Exemplare dieser Art kamen bereits 1830 nach England, gingen aber bald wieder ein. Alle heute in Europa gezogenen Exemplare stammen von Pflanzen ab, die H. J. Elwes 1902 aus Chile nach England brachte.

Auch andere *Nothofagus*-Arten eignen sich für die Kultur in Kübeln, so z. B. *Nothofagus betuloides* (Mirb.) Bl. aus Chile, *Nothofagus cunninghamii* (Hook. f.) Oerst. aus Tasmanien, *Nothofagus dombeyi* (Mirb.) Oerst. aus Chile, *Nothofagus obliqua* (Mirb.) Oerst. und *Nothofagus procera* (Poepp. et Endl.) Oerst., beide aus Chile und *Nothofagus solandri* (Hook. f.) Oerst. aus Neuseeland. Während *Nothofagus antarctica* auch in deutschen und holländischen Baumschulen gezogen wird, sind die anderen Arten schwer zu bekommen, am ehesten noch aus englischen Baumschulen.

Am besten erwirbt man in der Baumschule eine mehr oder weniger hohe, möglichst malerisch gewachsene Ballenpflanze und pflanzt sie in einen entsprechend großen Kübel in kalkarme, lehmige Erde, der

Auf unserem Bild erkennt man deutlich, wie die Kronblätter der *Eucalyptus*-Blüten als Kappe abgeworfen werden.

gehört durch ihren malerischen Wuchs, die kleinen Blätter und die eigenartige Rinde nicht nur zu den schönsten, sondern auch zu den am einfachsten zu haltenden Kübelpflanzen für Sonne und Halbschatten auf Terrasse oder Dachgarten. Hierfür kann man sie garnicht warm genug empfehlen.

man etwas Torf beifügen kann. Im Winter stellt man die Pflanzen in einen um 0° C gehaltenen Raum, wo ihnen auch ein gelegentlicher leichter Frost nicht schadet. Regelmäßiges Gießen und gelegentliches Düngen, ist alles, was sie verlangen. Jüngere Pflanzen werden ab und zu verpflanzt, ältere lasse man ungestört in ihrem Kübel sitzen, vergesse aber bei ihnen während der Wachstumszeit das regelmäßige Düngen nicht. Vermehrung aus Samen und Stecklingen ist möglich. *Nothofagus antarctica*

Nicht holzige, reichblühende Kübelpflanzen

Agapanthus – Crinum – Eucomis

In ihrem ganzen Habitus weichen die drei hier behandelten Gattungen von den holzigen Kübelpflanzen ab, sind aber, vor allem während der Blütezeit, nicht weniger dekorativ, und brauchen außerdem bei der Überwinterung weniger Raum. Ein nicht allzu dunkler, kühler Keller, ein von der Garage abgetrennter, frostfreier Raum, ein Platz unter der Stellage des kalten Gewächshauses genügt dafür. Von April an, wenn keine Fröste mehr zu befürchten sind, kommen sie ins Freie. Ist aber dann wirklich noch einmal ein Nachtfrost zu erwarten, sind sie ihrer geringen Höhe wegen leicht durch eine Strohmatte, eine Decke etc. dagegen zu schützen.

Liebesblume, Schmucklilie
Agapanthus L'Hérit.

Agapanthus (vom griechischen *agape* = Liebe und *anthos* = eine Blume) gehören zu den schönsten aller Kübelpflanzen. Die Gattung ist in Südafrika zu Hause und wahrscheinlich schon vor etwa 300 Jahren nach Europa gekommen. So ist überliefert, daß bereits 1692 ein *Agapanthus* in dem Königlichen Garten Hampton Court blühte. Es handelte sich bei ihm gewiß um *Agapanthus africanus* (L.) Hoffmgg., der 1679 in England eingeführt wurde. Diese Art ist schwieriger zu kultivieren als *Agapanthus praecox* und seine Unterarten sowie die wohl meist davon abstammenden Hybriden, weil sie im Winter keine Ruhezeit durchmacht und regelmäßig gewässert werden muß, während sie im Sommer ziemlich trocken zu halten ist. Wie die meisten anderen Arten ist sie bei uns wohl kaum noch echt in Kultur. Überhaupt scheint es, daß alles, was heute von *Agapanthus* gezogen wird, Auslesen und Kreuzungen sind, was bei der Neigung aller Arten, sich miteinander zu kreuzen, verständlich ist und auf eine lange Zeit gärtnerischer Kultur hinweist. Die meisten der bei uns gezogenen Arten gehören zu dem Formenkreis von *Agapanthus praecox* Willd. emend. Leighton (*A. umbellatus* Redouté non L'Hérit.) mit seinen drei Unterarten ssp. *minimus* (Lindl.) Leighton, ssp. *orientalis* (Leighton) Leighton und ssp. *praecox*. Eine Sonderstellung innerhalb der Gattung nehmen die im Winter ihr Laub verlierenden Arten ein, von denen einige wie *Agapanthus inapertus* Beauv. emend. Leighton auch bei uns in wärmeren Gegenden abgedeckt winterhart sind, sich aber nicht für Kübelkultur eignen.

Agapanthus praecox hat immergrüne, fleischige, grundständige, bis meterlange und bis 8 cm breite, frischgrüne Blätter.

Agapanthus gehören zu den schönsten aller Kübelpflanzen, auch sind sie leicht zu kultivieren.

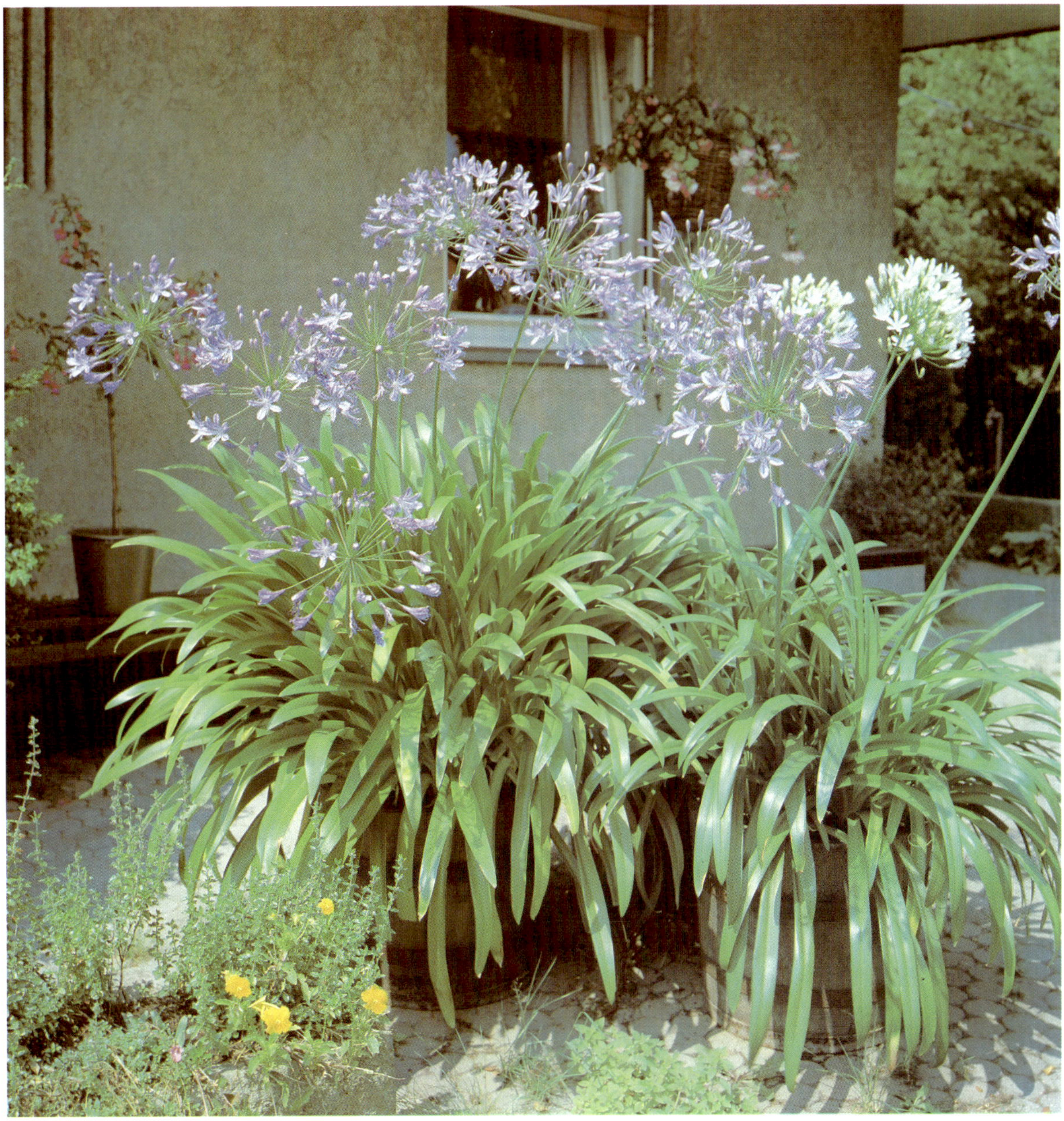

Der Blütenschaft wird bis 1,20 m hoch und endet in einer Dolde, in der bis zu 200 Blüten vereinigt sein können. Diese sind hell- bis dunkelblau, selten weiß, und erscheinen im Juli und August. Blätter und Blüten variieren bei den verschiedenen bei uns verbreiteten Auslesen ganz beträchtlich. Von Mai bis Ende September stellt man *Agapanthus* ins Freie an einen Platz mit voller Sonne, gießt sehr reichlich und düngt wöchentlich bis Anfang August. Überwintert wird frostfrei bei 5–8° C in einem Keller, der nicht allzu hell sein muß. Dort brauchen sie nur mäßig gegossen zu werden; stehen sie aber heller, etwa in einem Gewächshaus bei 8–10° C, ist der Wasserverbrauch größer. Es ist wichtig zu wissen, daß die Blüten schon im Winter angelegt werden, aber nur bei Temperaturen unter 15° C. An dem blühenden Trieb entstehen zwei Seitentriebe, von denen der eine im folgenden Jahr blüht. Die Erde sei lehmig-humos, also am besten eine Mischung von etwa zwei Drittel lehmig-humoser Rasenerde und einem Drittel alter Lauberde oder TKS 2, die beim Verpflanzen recht fest anzudrücken ist. Von häufigem Verpflanzen ist abzuraten, da gut durchwurzelte Pflanzen wesentlich reicher blühen als frisch verpflanzte, doch auch nur dann, wenn man sie wöchentlich düngt. Ihr Nahrungsbedürfnis ist sehr groß, was einen bei der Fülle der Blüten und angesichts der vielen Blätter nicht wundert. Die besten Typen werden im Frühjahr durch Teilung vermehrt. Auch Aussaat ist möglich, doch dauert es 3–5 Jahre, bis Sämlinge blühen, außerdem erhält man dabei einen Schwarm in Wuchs und Blüte uneinheitlicher Pflanzen.

Für eine Terrasse oder einen passenden Platz auf dem Dachgarten gibt es kaum etwas Schöneres als einen *Agapanthus*-Kübel, der natürlich am meisten durch seine im Sommer erscheinenden Blüten wirkt, aber auch ohne diese als frischgrüner Blattbusch beträchtlichen Schmuckwert hat. Wie bei der Verwendung aller Kübelpflanzen zeigt sich auch hier in der Beschränkung der Meister. Eine Häufung vieler *Agapanthus*-Kübel an einem Platz ist unschön, besser wirken sie als Einzelpflanze oder zu wenigen schön verteilt. Auch ist es möglich, mit einer Reihung mehrerer Kübel auf einer großen Terrasse einen lockeren Abschluß zum Garten hin zu schaffen, vor allem dann, wenn man die Kübel zur Hälfte in der Erde verschwinden lassen kann. Von der Bepflanzung größerer keramischer Gefäße sollte man absehen, denn die Wurzeln sprengen nach einiger Zeit die Wandung.

Hakenlilie – Crinum L.

Über 100 Arten dieser prachtvollen Amaryllisgewächse kommen in den Tropen und

Subtropen der Alten und Neuen Welt vor. Viele von ihnen wachsen besonders in der Nähe der Küsten. Die meisten Arten müssen bei uns im Warmhaus gehalten werden, *Crinum bulbispermum* und *Crinum moorei* sowie der Bastard zwischen beiden, *Crinum × powellii*, dagegen gehören zu den schönsten krautigen Kübelpflanzen, die zur gleichen Zeit wie *Agapanthus* blühen und wie diese zu verwenden sind. Auch sie wachsen zu stattlichen, von Juli bis September reichblühenden Pflanzen heran.

Crinum bulbispermum (Burm.) Milne-Redh. et Schweickerdt ist in Südafrika zu Hause, wo es besonders in Transvaal, Natal und dem nördlichen Kapland in Sümpfen und entlang der Flußläufe verbreitet ist. Dort wird die Pflanze seit ihrer Entdeckung „Orange River Lily" genannt. Über die Zeit der Einführung gehen die Angaben auseinander. Nach Boom wurde die Art bereits 1698 in Holland kultiviert, nach Gander erst 1750, nach Chittenden 1752 in England eingeführt. Charakteristisch für die großen Zwiebeln ist ihr langer zylindrischer Hals. Die graugrünen, 60–90 cm langen, bandartigen Blätter haben scharfe Ränder. Die großen, lilienartigen, weißen, außen rosa überlaufenen Blüten sitzen am Ende eines bis 60 cm hohen Blütenschaftes in 6–12 blütigen Dolden und duften sehr gut.

Crinum moorei Hook. f. kommt ebenfalls aus Afrika, wo es vom Ostkap bis Zululand verbreitet ist. Seinen Namen erhielt es zu Ehren von Dr. David Moore, 1807–1879, Kurator des Botanischen Gartens Glasnevin, Irland. 1874 wurde diese Art eingeführt. Die Pflanzen sind ähnlich *Crinum bulbispermum*, aber im ganzen größer. Die Blätter haben einen weichen Rand, der kräftige, bis 60 cm hohe Blütenschaft trägt 6–10 rosafarbene Blüten.

Crinum × powellii hort. entstammt einer Kreuzung der beiden obigen Arten und ist um 1885 entstanden. Sein Züchter war C. Baden Powell von Southborough, Tunbridge Wells. Die Zwiebeln dieses Bastardes sind kugelig und haben nur einen kurzen Hals, die Blätter schwertförmig, zugespitzt, glattrandig, 1 m und darüber lang. Der Blütenschaft ist zusammengedrückt, 60 cm lang und trägt eine Dolde mit 8 mehr oder weniger hängenden rosa oder weißen Blüten.

Crinum bulbispermum und *Crinum × powellii* sind gut abgedeckt in geschützten Lagen winterhart. Uns interessieren sie aber hier zusammen mit *Crinum moorei* als stattliche, reichblühende und haltbare Kübelpflanzen, die z. B. zusammen mit den zu gleicher Zeit blühenden *Agapanthus* auf einer Terrasse, einem Dachgarten, aber auch auf einem Balkon sehr wirkungsvoll sind. Dort kann man sich lange an ihnen freuen, da die Blüten sich nach und nach öffnen, sich also dadurch ihre Blütezeit über mehrere Wochen erstreckt.

In einen 40–50 cm großen Kübel pflanzt man 3–5 der großen Zwiebeln und zwar so, daß sie bis zum Ansatz des Halses in der Erde stehen. In Fruhstorfer Erde gedeihen sie genau so gut wie in einer sandigen, lehmig-humosen Mischung. Sind die Zwiebeln gut eingewurzelt, entwickeln sie je nach Art mehr oder weniger Nebenzwiebeln. Etwa zwei Jahre nach dem Einpflanzen blühen sie zum ersten Male und danach von Jahr zu Jahr immer reicher. Man lasse sie daher recht lange ungestört im gleichen Gefäß stehen. Keinesfalls sollte man sie früher als nach 5–6 Jahren durch Umpflanzen stören. Als Sumpfpflanzen sind sie, besonders aber *Crinum bulbispermum*, während des Sommers sehr reichlich zu gießen. Im Winter hält man sie frostfrei bei nur ganz geringen Wassergaben. *Crinum moorei* steht dann am besten in einem Kalthaus, während die beiden anderen wie *Agapanthus* auch in einem Keller oder einem ähnlichen Raume überwintert werden können.

Vermehrt wird am besten durch Teilung oder Abnahme der Nebenzwiebeln.

oben. In einer Dolde des *Agapanthus* können bis zu 200 der schönen blauen Blüten vereinigt sein.

unten. Die Blüten von *Crinum* × *powellii* öffnen sich nach und nach, darum kann man sich lange an ihnen freuen.

Schopflilie
Eucomis L'Hérit.

Von diesen merkwürdigen Liliengewächsen, die im Winter einziehen, eignen sich zwei einander sehr ähnliche Arten für Kübelkultur. Auf eine Eigenart weist schon der Gattungsname hin. Er setzt sich zusammen aus dem griechischen *eu* (= gut, schön) und *kome* (= Haar, Schopf), weil ihr Blütenstand in einen durch die obersten Deckblätter gebildeten, grünen oder gefärbten Schopf endet. Die meisten der etwa 14 Arten sind in Südafrika heimisch. Von *Eucomis bicolor* Bak. werden seit einigen Jahren regelmäßig Zwiebeln angeboten. Diese Art wird bis 60 cm hoch und hat längliche, bis 30 cm lange und 7–10 cm breite Blätter mit gekraustem Rand. An dem bis 50 cm hohen Schaft sitzen die Blüten in einer dichten, bis 30 cm langen Traube, die von einem Schopf eiförmiger, meist rot gerandeter Blätter gekrönt ist. Die Blüten sind hellgrün, die Abschnitte rot gerandet, die Staubfäden purpurrot. Ähnlich ist *Eucomis comosa* (van Houtte) Wehrh. (*E. punctata* (Thunb.) L'Hérit.). Ihre Blätter sind unterseits rot gefleckt, die duftenden Blüten grünlichweiß, die Traube lockerer. Im Gegensatz zu *Eucomis bico-*

Eine Eigenart der Blütenschäfte aller *Eucomis*-Arten liegt in ihrer Krönung durch einen Blätterschopf.

lor, deren Schopf aus 30–40 Blättern besteht, wird ihr Schopf aus nur 12–20 länglichen Deckblättern gebildet. Außer diesen beiden Arten wird hie und da noch *Eucomis undulata* Ait. (*E. autumnalis* (Mill.) Chitt.) gezogen, deren Blätter am Rande gewellt sind. Doch ist diese Art wegen der nur kurzen Blütenschäfte für Kübelkultur nicht geeignet. Alle sind einander sehr ähnlich und werden oft miteinander verwechselt. *Eucomis comosa* wurde 1783, *Eucomis undulata* 1760 und *Eucomis bicolor* erst 1878 in England eingeführt und kultiviert.

Im Spätwinter pflanzt man 3 Zwiebeln in einen 30–40 cm großen Kübel in lehmighumose, nährstoffreiche Erde. Bis der Trieb erscheint, wird nur ganz wenig gegossen. Ab Anfang Mai werden die Kübel dann im Freien aufgestellt, wo sie auf der Terrasse und dem Dachgarten gut zu *Agapanthus* und *Crinum* passen. Bei normalem Gießen und mehrmaligem Düngen, aber nicht länger als bis Anfang August, wachsen die Pflanzen gut und bringen im August/September ihre Blüten. Nach dem Abblühen vergilbt langsam das Laub und die Pflanzen kommen Anfang Oktober in ihr Winterquartier, wo sie bei 5–10° C an jedem dunklen Platz stehen können. Alle 4 oder 5 Jahre sollte man die Zwiebeln im März aus ihren Gefäßen herausnehmen und in neue Erde wieder einpflanzen. In den übrigen Jahren genügt es, im Spätwinter die oberste Erdschicht zu entfernen und durch neue Erde zu ersetzen. Beim Umpflanzen kann man einen Teil der Nebenzwiebeln zur Vermehrung abnehmen. Aussaat lohnt sich nicht, da es 5–6 Jahre dauert, bis Sämlinge zur Blüte kommen.

Von einigen Araliengewächsen

Zimmeraralie
Fatsia
Decne. et Planch.

Als Jungpflanze findet man die Zimmeraralie in vielen Stuben, in Treppenhäusern und an anderen Stellen des Hauses, wo die Temperaturen während des Winters niedrig liegen. Ihre volle Schönheit erreicht sie aber erst im Alter, wenn sich 2–5 m hohe, dünne, malerisch hin- und hergebogene Stämmchen mit einer dichten Krone der großen, immergrünen Blätter gebildet haben. Um schneller zu mehrtriebigen Pflanzen zu kommen, pflanzt man gleich 3–6 Jungpflanzen zusammen in einen Topf.

Fatsia japonica (Thunb.) Decne. et Planch. (*Aralia japonica* Thunb., *A. sieboldii* hort.) wächst als Unterholz in Wäldern nahe der See in Japan, auf den Riukiu-Inseln und in Südkorea. Dort ist sie überall recht häufig, aber auch in japanischen Gärten wird sie seit langem angepflanzt und zwar nicht nur in der grünblättrigen Art, sondern auch in Sorten mit gelb oder weiß gezeichneten Blättern. Diese stehen bei allen auf langen Stielen, sind lederig, dunkelgrün, 7–9 lappig und etwa 15 mal 40 cm groß. In der Jugend sind sie braunfilzig, später glatt und glänzend. Die weißen Blütchen stehen in runden, bis 4 cm breiten Dolden, die zu großen, endständigen Rispen vereinigt sind. Ihnen folgen von Oktober bis November runde, etwa 5 mm breite, saftige, schwarze Früchte.

Ihre Einführung verdanken wir wie die vieler anderer japanischer Pflanzen dem bedeutenden deutsch-holländischen Botaniker und Arzt Philipp Franz von Siebold, der von 1796 bis 1866 lebte. Er wirkte von 1823–1830 und ein zweites Mal von 1859–1862 in Japan. Interessant ist, daß er die Pflanzen nicht nur einführte, sondern in seiner in Leiden gelegenen Gärtnerei zunächst vermehrte und dann von dort aus in viele europäische Länder vertrieb, so auch Fatsia japonica 1852, buntblättrige Sorten 1859 und 1866. Der botanische Name der Gattung geht nach Marzell wahrscheinlich auf das japanische *hachi*, das früher *hatsi* umschrieben wurde und die Grundbedeutung von acht hat, zurück. Es wurde offenbar als Bezeichnung für die Pflanze benutzt.

Die Überwinterung der Fatsien erfolgt frostfrei bei 2–10° C, im Sommer verlangen sie einen schattigen oder wenigstens vor der Mittagssonne geschützten Platz. Besonders schön stehen sie vor einer hellen Hauswand, von der Schöpfe und Stämmchen sich gut abheben. Größere Pflanzen verlangen kleine Kübel, die schlanken Stämmchen wird man geschickt aufbinden müssen, da sie sich im Alter nicht selbst tragen. Man wähle den Stab aber nur so lang, daß das obere Drittel der Stämmchen frei steht und sich in die ihm genehme Lage einpendeln kann. So großblättrige Pflanzen wie *Fatsia* verlangen naturgemäß viel Feuchtigkeit, müssen also an heißen Tagen oft morgens und abends gegossen werden. Trockenwerden des Ballens verursacht schwere Rückschläge und schädigt die Blätter. Von April bis September sollte man die wöchentliche Düngung nicht vergessen, denn nur gut ernährte Pflanzen erreichen das Optimum ihrer Entwicklung. Die buntblättrigen Sorten sind empfindlicher als die reine Art und verlangen im Winter Temperaturen um 15° C, bei zu reichlicher Ernährung vergrünen sie leicht wieder. Sie werden am besten im Frühjahr auf entsprechend starke Sämlinge veredelt, während die reine Art nach der Samenreife im Warmhaus auszusäen ist. Zwar ist auch bei ihr Abstecken oder Abmoosen der Köpfe möglich, doch würde man dadurch der Stammpflanze ihre Schönheit nehmen. Als Erde eignet sich Fruhstorfer Erde genau so gut wie eine nährstoffreiche, lehmig-humose Mischung.

Die Sorte 'Moseri' soll langsamer, aber buschiger wachsen, doch erscheint es sehr fraglich, ob sie überhaupt noch echt in Kultur ist. Wahrscheinlicher handelt es sich bei allen heute aus Samen gezogenen *Fatsia* um Abkömmlinge der reinen Art oder deren Auslesen.

Die Schönheit der Zimmeraralien liegt in dem großen Schopf der stattlichen immergrünen Blätter.

Efeuaralie
× Fatshedera Guillaum.

1910 entstand in der französischen Baumschule Lizé Frères in Nantes der interessante Gattungsbastard × *Fatshedera* mit der bisher einzigen Art × *Fatshedera lizei* (hort. ex Cochet) Guillaum. und zwar aus einer Kreuzung von *Fatsia japonica* 'Moseri' × *Hedera hibernica*. Aber erst von 1926 an gelangte er zu einer weiteren Verbreitung. Um 1950 herum entstand eine Sorte 'Variegata' mit weiß gerandeten Blättern. Heute ist × *Fatshedera* eine viel gezogene Topfpflanze und sicher die jüngste aller Kübelpflanzen. Gut entwickelte Pflanzen erreichen eine Höhe zwischen 2 und 5 m und sind selbst dann noch von oben bis unten dicht beblättert. Ihre Stengel sind in der Jugend rostfarbig-flaumig, später kahl, die Blätter efeuähnlich, 10–25 cm lang und bis 25 cm breit, glänzend dunkelgrün. Erst im Alter erscheinen die *Fatsia*-ähnlichen Blütenstände, deren Staubblätter aber unfruchtbar sind; es entsteht also kein Samen und man ist ganz auf vegetative Vermehrung angewiesen. Dazu werden die Köpfe benutzt, außerdem die in Stücke geschnittenen Stengel, die in ein

Selbst im Alter noch ist × *Fatshedera lizei* von oben bis unten dicht mit großen Blättern besetzt.

warmes Vermehrungsbeet gesteckt je nach der Härte des Holzes mehr oder weniger schnell wurzeln. Um bald zu buschigen und auch im Alter nicht zu schmalen Pflanzen zu kommen, setzt man gleich drei der bewurzelten Stecklinge in einen Topf. Bei der Weiterkultur ist zu beachten, daß man ihnen eine etwas höhere Temperatur gibt als *Fatsia*-Sämlingen, da sie dann schneller heranwachsen. Die Sorte 'Variegata' ist empfindlicher und sollte bei der Anzucht, aber auch später etwas wärmer gehalten werden. Sonst sind die Ansprüche von × *Fatshedera* die gleichen wie die von *Fatsia*, sowohl was die Kultur als auch die Überwinterung angeht. Hervorzuheben ist noch ihre Widerstandsfähigkeit gegen die Luft unserer Städte.

Jüngere und ältere Pflanzen sind vorzüglich für Dekorationen aller Art zu verwenden, außerdem natürlich an schattigen und halbschattigen Stellen in Gartenhöfen, auf Dachgärten und Terrassen aufzustellen. In der Jugend halten sie sich von selbst aufrecht, werden sie aber älter und höher, muß man ihnen eine Stütze geben, da die Triebe dann doch recht schwank sind. Auch in geschlossenen, kühlen Räumen wie Wintergärten oder Eingangshallen sind sie gut zu verwenden und von großer Haltbarkeit.

Wie bei allen großblättrigen Pflanzen mit ledrigen Blättern sollte man die Blätter mit einem weichen Schwamm abwaschen, um die sich bildende Staubschicht zu entfernen.

Pseudopanax M. Koch

Diese etwa 10 Arten umfassende Gattung enthält immergrüne Sträucher und kleine Bäume teilweise recht bizarren Aussehens. Ihr Vorkommen beschränkt sich auf Neuseeland und Chile. Von ihnen kann *Pseudopanax crassifolius* (Soland. ex A. Cunn.) K. Koch als seltene, aber schöne Kübelpflanze hervorgehoben werden. Ihre Heimat ist Neuseeland, wo sie bis 15 m hohe Bäume bildet. Bemerkenswert ist die Vielgestaltigkeit der Blätter, die in den verschiedenen Lebensabschnitten völlig voneinander abweichen. An Sämlingen sind sie grob gelappt und 3–5 cm lang, später werden sie bei 2,5–5 cm Breite 30–70 cm lang und haben einen dornig-gezähnten Rand. Die ersten 20 Jahre wächst die Pflanze einstämmig und verzweigt sich nicht, erst nach dieser Epoche findet eine reiche Verzweigung statt und die Blätter werden 3–5 fingrig, um dann im Endstadium schließlich einfach zu sein. Eine gewisse Zeit lang lassen sich die verschiedenen Altersformen durch Abnahme von Stecklingen konstant erhalten.

Ihre Pflege gleicht völlig der von *Fatsia*, aber die Anzucht ist sehr viel schwieriger, da man kaum einmal zu keimfähigem Samen kommt.
So bleibt nur das viel Zeit in Anspruch nehmende abstecken. Die Bewurzelung findet am besten unter einer Wasserstaubvermeh-

rung statt. Selbst dabei werden aber manche der im Juli/August gemachten Stecklinge im Herbst nur Kallus gebildet haben. Diese bringt man im frühen Frühjahr auf ein 20–22° C warmes Vermehrungsbeet, wo sie dann in Kürze Wurzeln bilden. Handelt es sich bei *Pseudopanax* auch um eine seltene, nicht allgemein zu empfehlende Pflanze, so lohnt sich doch ihr Besitz für denjenigen, der einmal etwas ganz Besonderes haben will, vor allem aber für alle botanischen Sammlungen. Erst 1846 wurde *Pseudopanax crassifolius* in England eingeführt, wenige Jahre später war er auch in Deutschland zu haben, ist aber dort wohl nie über wenige botanische Gärten hinausgekommen, wo er auch heute noch zu den Seltenheiten gehört.

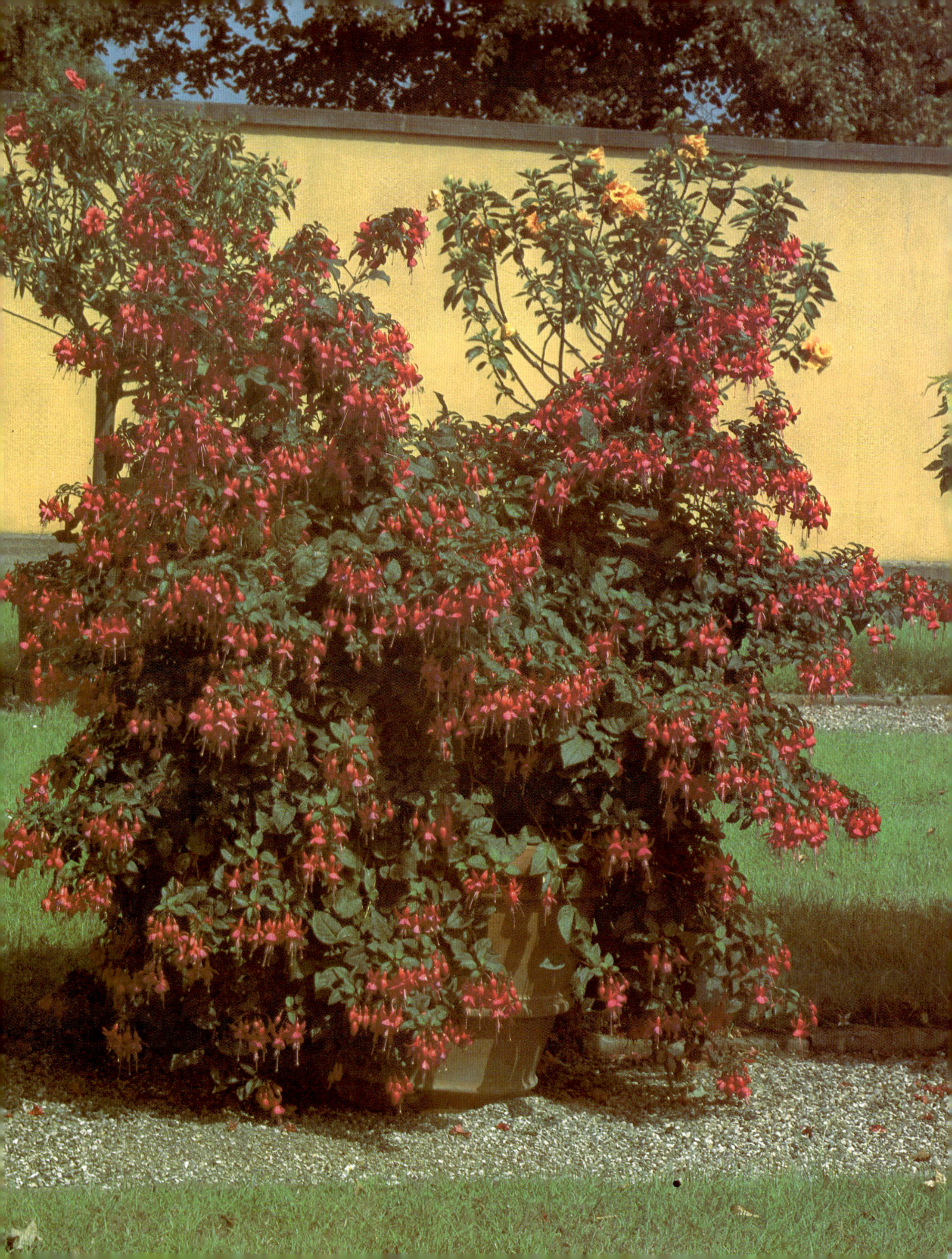

Fuchsien

Fuchsia L.

Fuchsien sind allgemein bekannt und beliebt als Beet-, Balkon- und Topfpflanzen. Nur wenige wie *Fuchsia magellanica* mit den Sorten 'Gracilis' und 'Riccartonii' eignen sich für die Bepflanzung von Kübeln. Sie werden 2–3 m hoch. Ihre Triebe sind in der Jugend recht dünn, die Blätter gegenständig oder zu dritt in Quirlen stehend. Die Blüten hängen wie die der meisten Fuchsien, haben eine karminrote Kelchröhre, rote Kelch- und purpurfarbene Blütenblätter. In großer Fülle erscheinen sie von Juni bis in den Herbst hinein. Beide Sorten sind leicht durch die bei 'Gracilis' kurzen und bei 'Riccartonii' langen Blütenstiele von einander zu unterscheiden, ('Riccartonii' soll zuerst in Riccarton bei Edinburgh aus Samen von den Falklandinseln gezogen worden sein). Beide sind unter einer guten Laub- oder Nadeldecke bedingt winterhart, in Kübeln jedoch müssen sie frostfrei überwintert werden. Am schönsten entwickeln sie sich während des Sommers an einem halbschattigen Platz, für pralle Sonne sind sie keineswegs geeignet.

links. Eine prächtige alte Pflanze von *Fuchsia* 'Beacon' aus den Herrenhäusern Gärten in Hannover.

rechts. Eine der schönsten und zierlichsten Fuchsien für Kübel ist *Fuchsia magellanica* 'Gracilis'.

Von anderen Sorten, die aber nicht so zierlich wie die beiden oben genannten wirken, empfiehlt Fessler in seinem ausgezeichneten Buch über Fuchsien – in dem ausführlich über Geschichte, Einführung, Sorten etc. berichtet wird – für Kübel noch die Sorten 'Angela Leslie' aufrecht wachsend, mit gefüllten, rosafarbenen Blüten, und 'Deutsche Perle', bereits 1874 von Turdy gezüchtet, mit cremeweißen Kelch- und hellroten Blütenblättern. Doch auch andere starkwüchsige Sorten entwickeln sich im Alter zu großen Pflanzen, so wie man sie z. B. in Herrenhausen bewundern kann.

Ihren Namen bekam die Gattung von dem bedeutenden Botaniker und Forschungsreisenden Plumier, der auf der dritten seiner Reisen, nach Santo Domingo (1689–1706), die erste Fuchsie und zwar *Fuchsia triphylla* fand und in einem 1703 erschienenen Werk erstmals abbildete. Der von ihm zu Ehren von Leonhard Fuchs gegebene Name wurde später von Linné übernommen. L. Fuchs (1501–1566) war ein bedeutender Botaniker, dem wir eines der schönsten Pflanzenbücher seiner Zeit, „De Historia stirpium commentarii ...", mit 511 ausgezeichneten Holzschnitten von Wild- und Gartenpflanzen verdanken. Es erschien 1542, eine deutsche Übersetzung als „New Kreüterbuch" bereits 1543.

Die Fuchsienzüchtung begann 1839 in England, ihr folgten nach und nach viele schöne Sorten, von denen einige wie die Sorte 'Beacon' noch heute viel gezogen werden. In Deutschland begann erst um 1850 die Züchtung, in Frankreich Ende der achtziger Jahre. Bis zum ersten Weltkrieg gehörten Fuchsien zu den beliebtesten Pflanzen, von denen viele Liebhaber, Schloß- und Herrschaftsgärtnereien große Sammlungen besaßen. Erst nach 1950 setzte erneut die intensive Beschäftigung mit Fuchsien, vor allem in den USA und in England ein. Bald darauf folgte Deutschland, das viele neue Sorten aus diesen Ländern einführte.

In Kübeln stehende Fuchsien werden in einem vor Frost geschützten Raum bei 6–8° C überwintert, so z. B. in einem kühlen Keller, wobei sie, vor allem bei dunklem Stand, alle oder doch die meisten Blätter verlieren. Von November bis zum Wiederaustrieb im Laufe des Februar werden sie ziemlich trocken gehalten. Erst mit beginnendem Austrieb wird nach und nach mehr gegossen und den Pflanzen ein hellerer Standort gegeben. Meist aber wird man größere Fuchsien mit ihren schweren Kübeln nicht einräumen wollen. In diesem Falle nimmt man die Pflanzen im Laufe des Oktober aus ihren Kübeln, schneidet sie bis auf zwei Drittel ihrer Länge zurück und pflanzt sie einzeln in entsprechende Töpfe, aus denen man sie Mitte Mai, nachdem man die alte Erde ausgewechselt hat, wieder in den alten Kübel setzt. Als Erde eignet sich vor allem Fruhstorfer Erde oder TKS 2;

darin wachsen sie ausgezeichnet, müssen aber nach dem Anwachsen regelmäßig, am besten wöchentlich, flüssig gedüngt werden. Will man dies vermeiden, breitet man vor dem Pflanzen 10 cm unter dem Topfballen eine fingerdicke Schicht Orgamin, Nettolin oder einen ähnlichen organischen Dünger aus. Dies danken einem die Pflanzen durch besonders üppiges Wachstum, ohne daß man wöchentlich düngen muß. Schon vor dem Auspflanzen sind alle Fuchsien mehrmals über dem dritten Blatt zu entspitzen, wodurch reichverzweigte, dichte Büsche gebildet werden. Nach dem Auspflanzen werden *F. magellanica* und ihre Sorten nicht mehr entspitzt, damit sich ihre langen, eleganten Triebe ungestört entwickeln können. Man sollte sich der Fuchsien in Kübeln für halbschattige Plätze wieder erinnern und viel häufiger verwenden, denn es gibt dafür kaum etwas Dankbareres, vor allem kaum eine über eine so lange Zeit hinweg blühende Pflanzenart.

Wenig bekannt ist, daß sich aus starkwachsenden Sorten wie 'Deutsche Perle' schöne, 1,80–2 m hohe Pyramiden formieren lassen. Solche zog der Vater des Verfassers zwischen 1910 und 1920 in der Kölner Stadtgärtnerei. Sie standen in quadratischen, etwa 50 × 50 cm großen und ebenso hohen, weiß gestrichenen Holzkübeln und wurden zur Flankierung eines auf ein Gebäude zuführenden Weges verwendet oder in einer Reihe vor einer Hauswand aufgestellt. Bis zu ihrer endgültigen Größe vergehen allerdings einige Jahre, und sie brauchen insofern viel Pflege, als sie, um ihre Form zu erhalten, stets vom frühen Frühjahr an sorgfältig gestutzt werden müssen. Mit Blüten behangen bieten sie den ganzen Sommer hindurch einen prächtigen Anblick. Nach meiner Erinnerung war es vor allem die alte Sorte 'Deutsche Perle', daneben aber auch einige andere starkwachsende Sorten, an deren Namen ich mich nicht mehr entsinne. Zur Anzucht ist zu sagen, daß in den Kübel von Anfang an 3–5 einjährige, bis unten voll beastete Pflanzen gesetzt werden. Man läßt sie natürlich auch im Winter in ihren Kübeln. Wichtig ist, daß bis zum erreichen der endgültigen Höhe alle Seitentriebe erhalten bleiben, die dann durch entsprechenden Schnitt und häufiges Stutzen im Laufe der Jahre eine dichte Pyramide bilden. Da sie in ihren Kübeln bleiben, erneuert man im Frühjahr die oberste Erdschicht und düngt sie Frühjahr und Sommer hindurch alle 14 Tage mit einem entsprechenden Volldünger. Solche zu Pyramiden geformten Fuchsien werden von Jahr zu Jahr schöner, erfordern aber einen geduldigen Gärtner.

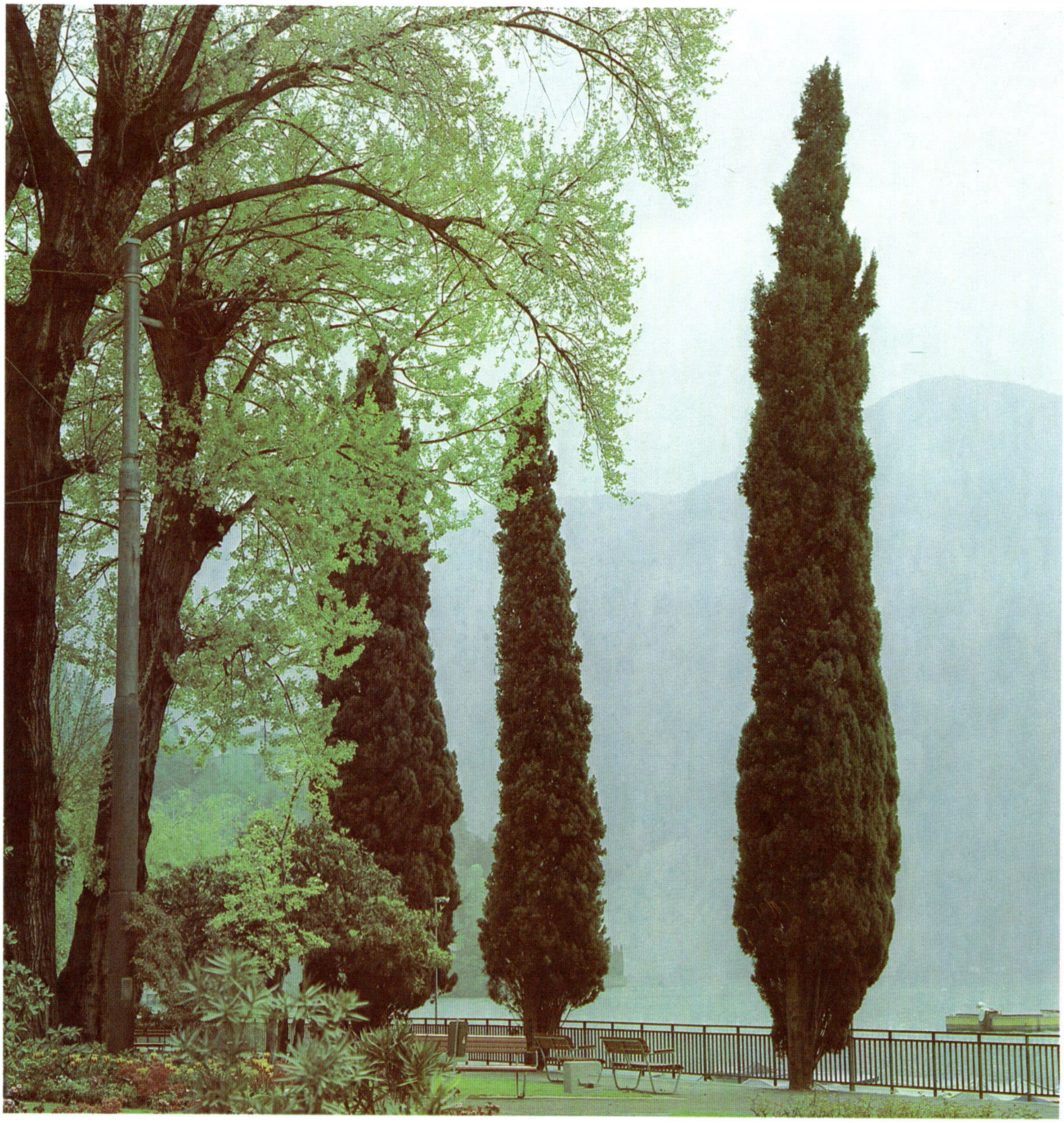

Zypressen und Pinien

Zu den Charakterbäumen Italiens und anderer Mittelmeerländer gehören Zypressen und Pinien, die wohl jedem, der einmal diese Länder besucht hat, in Erinnerung geblieben sind, weil sie das Bild vieler Landschaften prägen. Als Kübelpflanzen sind sie leicht zu halten und bringen ein Stück südlicher Vegetation auf Terrasse, Dachgarten oder in einen während der Sommerzeit südlichen Pflanzen gewidmeten Sondergarten.

Zypresse – Cupressus L.

Die ursprüngliche Heimat der Echten Zypresse, *Cupressus sempervirens* L., liegt im Himalajagebiet von Afghanistan und Nordwestindien, in Syrien, dem Iran, Kleinasien und dem östlichsten Teil des Mittelmeergebietes, so auf den Ägäischen Inseln und dem Peloponnes. Schon im Altertum wurde sie nach Italien gebracht und ist heute im ganzen Mittelmeergebiet eingebürgert. Ihres schweren, festen und dauerhaften Holzes wegen werden sie seit einiger Zeit in Italien, Südfrankreich, Jugoslawien, Griechenland, Zypern, der Türkei, Israel und Syrien forstlich angebaut. Über Aussehen, Geschichte, Sage und Nutzen

Zypressen prägen das Landschaftsbild weiter Teile Italiens, ebenso finden wir sie dort in vielen Gärten.

lesen wir bei Leunis in der zweiten, 1877 erschienenen Auflage der „Synopsis der Pflanzenkunde", einem auch heute noch für Botaniker und Pflanzenfreunde seiner ausführlichen Schilderungen wegen interessanten Werk, folgendes über die Zypresse: „C. sempervirens L., Gemeine Cypresse (cuparissos des Dioscorides). Ein 20–70 m hoher Baum Südeuropas, Kleinasiens und Nordafrikas, welcher mit aufrechten, gegipfelten, gleichhohen Ästen (*C. sempervirens* var. *fastigiata* DC.) oder mit herabhängenden Ästen (*C. s.* var. *horizontalis* L.) vorkommt und bei uns nur in Kübeln gezogen werden kann. Sie hat pyramidalen, unsern italienischen Pappeln ähnlichen Wuchs und vierkantige Ästchen mit ziegeldachiger, wintergrüner Belaubung. In der Cypresse erreicht die Nadelholzform ihre größte Starrheit. Sie wurde deshalb auch, sowie des düsteren Ansehens und des tiefen melancholischen Ernstes ihrer dunklen, himmelanstrebenden Pyramidenform wegen, schon von den Alten wie noch jetzt im Morgenlande um die Tempel und als Sinnbild der Trauer um Grabmonumente gepflanzt, wozu sich die Form mit hängenden Zweigen am besten eignet. Griechen und Römer weihten die Cypresse den Göttern, namentlich dem Pluto, wegen ihres Gebrauches bei Leichenfeiern. Ovidius läßt den Kyparissos, den Liebling des Apollo, darin verwandelt werden. Die Cypresse bildet in Süd-Griechenland, vorzüglich auf

Kreta und Kandia, Wälder, nördlicher ist sie nur angepflanzt, am Parnassus nur noch selten. Wegen der Härte, Dauerhaftigkeit, leichten Polierbarkeit und Farbe des Holzes eignet sich das Cypressenholz zu den feinsten Arbeiten, und Amor schnitzte aus Cypressenholz auch seine Liebespfeile. Die alten Ägypter gebrauchten das Holz zu ihren Mumiensärgen, und Plutarch wollte alle Gesetze auf Cypressenholz geschrieben wissen. Ob aber Vater Noah, wie Sprengel meint, seine Arche daraus gemacht habe, möchte wohl noch zweifelhaft sein; jedoch war Cypressen- und Cedernholz das gesuchteste zu den ältesten Schiffsbauten am Mittelmeere. Das häufig ausfließende Harz des Baumes verbreitet einen angenehmen, balsamischen Geruch, den die Alten für Schwindsüchtige heilsam hielten, weshalb besonders morgenländische Ärzte engbrüstige Kranke oft in die Cypressenwälder nach Kandia schickten. Früchte und Rinde dienen noch jetzt in der Türkei als zusammenziehendes Heilmittel. Das ätherische Öl des Holzes gebrauchten die Alten zum Einbalsamieren ihrer Leichen. Neuerdings wurde dasselbe als Wurmmittel empfohlen und vom Professor Lichtenstein ganz besonders zur Abhaltung der Insekten und deren Larven von naturhistorischen Sammlungen gerühmt." Dem ist wenig hinzuzufügen, außer vielleicht zwei Verse aus der Odyssee, die zeigen, wie früh Zypressen den Alten bekannt waren und in ihrem Leben eine Rolle spielten. So heißt es bei der Schilderung des Haines, der die Höhle der Kalypso umgab: „Draußen war grünender Wald rings um die Grotte gewachsen, Erlenbäume und Pappeln und duftende, dunkle Zypressen." An anderer Stelle vom Palaste des Odysseus: „Setzte sich auf die Schwelle aus Eschenholz zwischen den Türen, an den zypressenen Pfosten gelehnt, den der Zimmermann einstmals kundig geglättet hatte und grad gemacht nach der Richtschnur."

Wann die ersten Zypressen über die Alpen kamen und Bestandteil der Orangerien wurden, ist nicht mit Sicherheit zu sagen, doch wird dies wohl schon im Laufe des 16. Jahrhunderts gewesen sein, bestimmt aber wurden sie dort um die Mitte des 17. Jahrhunderts gepflegt.

Heute sind leider in weiten Teilen Italiens die Zypressen von einer Krankheit befallen, die sie sterben läßt und gegen die man noch kein Mittel gefunden hat. So sind bereits weite Landstriche, zu deren Wahrzeichen sie gehörten, von ihnen entblößt.

Nur in den wärmsten Teilen Deutschlands, wie z. B. auf der Insel Mainau, sind Zypressen bedingt winterhart. Aber auch dort überstehen sie, ohne Schaden zu nehmen, nur eine Reihe warmer Winter, deren Temperaturen nicht unter $-10°$ C fallen. Frösten bis -20 oder $-30°$ C sind sie nicht gewachsen. Deshalb ist es in fast allen Teilen unseres Landes sicherer, sie in Kübeln zu halten und von November bis Anfang April frostfrei bei einer Temperatur von wenig über 0° C zu überwintern. Dabei muß der Überwinterungsraum nicht allzu hell, aber gut lüftbar sein. Gegen leichte Fröste sind sie unempfindlich, weshalb wir sie länger als die meisten anderen Kübelpflanzen im Freien lassen können. Die Anzucht aus Samen ist leicht, gelingt aber nur dann, wenn sie ganz frisch sind, da sie nur kurze Zeit ihre Keimkraft behalten. In humose Erde gelegt und warm aufgestellt, keimen sie bereits nach kurzer Zeit. Sämlinge wachsen recht schnell heran. Die ersten Jahre hält man sie im Topf, später pflanzt man sie dann in Kübel, wo sie in jeder lehmig-humosen Erde gut gedeihen, im übrigen aber wie alle anderen Kübelpflanzen zu behandeln sind.

Pinie, Nußkiefer
Pinus pinea L.

Zu den Charakterbäumen Italiens gehören neben Zypressen vor allem Pinien, die heute in vielen Mittelmeerländern forstlich angebaut werden, zunächst aber nur der eßbaren Samen wegen angepflanzt wurden, später vor allem ihres charaktervollen Wuchses wegen in Gärten und Parks erscheinen. Auf einem 20–30 m hohen, graubraunen, rot gesprenkelten Stamm sitzt eine breit ausladende, schirmförmige Krone. Der Name *Pinus* war der lateinische Name für die Kiefer, vor allem aber für *Pinus pinea*. Sichere Berichte über ihr Vorkommen finden sich erst bei Cato und Plinius. Nach Hehn waren Pinien im Mittelmeergebiet wie so manche andere Pflanze nicht ursprünglich heimisch, sondern wahrscheinlich aus dem Osten eingewandert. Aber seit sehr langer Zeit gehören sie zu den Charakterbäumen vieler Landschaften, vor allem aber auch der Gärten und Parks. Besonders entlang der Küsten fühlen sie sich wohl, also überall dort, wo ein ausgeglichenes Klima herrscht und wo sie einen tiefgründigen, kalkreichen, sandigen und feuchten Boden finden.

Die 1–2 cm großen Samen reifen erst am Ende des dritten Jahres, ausgeschüttet aber werden sie erst nach dem Öffnen der Zapfen im vierten Jahre. Sie schmecken nußartig und wurden schon im Altertum gern gegessen. Unter dem Namen *Pinus domestica* finden wir Pinien bei Tabernaemontanus und anderen alten Schriftstellern. Ersterer schreibt über Früchte und Samen: „Seine Zapfen oder Zirbeln seyn groß/ aus vielen dicken/ harten und holzechten Schuppen zusammengesetzt/ unter welchen die harte holzechte Nüß stecken/ in welchen inwendig ein süßer/ weißer/ langlechter Kern liegt mit einem dünnen Häutchen überzogen." Aus dieser Beschreibung sehen wir, daß Pinien auch diesseits der Alpen seit langem bekannt waren. So wurden sie zwischen 1541 und 1560 bereits in dem schon einmal erwähnten Woyssel'schen Garten in Breslau zusammen mit Zypressen gezogen.

Aus frischen Samen lassen sich Pinien leicht heranziehen, doch dauert es lange, bis aus Sämlingen kleine, malerisch gewachsene Bäumchen entstanden sind. Darüber kann ein Menschenalter und mehr vergehen! Sämlinge und Jungpflanzen sind sehr vorsichtig zu gießen, da sie bei zuviel Nässe leicht faulen. Da Wurzelstörungen nur schwer überwunden werden, setzt man die Sämlinge gleich nach dem Aufgehen einzeln in Töpfe und verpflanzt sie, ohne dabei die Wurzeln zu stören, öfter einmal. Doch dauert es eine ganze Reihe von Jahren, bis sie so groß geworden sind, daß man sie in Kübel setzen kann. Da sie wärmebedürftiger sind als Zypressen, muß man sie stets vor Frost schützen. Im Winter sollten sie hell und luftig bei einigen Graden über dem Gefrierpunkt stehen, im Sommer setzt man sie ins Freie, wo ihnen besonders in der Jugend ein halbschattiger Platz lieber ist als einer in der vollen Sonne. Größere Pflanzen wirken vor einer hellen Hauswand besonders schön.

Pinus pinaster L. ist für Kübelkultur lange nicht so schön und deshalb nicht zu empfehlen, dagegen aber die schon in der Jugend reizvolle, langnadelige, malerisch wachsende, aus dem Himalaja stammende *Pinus roxburghii* Sarg. (*Pinus longifolia* Roxb. ex Lamb. non Salisb.). Ihr Vorkommen erstreckt sich von den Hochgebirgen Bhutans bis Afghanistan. Sie ist aber heute wohl kaum irgendwo im Handel zu erwerben, es sei denn man hat Verbindungen zu einem indischen botanischen Garten oder einer dortigen Samenhandlung, die sich mit solchen Besonderheiten befaßt.

Palmen sind für Menschen nördlicher Breiten Inbegriff des Tropischen. Im Bild eine prächtige Pflanze der Zwergpalme, *Chamaerops humilis*, der einzigen Palme, die im südlichen Europa wild vorkommt.

Palmen

Chamaerops – Howeia – Phoenix – Rhapis – Trachycarpus

Palmen sind für die Menschen nördlicher Breiten der Inbegriff des Tropischen, denen bei uns keine auch nur annähernd ähnliche Pflanzenformen entsprechen. Sie wirken daher auch so fremdartig, daß man bei ihrer Verwendung im Freien große Vorsicht walten lassen muß. Am besten stehen sie in der Nähe des Hauses auf der Terrasse, auf dem Dachgarten oder mit anderen subtropischen Pflanzen vereinigt in einem geschlossenen Sondergarten tropischen Charakters wie z. B. innerhalb eines Kurparks, wo die Menschen unter Palmen wandelnd ihren Brunnen trinken oder der Kurkapelle lauschen. Dort dürfen die Palmen den Charakter angeben, aber neben und unter ihnen sollten andere tropische und subtropische Pflanzen und Blumen nicht fehlen. Keinesfalls verwende man zusammen mit Palmen heimische oder aus anderen gemäßigten Gebieten stammende Stauden, sondern vielmehr Blütenpflanzen aus den Tropen wie Pelargonien, Lantanen, Fuchsien, Petunien und die große Zahl der Einjahrsblumen. Es gibt nur wenige Palmengattungen und -arten, die sich während des Sommers für die Aufstellung im Freien eignen. Die meisten Mitglieder dieser großen und eigenartigen Pflanzenfamilie wollen ganzjährig im Gewächshaus stehen.

Zwergpalme
Chamaerops humilis L.

Ihre Heimat liegt im westlichen Mittelmeergebiet, wo sie nicht nur in Nordafrika, sondern auch als einzige aller Palmen im europäischen mediterranen Gebiet vorkommt. Dort wächst sie vor allem auf Felstriften, Felsfluren und an ähnlichen Stellen, bisweilen sogar in riesigen Beständen. Meist ist sie buschförmig, doch bildet sie stellenweise, vor allem überall dort, wo sie nicht der Beweidung ausgesetzt ist, z. B. auf Friedhöfen und unzugänglichen Felswänden, mehrere Meter hohe Stämme, die in ihrem oberen Teil dicht mit Blattscheiden oder Blattnarben bedeckt sind. Die Blattstiele sind im Gegensatz zu denen der ähnlichen Gattung *Trachycarpus* scharf dornig, die Spreite bildet einen Halbkreis, ist steif und tief geschlitzt.

Der Name *Chamaerops* setzt sich zusammen aus dem griechischen *chamai* (= niedrig) und *rhops* (= Gesträuch). Wann die Zwergpalme ihren Einzug als Kübelpflanze in den Norden gehalten hat, ist nicht mit Sicherheit zu sagen; so wird von verschiedenen Quellen dafür das Jahr 1731 angegeben, nach Boom aber wurde sie bereits 1593 in Belgien kultiviert. Schon den Römern war die Zwergpalme bekannt. Wie damals wird sie auch heute noch gelegentlich zu Besen verarbeitet, aber auch als Speise genutzt. Bereits Galenus (129–199 n. Chr.)

erwähnt sie in seinen Schriften. Eine kurze Beschreibung und eine Abbildung findet sich bereits 1731 bei Tabernaemontanus.

Überwinterung und Pflege wie bei *Rhapis*.

Kentiapalme – Howeia Becc.

Die beiden bei uns gezogenen Arten, *Howeia belmoreana* (C. Moore et F. v. Muell.) Becc. und *Howeia forsteriana* (C. Moore et F. v. Muell.) Becc. stammen von den Lord-Howe-Inseln, einer in der Südsee gelegenen Inselgruppe. Die erste Art wurde 1858 in England, die zweite 1872 in Belgien eingeführt. Ihren Gattungsnamen verdanken sie dem Namen ihrer Heimat. *Howeia belmoreana* wurde zu Ehren des Earl of Belmore, der 1868 Gouverneur von Neusüdwales war, benannt, *Howeia forsteriana* nach einem William Forster, Senator in dem australischen Bundesstaat Neusüdwales. Schon bald nach ihrer Einführung waren diese schönen Fiederpalmen in Mitteleuropa weit verbreitet. Zwischen 1880 und 1914 gab es wohl keinen „Salon", kein „Gutes Zimmer", in dem nicht eine größere Kentiapalme, meist auf einer Holzsäule, stand und viel zum Charakter dieser Räume beitrug. Heute kommen diese Palmen nur noch selten vor. Vor allem deshalb, weil größere Pflanzen nicht mehr in unsere so viel kleineren Wohnungen passen, aber auch des geringeren Angebotes von Jungpflanzen wegen. Statt ihrer wird vielfach die Goldfruchtpalme, *Chrysalidocarpus*, verkauft, die sich aber nicht für die Aufstellung im Freien eignet.

Beide Arten bilden beim Älterwerden einen mehrere Meter hohen Stamm, der oben eine Reihe bis 3 m langer, leicht überhängender, dunkelgrüner gefiederter Wedel trägt. Die beiden Arten sind einander sehr ähnlich. Auf die geringen Unterschiede braucht hier nicht näher eingegangen zu werden, da sie auf Aussehen, Verwendung und Pflege keinen Einfluß haben. Jüngere Pflanzen gehören in das warme Zimmer oder einen anderen mäßig warmen Raum, ältere Pflanzen dagegen, wie man sie in manchen Botanischen Gärten, aber auch in größeren Stadtgärtnereien findet, kommen mit weniger Wärme aus. Während des Winters gedeihen sie bei Nachttemperaturen zwischen 8 und 18° C sehr gut. Größere Kentiapalmen können während des Sommers unbeschadet im Freien an einem warmen, vor Wind und Zug geschützten und, das ist wichtig, schattigen Platz stehen – so zum Beispiel in einem großen Gartenhof oder auf einer nach den Seiten geschlossenen, schattig gelegenen Terrasse. Mit ihren elegant überhängenden Wedeln wirken sie dort sowohl als Einzelpflanze wie auch zu Gruppen vereinigt sehr schön, doch gebe man ihnen keinen anderen Nachbarn, da dieser sich mit ihnen kaum vertragen würde. Sie gedeihen gut in Fruhstorfer Erde oder in TKS 2, dem man zu einem Drittel lehmige Rasenerde zufügen muß.

Dattelpalme – Phoenix L.

Eine unserer ältesten Kulturpflanzen ist die echte Dattelpalme, *Phoenix dactylifera* L. Als Wildpflanze ist sie heute nirgendwo mit Sicherheit bekannt. Schon im Altertum war sie als Kulturpflanze mit vielen verschiedenen Sorten weit verbreitet. Heute wird sie vor allem im nördlichen Afrika und Südwestasien angebaut, als Zierpflanze wächst sie in allen südlichen Ländern der Welt. Die Darstellung ihrer Geschichte würde den Rahmen dieses Buches überschreiten, darum sei hier nur kurz erwähnt, daß sie in Griechenland erstmals in der homerischen Zeit auftaucht und in der Odyssee in Kapitel 6 von Zeile 163 an erwähnt wird. In den orientalischen Ländern, wo sie heute noch in allen Oasen als die bestimmenden Pflanzen zu finden sind, dienten Datteln nicht nur dem eigenen Verbrauch, sondern wurden nach Griechenland, später auch nach Italien exportiert, wo nicht nur die Früchte Leckerbissen waren, sondern wo auch zu gewissen Festen die Palmwedel gebraucht wurden. Mit den Arabern gelangten Dattelpalmen bis nach Spanien. In katholischen Gegenden dürfen seit uralten Zeiten Palmwedel, und zwar die der Dattelpalme, am Palmsonntag in der Kirche nicht fehlen, ein Brauch, der auf die Tempelfeste der Antike zurückgeht.

Ehe die ersten Pflanzen nach dem Norden kamen, wurden die Datteln bereits als besonderer Leckerbissen nach Deutschland und anderen europäischen Ländern gebracht. Darüber gibt uns Hieronymus Bock in seinem 1577 erschienenen „Kreutterbuch" eine hübsche Auskunft. Er schreibt dort: „Wir wollen den grossen Herren diese speiß lassen/ die ohne das gerne essen was thewer ist. Ungesundtheit dörffte man wol nicht kauffen/ sie kommt zwar von ihr selber." Noch interessanter aber ist, daß Hieronymus Bock bereits Dattelkerne aussäte und sicher einer der ersten, wahrscheinlich jedoch der erste war, der dies getan hat. Er schreibt darüber recht instruktiv: „... der selben kernen hab ich etwann gesetzet/ seind auch aufgegangen/ brachten erstmals fingers lang schmale blettlein herfür/ anzusehen als der kleinen Schwerteln/ weitter konnt ich sie nicht bringen." Erst geraume Zeit später dürften Dattelpalmen in die Orangerien aufgenommen worden sein. Die Zeit ihrer Hauptverwendung aber fällt in die zweite Hälfte des 19. Jahrhunderts, der Zeit der Teppichgärtnerei. In ihr war es Brauch, daß die Mitte eines Teppichbeetes von einer kleineren oder größeren Dattelpalme eingenommen wurde. Heute findet man noch häufig kleinere Pflanzen bei vielen Liebhabern, aber auch große Kübelpflanzen in so mancher Kurgärtnerei, so z. B. während des Sommers in den schönen Kuranlagen von Bad Pyrmont. Diese wurden dort um die Jahrhundertwende aus Bordighera eingeführt.

Einer Beschreibung bedürfen Dattelpalmen wohl nicht, gewiß sind sie einem jeden bekannt. Die echte Dattelpalme, *Phoenix dactylifera*, hat sich so mancher schon einmal aus Dattelkernen gezogen. Diese Art ist aber nicht so schön wie die Kanarische Dattelpalme, *Phoenix canariensis* hort. ex Chabaud, die wohl erst um

Die hier gezeigte Kanarische Dattelpalme wirkt gefälliger als die ihr nahestehende Echte Dattelpalme.

1880 herum eingeführt worden ist, aber davor schon längere Zeit im Mittelmeergebiet als Zierpflanze in den Gärten stand. Sie wächst im ganzen lockerer und wirkt gefälliger als die echte Dattelpalme. Größere und kleinere Pflanzen werden auch heute noch aus Großgärtnereien an der Riviera eingeführt, meist nur mit Ballen, und hier dann in Töpfe oder Kübel gepflanzt.

Über die Pflege wäre zu sagen, daß alle *Phoenix* eine recht lehmige Erde wünschen, also etwa Fruhstorfer Erde oder eine Mischung aus etwa ¾ mürben Wiesenlehms oder lehmiger Rasenerde und ¼ alter Lauberde oder Torfmull mit einem Zusatz von ⅙ Sand. Die Erde muß beim Verpflanzen, besonders von größeren Kübelpflanzen, fest zwischen Ballen und Kübelwand angedrückt werden, am besten mit einem flachen Holz und zwar so, daß alle Hohlräume gut ausgefüllt sind. Beim Verpflanzen alter, wüchsiger, stark durchwurzelter Dattelpalmen kann man ohne Schaden den alten Ballen unten und an den Seiten mit einem scharfen Messer etwas verkleinern, damit man den neuen Kübel nicht zu groß wählen muß; die Pflanzen vertragen dies ohne Schaden. Durchwurzelte Exemplare sind wöchentlich zu düngen und stets reichlich zu wässern. Die Überwinterung erfolgt kühl und luftig, am besten bei Temperaturen zwischen 5 und 10° C, größere Wärme vertragen sie im Winter nicht. Wie alle Palmen sind *Phoenix* dankbar für ein gelegentliches kräftiges Abspritzen mit dem Schlauch, damit der Staub entfernt wird und sich keine Schädlinge einnisten können. Ab und zu tritt eine durch *Graphiola*-Pilze verursachte Blattschwielenkrankheit auf, die, auch vorbeugend, mit einem Zineb- oder Manebmittel oder Dithane Ultra bekämpft werden muß. Diese Erkrankung ist fast immer auf zu warmen und feuchten Stand, vor allem im Winter, zurückzuführen. Bei der Pflege halte man sich stets vor Augen, daß *Phoenix*, vor allem *Phoenix dactylifera*, Oasenpflanzen sind, die mit den Wurzeln im feuchten Boden stehen, mit den Blättern aber der heißen, austrocknenden Sonne und dem Wind ausgesetzt sind; also brauchen sie auch bei uns während des Sommers einen recht sonnigen und warmen Platz.

Steckenpalme, Rutenpalme
Rhapis L. f.

Diese eigenartigen, buschförmig wachsenden, kleinen Palmen treiben Ausläufer und haben rohrartige Stämme, die besonders im oberen Teil, dicht mit mehr oder weniger groben Fasern umhüllt sind. Auf ihren Habitus weist schon der aus dem griechischen gewählte Name *rhapis* (= Rute, Stab, Stecken) hin. Die beiden wohl ausschließlich gezogenen, einander sehr ähnlichen Arten wurden erst verhältnismäßig spät eingeführt, aber zwischen 1870 und 1914 sowohl als kleine Zimmerpflanzen wie auch als große Kübelpflanzen häufig gezogen und zwar nicht nur ihres dekorativen Aussehens wegen, sondern weil sie außerdem sehr widerstandsfähig sind und mit einem schattigen Stand vorliebnehmen.

Rhapis excelsa (Thunb.) Henry (*Rhapis flabelliformis* L'Hérit. ex Ait.) gelangte 1774 nach Kew Gardens bei London und war um 1840 auch in deutschen Sammlungen vertreten. Wahrscheinlich stammt die Art aus China, doch eingeführt wurde sie aus Japan, wo sie schon lange in den Gärten gezogen wurde. Ihre rohrartigen Stämme werden über 5 m hoch bei einer Dicke von nur 4–5 cm. Über und über sind sie in grobe Fasern eingehüllt. Die Blätter sind hand- bis fächerförmig und fast bis zum Ansatz des Stieles drei- bis zehnfach eingeschnitten.

Rhapis humilis Bl. stammt aus Südchina und wurde erst 1841 in Holland eingeführt. Sie ist der vorigen Art sehr ähnlich, aber in allen Teilen kleiner und gedrungener wachsend, mit nur 1–2 cm dicken Stämmchen, die von feineren Fasern umhüllt sind. Beide Arten sind in der Jugend schwer zu unterscheiden, aber für unsere Zwecke gleich gut geeignet.

Größere Kübelpflanzen sind nicht nur für Dekorationen zu verwenden, sondern erst recht während des Sommers im Freien. Sie stehen am besten an einem halbschattigen Platz, an dem sie nicht von der Mittagssonne getroffen werden, doch selbst an einer sonnenlosen, aber hellen Stelle kommen sie noch gut weiter. Durch ihren bambusartigen Wuchs und die kleinen Blattschöpfe sind sie weniger schwierig zu verwenden als andere Palmen. Besonders vor hellen Wänden in einem Gartenhof oder auf dem Dachgarten, aber auch auf der Terrasse wirken sie ebenso wie Bambusarten ganz besonders schön.

An die Pflege stellen sie keine besonderen Ansprüche. Wie *Chamaerops* werden sie hell, kühl und luftig, am besten bei Temperaturen zwischen 5 und 10° C, überwintert. Sie nehmen während des Winters mit verhältnismäßig wenig Licht vorlieb. Weiter verlangen sie eine schwere lehmige Erde, reichliches Gießen und während des Sommers wöchentliche Dunggüsse. Gegen Frost sind sie empfindlich, weshalb sie nicht vor Mai ins Freie gebracht werden sollten und im Laufe des Septembers bereits ins Winterquartier zu stellen sind.

Hanfpalme – Trachycarpus fortunei (Hook.) H. Wendl.

Sie ist wohl für unser Klima die härteste aller Palmen, die, ohne Schaden zu nehmen, einige Grade Frost verträgt. In den mildesten Gegenden Deutschlands, wie z. B. auf der Insel Mainau, hält sie sogar viele Jahre im Freien aus. Ihr botanischer Name leitet sich ab vom griechischen *trachys* (= rauh) und *karpos* (= Frucht). Unsere Art bekam ihren Namen zu Ehren von Robert Fortune (1812–1880), einem der bedeutendsten englischen Botaniker und

Pflanzensammler, der nicht nur die Teepflanze nach Indien brachte, sondern dem wir die Einführung vieler wertvollen Gartenpflanzen verdanken. Die Heimat von *Trachycarpus fortunei* erstreckt sich von Nordburma über Mittel- und Ostchina bis nach Südjapan. Nach Boom wurde sie bereits um 1795 in Frankreich eingeführt, nach Chittenden 1844 in England. Um die gleiche Zeit erwähnt sie auch Bosse für Deutschland.

Trachycarpus fortunei ist ein Baum mit einfachem, unbewehrtem, 4–12 m hohem Stamm, der in seinem oberen Teil dicht mit einem Fasernetz und alten Blattscheiden besetzt ist. Er wird gekrönt von einem Schopf fast runder, tief eingeschnittener, vielstrahliger Blätter, bei denen jeder Strahl zweispaltig ist. Die Blattstiele sind an den Rändern fein gezähnt und an ihrem Grunde tragen sie ein äußerst zähes Fasergewebe, aus dem in China Regenmäntel, Hüte, Matten, Besen, Tauwerk usw. hergestellt wurden.

Für die Überwinterung großer Pflanzen braucht man hohe, luftige Räume, die nicht allzu hell zu sein brauchen. Bereits Anfang April können sie ins Freie gebracht werden, wo sie einen möglichst sonnigen Stand haben sollten. Besonders schön wirken größere Gruppen aus verschieden hohen Pflanzen, denen man die im Habitus so ähnlichen Zwergpalmen, *Chamaerops humilis*, zugesellt. Doch kann auch eine einzelne Hanfpalme mit hohem Stamm, an der richtigen Stelle plaziert, von eindrucksvoller Wirkung sein. In milden Gegenden mit späten Frösten läßt man Hanfpalmen bis Anfang November im Freien stehen. Insgesamt sind sie also wesentlich länger im Freien zu halten als fast alle anderen Kübelpflanzen. Ihre Pflege gleicht der von *Chamaerops* und *Rhapis* und ist bei letzterer nachzulesen.

Das Pampasgras, *Cortaderia selloana,* wird 2–4 m hoch. Erst im Herbst bringt es seine langen, seidenartig glänzenden Rispen.

Bambusse und andere Gräser

Bambusse

Zu der großen Familie der Süßgräser, der *Gramineae,* gehören als Unterfamilie die *Bambusoideae,* die Bambusgewächse. Ihre Halme sind ausdauernd, holzig und oft aber sehr hoch, die Blätter immergrün, ihre Spreiten flach und häufig am Grunde stielförmig verschmälert. Die zu Ährchen angeordneten Blüten stehen in Rispen oder Trauben.

Vor allem die tropischen Arten, von denen manche bis 40 m hoch werden, sind als vielseitig verwendete Nutzpflanzen von großer Bedeutung für den Menschen. Fast alle der uns interessierenden Arten stammen aus China und Japan, Ländern, in denen sie in großer Vielfalt wachsen. Dort empfindet man ihre eigenartige Schönheit schon seit langer Zeit, so üben in China Hunderte von Künstlern seit einem Jahrtausend die Bambusmalerei aus, ebenso, aber nicht ganz so lange, in Japan. Die Schönheit ihres Blattwerks, einzelner Zweige und ganzer Pflanzen schlägt sich dort in Malerei und Holzschnitt nieder.

Nach Europa kamen die ersten Bambusarten verschiedener Gattungen erst in der zweiten Hälfte des 19. Jahrhunderts. Sie stammten aus China und Ostasien und waren mehr oder weniger winterhart. Ihre Zahl blieb sich seit 100 Jahren annähernd gleich. Erst in den siebziger Jahren dieses Jahrhunderts erwachte neues Interesse an diesen schönen und interessanten Gräsern, und man führte neue Arten nach Europa, so auch nach Deutschland, ein. Viele von ihnen müssen auf ausreichende Winterhärte noch geprüft werden.

Es ist nur wenig bekannt, daß viele Bambusarten zu den schönsten Kübelpflanzen gehören. Und zwar sind sie nicht nur schön, sondern auch sehr haltbar. Alle hohen und mittelhohen Arten lassen sich in Kübel pflanzen, dabei kann man sowohl winterharte als auch gegen Kälte empfindlichere Arten verwenden. Besser als Arten mit langen Ausläufern eignen sich solche, die mehr buschig wachsen. Wie bei den Palmen gehört viel Fingerspitzengefühl dazu, ihnen in Gärten und Parks den richtigen Platz einzuräumen. Am besten stehen sie für sich allein, so z. B. vor einer hellen Hauswand, auf welche die Sonne die Schatten ihrer Halme und Blätter wirft. Es gibt kaum etwas Reizvolleres, als in Muße sich der Beobachtung dieses Schattenspieles hinzugeben. Auch einem geschlossenen Hof vermögen ein oder mehrere Bambusbüsche ein ganz eigenes Gepräge zu geben, ebenso einem Dachgarten, wo man ihnen einen vor Wind geschützten Platz geben sollte. Verschieden hohe Arten lassen sich gut miteinander verbinden. Sie bringen Bewegung in das Bild. Besonders reizvoll ist es, ihnen einige niedrige japanische Pflanzen zuzugesellen, wie z. B. ganz niedrig bleibende Bambusarten wie *Arundinaria pygmaea* und *Arundinaria pumila*, *Ophiopogon japonicus* und *Ophiopogon planiscapus* sowie einige immergrüne Farne.

Meist wird man Pflanzen der ein oder anderen Art aus Staudengärtnereien oder Baumschulen beziehen können. Man pflanzt sie in Kübel entsprechender Größe in eine lehmig-humose Erde. Aber auch nicht ganz winterharte chinesische oder ostasiatische Arten eignen sich für die Kübelkultur, doch müssen sie frostfrei überwintert werden. Dazu genügt ein luftig und frostfrei zu haltender Raum, der nicht allzu hell zu sein braucht. Hier kann man auch die winterharten Arten überwintern, vor allem, wenn man keinen geeigneten Platz im Freien hat, an dem man die Kübel so mit Laub eindecken kann, daß der Frost nicht in die Erde dringt. Ein Umpflanzen ist bei größeren Pflanzen nur dann nötig, wenn die Kübel bis an den Rand mit Trieben und Wurzeln besetzt sind. Dann wird man aber nicht nur umpflanzen, vielmehr vorher die Pflanzen in zwei oder drei Stücke teilen, da ein zu dichter Busch oft nicht mehr den gewünschten lockeren Effekt hervorbringt, auf der anderen Seite aber auch Kübel und Büsche zu groß werden und deshalb schwer zu transportieren sind. Teilung ist nicht ganz leicht, man benötigt dazu Beil und Spaten, da die Ballen völlig mit den zähen und festen Wurzeln und Rhizomen durchzogen sind. Während des Sommers brauchen alle Bambusarten reichliche Bewässerung und einen wöchentlichen Dungguß.

Alle Arten sind schön, deshalb sollen sie hier nicht im einzelnen vorgestellt werden, um so weniger, als man bei ihnen mehr als bei anderen Pflanzen darauf angewiesen ist, gerade das zu nehmen, was einem angeboten wird, und das sind in der Regel nur ganz wenige Arten. Doch ist anzunehmen, daß dies in Zukunft besser wird, da durch das steigende Interesse und Neueinführungen auch hier Spezialangebote zu erwarten sind. Es soll nicht verschwiegen werden, daß einige Arten im Spätwinter und Frühling durch das Abfallen alter Blätter eine Zeitlang unschön aussehen und viel Schmutz machen. Dies ist besonders bei dem häufig angebotenen *Thamnocalamus spathaceus* (*Sinarundinaria murielae*) der Fall.

Andere Gräser

Außer verschiedenen Bambusarten sollen noch einige andere, nur bedingt winterharte Gräser vorgestellt werden. Sie lassen sich nämlich gut in Kübeln halten und sind vom Sommer bis zum Herbst von großer Wirkung. Manche kann man sogar im Freien überwintern, wenn man die Kübel so gut mit Laub oder einem anderen Material eindeckt, daß der Frost den Ballen nicht erreicht. Ebenso gut zur Überwinterung

Arundo donax, eines der stattlichsten Gräser.

eignet sich jeder luftige, frostfrei gehaltene Raum, der sogar dunkel sein darf. Erst wenn der neue Trieb beginnt, muß man sie ans Licht stellen. Als Erde eignet sich jede nahrhafte, lehmhaltige Gartenerde. Ein wöchentlicher oder zweiwöchentlicher Dungguß tut ihnen besonders wohl und regt zu üppigem Wachstum an. Ist nach mehreren Jahren ein Verpflanzen nötig, nimmt man sie aus dem alten Kübel heraus, teilt sie in etwa drei Teile und pflanzt einen davon ins gleiche Gefäß wieder ein. Die beste Zeit dazu liegt im Frühjahr beim Wiederaustrieb.

Riesenschilf, Pfahlrohr Arundo donax L.

Jedem, der durch Italien fährt und dabei die Landschaft aufmerksam betrachtet, ist sicher ein hohes, schilfartiges Gras aufgefallen, das an feuchten Stellen, in Sümpfen und entlang der Wasserläufe wächst, aber auch als Windschutz an vielen Ackerrändern steht. Es ist dies das Pfahlrohr, *Arundo donax. Arundo* und *donax* sind im Lateinischen Namen für verschiedene Rohrarten. Ursprünglich ist die Pflanze in Italien gewiß nicht heimisch gewesen, wahrscheinlich kommt sie aus dem Orient, wurde aber schon im alten Ägypten benutzt, wo man unter anderem Halmstücke als Kiel zum Schreiben auf Papyros nahm. Ebenso wie in Ägypten wurde das Pfahlrohr aber auch im ganzen Mittelmeergebiet angepflanzt und zur Herstellung von allerlei Flechtwerk wie Matten und Körbe, zum Decken von Dächern und als Stütze für die Weinreben verwandt. Nördlich der Alpen soll es nach Boom bereits 1305 gezogen worden sein, nach anderen Quellen wesentlich später, sicher jedoch in Frankreich im 16. Jahrhundert. So schreibt bereits Lobelius (1538–1616) in seinem

1576 erschienenen Werk „Plantarum seu stirpium Historia" das folgende über das Pfahlrohr: „In Languedok ist es bekannt genug, man trifft es überall in den Gärten und an anderen angebauten Plätzen an. Die Bauern nehmen davon Stöcke für die Spinnrocken ihrer Weiber, und Querstangen, um die Fenster festzuhalten; man krümmt es auch in Bögen zu Lauben und ähnlichen Zierrathen in den Gärten, und steckt es ein um die Weinstöcke daran zu befestigen." Tabernaemontanus in seinem „New vollkommentlich Kreuterbuch", zuerst 1613 erschienen, schreibt ähnliches, vor allem, daß es in Deutschland bereits in fürstlichen Gärten gezogen wurde. Unter anderem sagt er dort: „Das erste Geschlecht ist das zahme Rohr/ welches in unserem Lande allein/ wie auch in Frankreich in den Lustgärten der großen Herren gezielet wird. In Italien pflantzet man dasselbige Rohr in großer Menge/ ... daraus machen die Einwohner Pfähle und Stützen zu den Weinreben/ wann ander Holtz mangelt." Und letzteres ist heute noch genauso wie damals.

Arundo donax L. ist ein 2–4 m hohes Gras mit reichbeblätterten, verholzten, 3–4 cm starken Trieben und einem kurzkriechenden, im Alter holzigen Rhizom. Die Halme sind von oben bis unten mit wechselständigen, flachen, graugrünen, lanzettlichen, 30 cm langen und 5–6 cm breiten Blättern besetzt. Zum Blühen kommt das Pfahlrohr in unseren Breiten nicht, doch machen es die hohen, reichbeblätterten Halme auch so für uns interessant. Im Freien ist es allerdings nur unter guter Decke winterhart. Man pflanzt es dort in die Nähe von Wasserbecken und Wasserläufen. Aber auch als Kübelpflanze ist dieses Riesengras reizvoll, besonders in Verbindung mit anderen tropisch wirkenden Pflanzen. Doch sollte man es nur dort verwenden, wo man die Kübel einsenken oder durch andere geeignete Einrichtungen vor dem Umfallen bewahren kann, außerdem sollte es in voller Sonne an einem windgeschützten Platz stehen. Von Anfang Oktober bis Mitte Mai sind die Kübel frostfrei zu überwintern, etwa in einem luftigen, kühlen, gerade frostfrei zu haltenden Raum, der nicht hell zu sein braucht. Beim Einräumen schneidet man die Triebe nur soweit zurück, daß die Pflanzen in ihr Winterquartier passen, erst Ende März entfernt man den restlichen Teil der Halme kurz über dem Boden. Die Kübel sollten nicht zu klein und mehr breit als hoch sein. Im Sommer brauchen sie als Sumpfpflanzen sehr viel Wasser und außerdem reichliche Ernährung durch regelmäßige Dunggüsse. Kleiner als die Art ist die nur etwa 2 m hoch werdende Sorte 'Versicolor' mit weißgestreiften Blättern. Sie findet dort ihren Platz, wo der grünblättrige Typ zu hoch ist und wo die Buntblättrigkeit nicht störend wirkt.

Pampasgras
Cortaderia Stapf

In unseren Gärten bewundern wir im Herbst die weißen Federbüsche des Pampasgrases, das leider aber in kalten Wintern trotz Schutz immer wieder erfriert. Nur wenige wissen, daß es auch eine gute Kübelpflanze ist. Allerdings sollte man es so aufstellen, daß die Menschen mit ihm nicht in Berührung kommen, denn die scharfen Blattränder könnten sonst leicht zu einer Verletzung führen. So gebrauchten denn auch nach Leunis die Weiber der Eingeborenen von Chile die scharfrandigen, schneidigen Blätter dieses Grases zum Durchschneiden der Nabelschnur.

Der Name *Cortaderia* wurde abgeleitet von dem argentinischen Namen des Grases, die Art bekam ihren Namen zu Ehren des deutschen Botanikers, Gärtners und Pflanzensammlers Fritz Sello (1789–1831), dem große Sammlungen von Pflanzen aus Brasilien und Uruguay zu verdanken waren. Er begleitete den Prinzen von Wied von 1815–1817 auf seiner berühmten Reise in das Innere Brasiliens. Leider ertrank er schon 1831 in den Fluten des brasilianischen Franciscostromes. Das Pampasgras ist in Südbrasilien, Argentinien und Chile weit verbreitet. Bereits 1848 soll es in Deutschland gezogen worden sein. Nach Bosse blühte es schon im November 1844 in Glasnevin bei Dublin.

Cortaderia selloana (Schult. et Schult. f.) Aschers. et Graebn. (*Gynerium argenteum* Nees) bildet große Horste und wird 2–4 m hoch. Die Blätter sind lang und schmal, am Rande mit scharfen, feinen Zähnen besetzt, meist über einen Meter lang und sich graziös zur Erde neigend. Die Halme tragen im Herbst 40–80 cm lange, stark verästelte, seidenartig glänzende, silberweiße Rispen, die bei den weiblichen Pflanzen auffallender als bei den männlichen sind. Deshalb sollte man nur die ersteren ziehen. Das setzt voraus, daß man diese durch Teilung oder durch Abtrennen und Einpflanzen einzelner Sprosse vermehrt. Bei der Aussaat bekommt man beide Geschlechter, die man aber erst an ihrer Blüte unterscheiden kann.

Das Pampasgras ist eine prächtige Kübelpflanze, die frostfrei zu überwintern ist. Ein luftiger, frostfreier Keller, der durchaus auch dunkel sein kann, genügt dazu. Im November schneidet man die Blütenstände ab, beläßt aber die Blätter an der Pflanze. Damit sie nicht hinderlich sind, bindet man sie beim Einräumen am besten zusammen. Erst im April schneidet man auch sie kurz über der Erde ab. Sobald danach der Trieb beginnt, sind sie heller zu stellen, bis man sie Mitte Mai ins Freie bringt, wo sie einen Platz in voller Sonne

Von allen buntblättrigen *Miscanthus*-Sorten blüht die hier abgebildete 'Variegatus' am reichsten.

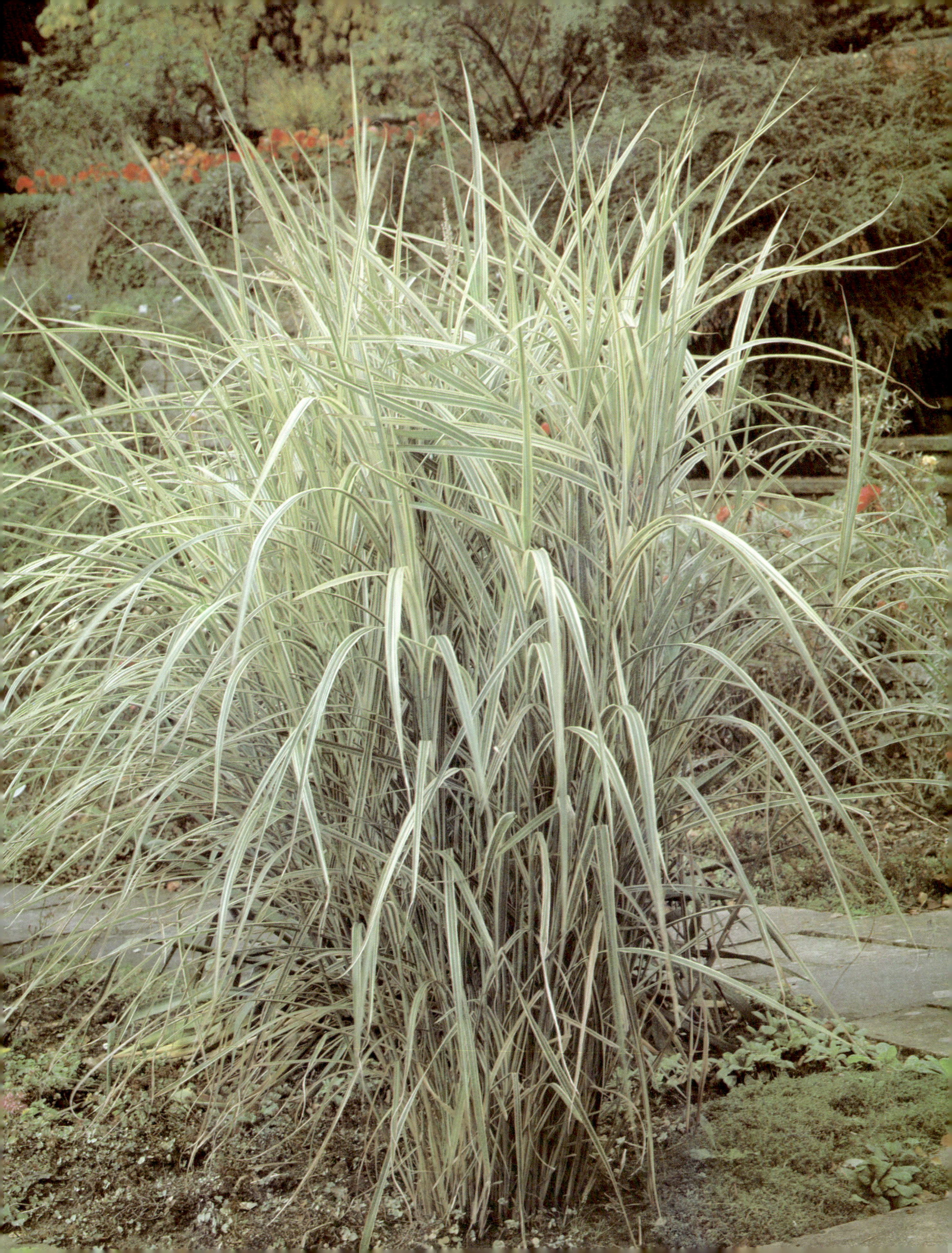

beanspruchen. Beim Einpflanzen kommt auf den Boden des Kübels eine 5 cm hohe Dränageschicht, etwa aus Topfscherben und Sand, damit beim Gießen alles überschüssige Wasser fortlaufen kann, denn nichts vertragen die Pflanzen weniger als stehende Nässe im Gefäß. Im Winter braucht nur wenig gegossen zu werden, gerade soviel, daß der Ballen nicht austrocknet, im Sommer dagegen verlangen sie eine reichliche Bewässerung und alle zwei Wochen einen Dunguß. Nur dann entwickeln sie sich zu voller Schönheit.

Chinaschilf, Eulalie
Miscanthus Anderss.

Für die Kultur im Kübel eignet sich nur *Miscanthus sinensis*. Er wächst in Japan, auf den Südkurilen, in Korea, China und Thailand wild, hat also eine sehr weite natürliche Verbreitung. In Japan kommt er an Gebirgshängen und im Tiefland sehr häufig vor. Seine Geschichte in unseren Gärten ist nicht alt. Der Typ soll 1875 in Belgien, die Sorten etwas später eingeführt oder kultiviert worden sein. Im Freiland ist dieses schöne und stattliche Gras mit seinen Sorten im allgemeinen winterhart, doch ist es empfehlenswert, die Wurzelballen im Herbst mit Laub einzudecken, damit der Frost nicht in den Boden eindringen kann, denn in sehr kalten, vor allem auch schneelosen Wintern erfrieren sie, besonders die buntlaubigen Sorten, doch hin und wieder.

Miscanthus sinensis (Thunb.) Anderss. (*Eulalia japonica* Trin.), Chinaschilf oder Eulalie, bildet 1,5–2,5 m hohe Büsche mit faserigem Wurzelstock und linealischen, übergeneigten, fein-gezähnten, 70–90 cm langen und 20–22 mm breiten Blättern mit dicker Rippe. Die einfachen, stielrunden Halme haben auffallend glatte Knoten und eine breite, federbuschähnliche, dolden- oder fächerförmige, aus 20–30 cm langen, seidenartig behaarten Ähren zusammengesetzte Rispe. Die Art ist sehr variabel, so sind denn auch eine ganze Anzahl von Sorten in Kultur, vor allem die folgenden: 'Giganteus', bis 3 m hoch, mit überhängenden, grünen Blättern, nur sehr spärlich blühend; 'Gracillimus', schmalblättrig, mit feinem, weißem Mittelstreif, in England seit 1888 in Kultur; 'Variegatus' ('Vittatus'), in USA seit der Zeit um 1873 in Kultur, 1,50–2,00 m hoch, Halme und Blätter mit weißen Längsstreifen, überhängend, meist im Herbst sehr reichblühend; 'Zebrinus', das Zebragras, seit 1877 in England kultiviert, wie vorige Sorte, aber Blätter mit dichten, weißlichgelben und grünen Querbändern; ähnlich ist auch die Sorte 'Strictus'. Es werden auch noch andere Sorten angeboten, zum Teil Auslesen aus den oben genannten, doch viele von ihnen sind identisch mit den hier aufgeführten.

Die Kultur in Kübeln ist völlig problemlos. Die Überwinterung erfolgt frostfrei, kühl und dunkel. Erst im Mai erscheint der neue Trieb, und die Pflanzen können wieder ins Freie an einen recht sonnigen Platz gestellt werden. Beim Einräumen läßt man die Blätter an den Pflanzen und bindet sie mit einer Schnur zusammen. Erst im April schneidet man sie dicht über der Erde ab. Im Sommer wird reichlich gegossen und regelmäßig bis zum August gedüngt. Die Erde sei lehmig-humos und nährstoffhaltig. In kühlen Regensommern wartet man vergeblich auf die schönen Blütenstände, denn diese erscheinen nur in warmen Sommern, vorzüglich in einem langen, warmen Herbst. Eulalien wirken zusammen mit den hier behandelten anderen Gräsern und Bambusarten besonders schön.

Um die Sorten echt zu erhalten, wird durch Teilung vermehrt.

Federborstengras
Pennisetum L. C. Rich.

Eines der stattlichsten und schönsten Gräser ist *Pennisetum latifolium* Spreng. (*Gymnothrix latifolia* Schult. non J. S. et K. B. Presl), eine Art, die in Brasilien und von Peru bis Uruguay und Argentinien weit verbreitet ist. Sie hat kurze, dicke Rhizome. Ihre Halme sind sehr kräftig, fast fingerdick, aufrecht und 1,50 bis 3 m hoch, an den Knoten stark behaart, im oberen Teile verzweigt und an den Ästen die Blütenstände tragend. Ihre Halme sind von oben bis unten beblättert. Die Blätter sind breitlanzettlich, 30–60 cm lang und 2,5–6 cm breit, dunkelgrün, metallisch schimmernd. Die Blütenstände erscheinen im Sommer und Herbst. Nach England eingeführt wurde diese Art 1869.

Dieses stattliche Gras ist eine vorzügliche Kübelpflanze, die man vor allem mit Bambus und den anderen hier beschriebenen Gräsern zusammen verwenden sollte. Es will wie diese einen sonnigen Stand, im Sommer reichliche Bewässerung und gute Ernährung. Im übrigen ähnelt seine Kultur ganz der von *Arundo donax*, nur ist nicht ganz so reichlich zu gießen.

Es gibt noch einige andere Arten, die hie und da gezogen werden: *Pennisetum alopecurioides* (L.) Spreng. (*Pennisetum compressum* R. Br., *Pennisetum japonicum* Trin., *Pennisetum purpurascens* (Thunb.) O. Kuntze non H. B. K.), *Pennisetum setaceum* (Forsk.) Chiov. (*P. rueppelianum* Hochst.) und *Pennisetum villosum* R. Br. ex Fresen. (*Pennisetum longistylum* hort. Vilm.), von denen die beiden letzten, obwohl an sich ausdauernd, jährlich neu aus Samen gezogen werden. Sie werden dann schon im März im Warmhaus ausgesät, damit sie bis zum Auspflanzen im Mai bereits eine gewisse Größe erreicht haben. Ihre Überwinterung lohnt sich nicht.

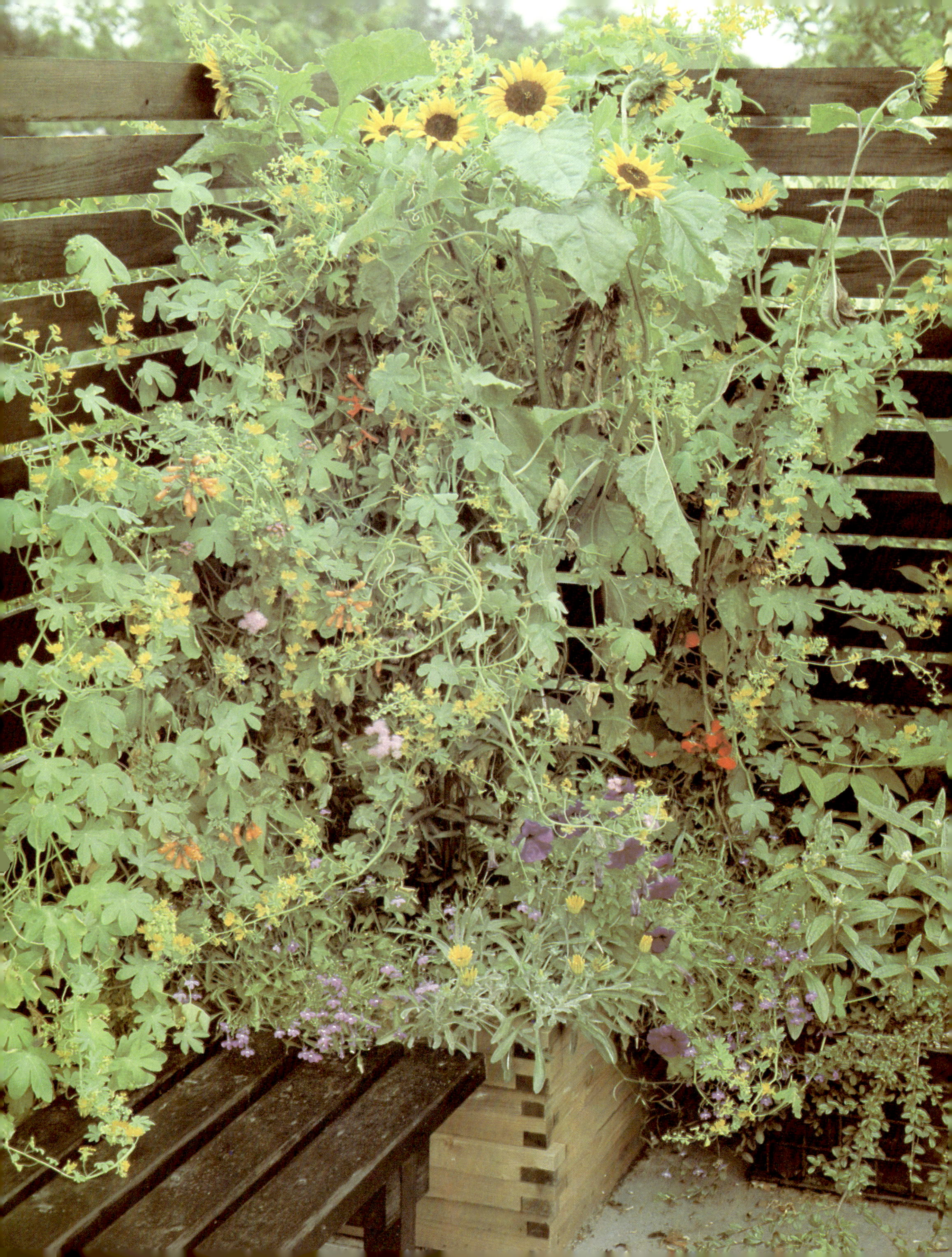

Aus Rhizomen oder Samen heranzuziehende Kübelpflanzen

Canna – Helianthus – Nicotiana – Solanum – Zea

Alle bisher behandelten Kübelpflanzen bedürfen eines geeigneten Überwinterungsraumes. An diesem aber fehlt es in vielen Fällen, vor allem bei privaten Pflanzenliebhabern. Deshalb jedoch brauchen sie auf Pflanzen in Kübeln nicht zu verzichten, denn es gibt eine Reihe schöner, hochwachsender und dekorativer Gewächse, die im Spätwinter ausgesät, im Mai in Kübel gepflanzt, sich bis zum Hochsommer zu stattlichen Pflanzen entwickeln und uns mit ihrer Schönheit bis zu den ersten Nachtfrösten erfreuen. Wie viele der ausdauernden Kübelpflanzen können auch sie auf eine lange Geschichte zurückblicken. Hinweise darauf sowie auf Anzucht und Kultur werden bei den einzelnen Arten gegeben.

Blumenrohr – Canna L.

Alle heute gezogenen *Canna* sind hybriden Ursprungs. Ihre Eltern sind nicht mehr genau bekannt, doch werden *Canna coccinea*, *Canna flaccida*, *Canna glauca* und *Canna indica* an ihrer Entstehung beteiligt gewesen sein. Die Züchtung begann in den vierziger Jahren des vorigen Jahrhunderts und hat sich bis heute fortgesetzt. An den Züchtungen der letzten Jahrzehnte sind

Kaum zu glauben, daß diese Blütenfülle zu ihrer Entwicklung nur wenige Monate gebraucht hat.

neben Paul Schmid, Donzdorf, vor allem seit 1880 Wilhelm Pfitzer und seine Nachfolger beteiligt. Ihnen sind besonders schöne Sorten zu verdanken. Für Kübelkultur sind vor allem die hochwachsenden zu empfehlen. Unter den *Canna*-Hybriden gibt es solche mit grünen und mit rotbraunen Blättern sowie mit gelben, rosafarbenen und roten Blüten in den verschiedensten Tönungen.

In den letzten 150 Jahren sind sicher zwischen 1000 und 2000 Sorten entstanden, von denen aber nur wenige erhalten sind. Doch gab es schon vorher *Canna* in fürstlichen und bürgerlichen Gärten. So waren sie bereits zwischen 1586 und 1599 in dem Garten des Laurentius Scholz in Breslau vorhanden, und Elsholz führt in seiner Schrift „Vom Gartenbaw" 1672 unter den in den kurfürstlichen Gärten gezogenen Gewächshauspflanzen auch das Blumenrohr auf. 1731 lesen wir bei Tabernaemontanus-Bauhin, „Neu vollkommen Kräuter-Buch", u. a.: „... wird allein in der großen Herren Lustgärten gezielet und gepflanzet/ und gehört ein großer Fleiß darzu wann man es aufbringen wil/ daß es Blumen und Saamen bekomme/ dazu es die Kälte gar nicht leiden kan. Es wird aber fein zu seiner volkommenen Zeitigung aufgebracht/ in den churfürstlichen schönen Lustgarten zu Heidelberg."

Alle *Canna*-Arten stammen aus dem tropischen Amerika, wo viele in Sümpfen und entlang der Flüsse wachsen. Schon bald nach der Entdeckung Amerikas aber wurden sie nach Afrika und Asien eingeführt, wo sie nicht nur in den Gärten standen, sondern bald daraus auswanderten und verwilderten. So glaubten Linné und andere ältere Botaniker, daß *Canna indica* „in den heißesten Erdstrichen von Asien, Afrika und Amerika zu Hause" seien, was uns zeigt, wie sehr sie sich den Lebensraum anderer tropischer Erdteile schon damals erobert hatten. Der Name kommt vom griechischen *Kanna* (= Rohr, Schilf).

Heute gehören *Canna* zu den dankbarsten Beetpflanzen für Gärten und Parks, wo sie von Ende Juni bis zu den ersten Frösten im Herbst ununterbrochen blühen. Genau so gut wie auf Beeten kann man sie aber auch in großen Kübeln oder anderen Gefäßen ziehen und auf eine Terrasse, einen Dachgarten oder in einen sonnigen Gartenhof stellen. Die Rhizome werden, nachdem man im Herbst die Stiele handhoch über der Erde abgeschnitten hat, aus den Kübeln herausgenommen und mit einem Teil der anhaftenden Erde in einem Gewächshaus oder einem Keller bei 8–10° C überwintert. Um beim Auspflanzen im Mai bereits große Pflanzen zu haben, empfiehlt es sich, die Rhizome bereits im März einzupflanzen und im Gewächshaus bei 12 bis 16° C anzutreiben. Bei warmem und sonnigem Wetter ist stets reichlich zu lüften. Als Erde zum Eintopfen und zur späteren Weiterkultur eignet sich Fruhstorfer Erde oder eine lehmig-humose Praxismischung. Beim Eintopfen in den 16 cm großen Topf legt man drei der dicken Rhizome hinein. Je nach der Größe des Kübels pflanzt man Mitte Mai ein oder mehrere Töpfe in das Gefäß. Nur in voller Sonne, bei reichlicher Bewässerung und einem wöchentlichen Dungguß erreichen sie ihre volle, einen ganzen Sommer lang anhaltende Schönheit.

Von dem Indianischen Blumenried.
Indianisch Blumenrohr. Arundo Indica latifolia.

Neben vielen neuen Sorten, die man in den Katalogen der Züchter findet, eignen sich für die Kübelpflanzung immer noch sehr gut einige schon ältere, hochwachsende Sorten wie 'Felix Ragout', grünblättrig, mit gelben Blüten; 'Feuerzauber', rotblättrig, mit leuchtend dunkelscharlachroten Blüten; 'Louis Cayeux', grünblättrig, mit lachsroten Blüten; 'Kupferriese', grünblättrig, mit orange-kupferfarbenen Blüten; 'President', grünblättrig, mit scharlachroten Blüten.

Sonnenblume Helianthus annuus L.

Sonnenblumen gehören wohl zu den populärsten Pflanzen, allenthalben sieht man sie in dörflichen und städtischen Gärten, manchmal sogar auf einem Balkon. Das zeigt schon, daß man sie auch in großen Töpfen oder Kübeln ziehen kann, um sich dann auf der Terrasse am Hause oder an einem windgeschützten, sonnigen Platz des Dachgartens an ihnen zu freuen. Um die Mitte des 16. Jahrhunderts haben Spanier Sonnenblumen nach Europa eingeführt. Sehr schnell müssen sie sich über den ganzen Erdteil verbreitet haben, denn schon 1586 lesen wir in dem „Kreutterbuch" des Matthiolus/Camerarius: „Vor etlichen Jahren hat man dieses Gewächs auß America und Peru/ da es von jm selber wachset/ zu uns gebracht/ und ist nun überall in Gärten und für den Fenstern bey uns also gemeyn worden/ dass es fast keiner sonderlichen Beschreibung bedarf." Auch den deutschen Namen Sonnenblume finden wir schon bei Matthiolus/Camerarius. Der botanische Name *Helianthus* ist zusammengesetzt aus dem griechischen *helios* (= Sonne) und *anthos* (= Blüte). Unsere Sonnenblume ist heimisch im mittleren und westlichen Nordamerika und vielleicht auch im nördlichen Mexiko. Den Indianern Nordamerikas dienten Son-

II. Sonnenkron.
Corona folis II.

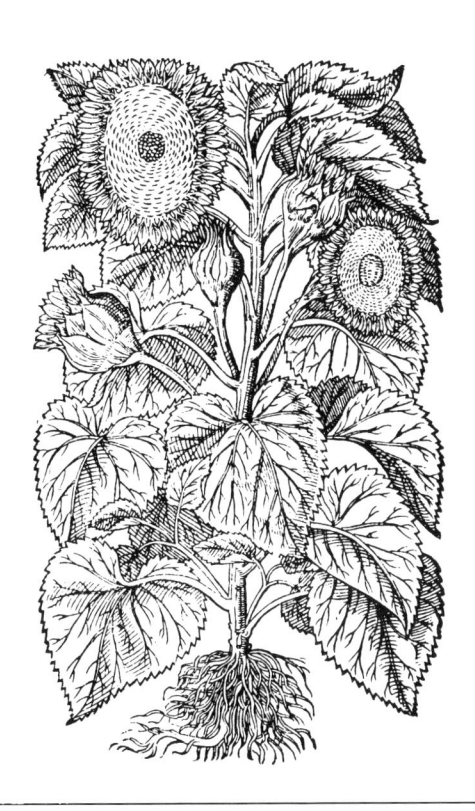

Canna blühen ununterbrochen von Juni bis zum Herbst.

nenblumen seit ältesten Zeiten zur Nahrung, und zwar wurden die Samen, wie heute noch in Rußland, roh gegessen oder aber zu Mehl vermahlen. Auch heute sind sie nicht nur Zierpflanzen, sondern wichtige Nutzpflanzen, die im großen, so auch zum Beispiel in Rußland, als Ölpflanze angebaut werden.

Neben der Art gibt es eine ganze Reihe schöner Sorten, so 'Bismarckianus', 3 m hoch, gelb; 'Abendsonne', 2 m hoch, blutrot und braun; 'Giganteus', 3 m hoch, gelb; 'Goldener Neger', 2,50 m hoch, zitronengelb; 'Uniflorus', 3 m hoch, gelb, mit riesigen Blütenköpfen; außerdem die gefüllt blühenden Sorten 'Californicus', 3 m hoch, dicht gefüllt, gelb, und die nur knapp 2 m hohe, gelbblühende 'Sonnengold'.

Die Aussaat erfolgt am besten gleich in den mit frischem, lehmigem Gartenboden oder Fruhstorfer Erde gefüllten Kübel, in den man 5–10 Korn legt und dünn mit Erde überdeckt. Von den Sämlingen läßt man später nur die drei kräftigsten stehen. Aber Vorsicht vor Mäusen und Schnecken, für die Samen und aufgehende Pflanzen ein wahrer Leckerbissen sind! Ehe man die Erde in den Kübel füllt, sollte man einen starken Pfahl oder ein Rohr, die an ihrem unteren Ende ein Kreuz aus Holz oder Eisen besitzen, so in den Kübel setzen, daß das obere Ende 1 m über den Kübelrand ragt. Dies braucht man, um die Pflanzen anzubinden, da sie sonst bei Wind oder starken Regenschauern leicht umfallen könnten. Außer reichlicher Bewässerung, vor allem bei trockenem, heißem Wetter, und regelmäßigen Düngergaben bis zum Aufblühen verlangen Sonnenblumen keinerlei andere Pflege. Nach dem Abblühen werfe man die Pflanzen aber nicht gleich fort, sondern lasse sie bis zur Samenreife stehen, dann finden sich alle Meisen der Umgebung ein, um sich an den Samen gütlich zu tun. Es ist ein reizender Anblick, die zierlichen Vögel an den großen Blütenköpfen herumturnen zu sehen.

Tabak – Nicotiana L.

Im Jahre 1560 schickte der französische Botschafter in Lissabon, Jean Nicot (1530–1600), Blätter und Samen des Tabaks nach Frankreich. In Deutschland erschien er um 1565, wie es heißt, brachte sie der Augsburger Stadtphysikus Adolf Occo aus Frankreich mit. Im Anfang wurde Tabak nur als Zierpflanze gezogen, erst um 1660 begann der Anbau von Tabak in größerem Umfang und zwar zunächst in der Pfalz, in Hessen, Franken und Sachsen. Hier aber soll nicht von der Geschichte des Rauchens und vom feldmäßigen Anbau berichtet werden, sondern vielmehr von einigen anderen Tabak-Arten, die als Schmuckpflanzen sowohl auf Beeten als auch in Kübeln gezogen werden können. Die dafür geeigneten Arten kamen erst verhältnismäßig spät nach Europa, so *Nicotiana alata* 1881, *Nicotiana glauca* 1827, *Nicotiana × sanderae* entstand 1903, *Nicotiana sylvestris* 1898 und *Nicotiana tomentosa* 1888. Bis auf *Nicotiana × sanderae* und ihre Sorten, die sich ihrer geringen Höhe wegen mehr für Beet- und Balkonkastenbepflanzung eignen, sind die anderen oben genannten Arten stattliche und reichblühende Pflanzen, die durchaus für Kübel zu empfehlen sind, zumal auch bei vielen von ihnen die Blüten ganz ausgezeichnet duften.

Den Blüten des Bergtabaks entströmt ein feiner Duft.

Nicotiana alata Link et Otto kommt aus Südostbrasilien und den angrenzenden Landstrichen Uruguays, Paraguays und

Argentiniens. Sie ist eine bei uns nur einjährig gezogene, 80–150 cm hohe Staude mit gestielten, nickenden, nachts geöffneten und dann stark duftenden Blüten, deren Krone außen grünlich mit violetten Streifen, innen weiß ist. Schöner als die Art ist die Sorte 'Grandiflora'. *Nicotiana glauca* Grah. aus Nordargentinien und Südbolivien bildet in der Heimat verzweigte Sträucher oder kleine, 3–10 m hohe Bäume mit dicklichen, blaugrünen, 12–20 cm langen Blättern. Die Blüten erscheinen in endständigen, lockeren Rispen und sind zunächst grün, später gelb. Dies ist wohl die eigenartigste, für Kübel ganz besonders zu empfehlende Art, weil sie in ihrem ganzen Habitus von allen anderen Tabak-Arten abweicht und sehr ornamental wirkt. Bis zum Herbst kann sie eine Höhe von 2–4 m erreichen.

Nicotiana sylvestris Spegazz. et Comes, der Bergtabak, hat seine Heimat in Argentinien. Auch er ist ausdauernd, wird aber bei uns nur einjährig gezogen. Er bildet aufrechte, verzweigte Büsche, die bis 150 cm hoch werden können. Seine Blüten sind weiß, duftend und nur am Tage geöffnet.

Nicotiana tomentosa Ruiz et Pav. aus Brasilien und Peru ist halbstrauchig, wird bei uns aber nur einjährig kultiviert. Sie ist eine stattliche, in der Heimat 4–5 m hohe Pflanze mit aufrechtem, buschig verzweigtem Stamm und sehr großen Blättern. Zwar erscheinen die Blüten erst im zweiten Jahr, aber auch ohne diese hat die Art für uns besonderen Wert als eine sehr ornamentale Blattpflanze.

Leider ist es heute schwierig geworden, Samen dieser schönen Ziertabake zu bekommen, denn sie werden außerhalb botanischer Gärten kaum noch gezogen. Alle werden von Februar bis Anfang März im Warmhaus ausgesät, einmal pikiert und später eingetopft. Danach hält man sie im temperierten Gewächshaus bei 14–16° C oder in einem Frühbeet bis zum Auspflanzen Mitte Mai. Sie gedeihen in Fruhstorfer Erde oder einer lehmig-humosen Praxismischung.

Nach dem Einwurzeln sollte man sie bis zum Herbst wöchentlich flüssig düngen und stets reichlich gießen. Dies muß aber vorsichtig geschehen, da sie gegen andauernde Nässe des Ballens empfindlich sind, weshalb sie in naßkalten Sommern bisweilen versagen.

Wunderbaum, Palma Christi Ricinus communis L.

Eine der ältesten uns bekannten Nutzpflanzen ist der *Ricinus*, der sowohl zur Ölgewinnung als auch zu medizinischen Zwecken angebaut wurde. So finden wir Samen bereits in ägyptischen Gräbern aus der Zeit um 4000 v. Chr. Auch in Griechenland und dem römischen Reich war er bekannt; so gibt Plinius bereits eine genaue Beschreibung der Ölgewinnung. Im Mittelalter finden wir *Ricinus* u. a. schon bei Albertus Magnus (um 1200–1280) erwähnt, später mit Beschreibung und Abbildung bei Bock 1539, Fuchs 1543, Lonicer 1551, Dodonaeus 1583 und Tabernaemontanus 1591, um nur einige der frühesten Botaniker zu nennen. In Deutschland wurde *Ricinus* im 16. Jahrhundert wohl ausschließlich als Zierpflanze gezogen. Wie verbreitet er schon damals gewesen sein muß, ist z. B. Hieronymus Bock in seinem 1539 erschienenen „Kreutterbuch" zu entnehmen. Er schreibt dort: „Der Wunderbaum ist ein frembdes Gewächs/ in Teutschland aber wird nunmehr auch gar gemein. Ist ein Sommergewächs/ kann gar keinen Frost leiden/ muß jährlich im Aprill von Saamen aufgebracht werden." Schließlich sei noch Matthiolus, 1586, zitiert, der die Pflanze zum Vertreiben der Maulwürfe empfiehlt. Er schreibt darüber: „Die Maulwürffe sollen ein sonderliche natürliche widerwärtigkeit und antipathiam gegen diesem Kraut haben, also, dass sie nicht hinkommen, wo es gepflantzt ist."

Ricinus communis L. ist eine sehr vielgestaltige Art mit vielen Sorten. Bei uns wird er nur einjährig gezogen und wird innerhalb eines Sommers je nach Sorte 2–4 m hoch, in den Tropen dagegen ist er ein kleiner Baum, der bis 13 m hoch werden kann. Wie bei vielen sehr alten Kulturpflanzen ist die ursprüngliche Heimat nicht mehr mit Sicherheit festzustellen. Man nimmt an, daß sie in Afrika liegt, kann aber nicht ausschließen, daß *Ricinus* aus Ostindien, wo er seit dem Altertum gezogen wird, kommt. Seine nach oben hin immer größer werdenden Blätter sind schildförmig, handförmig sieben- bis mehrlappig und je nach der Sorte verschieden gefärbt. Die Blüten sind einhäusig und sitzen an den Zweigenden, die unteren sind männlich, die oberen weib-

Ricinus communis

173

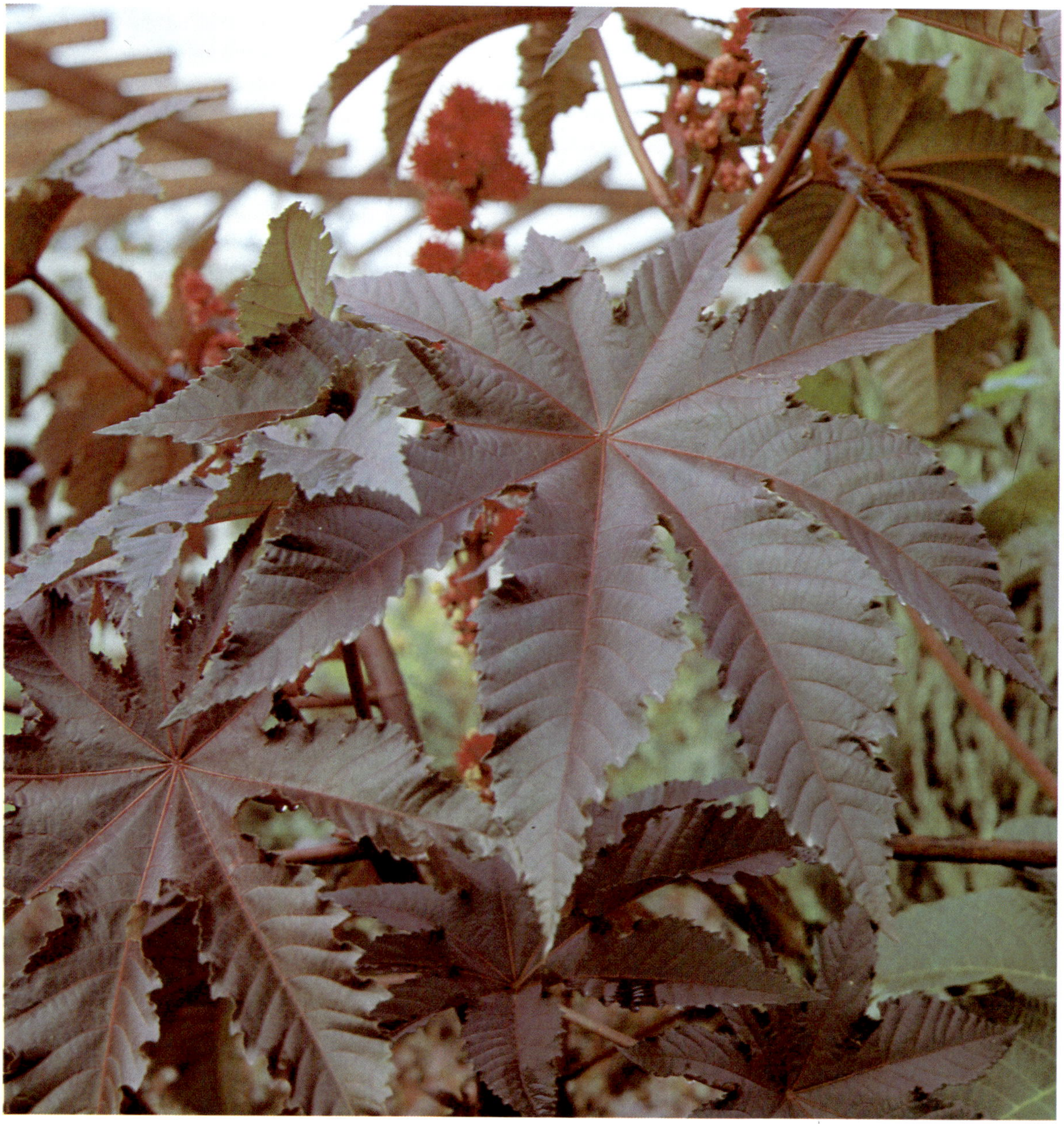

lich. Die Bestäubung findet durch den Wind statt. Die bohnengroßen Samen sind marmoriert und ähneln einer Zecke. Leider sind sie sehr giftig. Wo Kinder sind und man auf *Ricinus* nicht verzichten möchte, sollte man den ganzen Samenstand vor der Reife der Samen entfernen. Das ist zwar schade, weil auch er recht ornamental wirkt, doch sollte man unbedingt dieses kleine Opfer im Interesse der Kinder bringen, denn man kann ihnen nicht übelnehmen, wenn sie mit den schönen Samen spielen wollen. Übrigens kommt der botanische Name vom lateinischen *ricinus* (= Holzbock, Zecke) mit denen, wie gesagt, die Samen eine gewisse Ähnlichkeit haben.

Von Sorten, die auch heute noch angeboten werden, sind zu nennen 'Borboniensis Arboreus', bis 3 m hoch, Stengel rot, Blätter glänzend blaugrau; 'Cambodgensis', 1–2 m hoch, Stengel fast schwarz, Blätter schwarzbraun bis dunkelpurpurn, metallisch glänzend; 'Gibsonii', nur 1–1,50 m hoch, Blätter dunkelrot, metallisch glänzend; 'Laciniatus', bis 2 m hoch, Blätter tief eingeschnitten und zerschlitzt; 'Sanguineus', bis 2 m hoch, Blätter und Fruchtstände rot; 'Zanzibariensis', 2–4 m hoch, Blätter glänzend grün, sehr groß, die wohl am meisten angepflanzte Sorte.

Palma Christi nennt der Volksmund diese stattlichste aller nur einjährig gezogenen Kübelpflanzen.

Wie viele Solanum-Arten ist auch *S. atropurpureum* ein stattlicher, einjährig zu ziehender Halbstrauch.

Neben den Sonnenblumen gibt es wohl keine andere einjährig gezogene Pflanze, die so stattlich wie der Wunderbaum wird. Einem Dachgarten, einem großen Balkon, einer großen Terrasse oder einem sonnigen Gartenhof geben sie eine ganz besondere Note. Zu gutem, üppigem Wachstum brauchen sie einen warmen, windgeschützten Platz, lehmig-humose, nährstoffreiche Erde, reichliche Bewässerung und einen wöchentlichen Dunguß. Vor der Aussaat, die nicht später als Mitte März vorgenommen werden sollte, werden die Samen nach 24stündigem Einweichen in lauwarmem Wasser – das zwar nicht nötig, aber zu empfehlen ist, weil es die Keimung um mindestens acht Tage verfrüht – einzeln in kleine Töpfe gelegt und bei 18–20° C zum Keimen gebracht. Nach dem Umpflanzen in 14–16 cm große Töpfe werden die Pflanzen bei 14–16° C luftig und hell weiter kultiviert. Je nach Witterung wird dann nach Mitte Mai in den Kübel gepflanzt. Überall dort, wo man den Eindruck tropisch-üppigen Pflanzenwuchses in der näheren Umgebung des Hauses oder auf einem Dachgarten hervorrufen will oder wo ein eindrucksvolles Gegengewicht zur Architektur eines Gebäudes gebraucht wird, gibt es nichts Schöneres als den Wunderbaum, die Palma Christi oder den *Ricinus*.

Nachtschatten – Solanum L.

Verschiedene tropische *Solanum*-Arten sind ihres üppigen Charakters wegen zur Bepflanzung von Kübeln so schön, daß einige Arten hier genannt werden sollen, obwohl trotzdem außerhalb botanischer Gärten kaum einmal Samen angeboten werden.

Solanum atropurpureum Schrank aus Brasilien wird 1–2 m hoch und ist ein Halbstrauch mit ungleich langen, violett- oder purpurroten Stacheln und violetten Blüten auf gelbem Grund. Eingeführt 1870.

Solanum laciniatum Ait. aus Neuseeland und Australien bildet bis 2 m hohe, unbestachelte Halbsträucher mit in der Jugend fiederspaltigen Blättern, violettblauen Blüten und kirschgroßen, gelben Beeren. Eingeführt 1772.

Solanum marginatum L. f. ist verbreitet von Äthiopien bis zum Nil. Es bildet 1–1,50 m hohe ästige Halbsträucher mit weißfilzigen Stengeln, harten Stacheln, großen, ledrigen, buchtig gelappten, oberseits dunkelgrünen, unterseits weißfilzigen Blättern und weißen Blüten mit purpurroter Mitte, denen später haselnußgroße, gelbe Beeren folgen. Eingeführt 1775.

Solanum pyracanthum Jacq. wächst im tropischen Afrika und auf Madagaskar. Es bildet 80–150 cm hohe, verästelte Halbsträucher mit buchtig-fiederspaltigen, oberseits grünen, unterseits und am Rande weißlichen Blättern, die wie die Zweige dicht mit geraden, roten Stacheln besetzt sind. Die Blüten sind hell- oder dunkelviolett, am Grunde weiß, die Beeren rund und gelb. Eingeführt 1789.

Außer den hier genannten gibt es noch eine ganze Anzahl schöner und kulturwerter anderer Arten, deren Beschaffung aber noch schwieriger ist. Alle Arten können nur dem Besitzer eines Gewächshauses empfohlen werden. Zumindest aber ist für die Anzucht ein Frühbeetkasten vonnöten.

Anfang März wird bei 18–20° C ausgesät, nach dem Auflaufen einmal pikiert und später in 12 cm große Töpfe gesetzt. Fruhstorfer Erde sagt ihnen genau so zu wie TKS 2 oder eine lehmig-humose Praxiserde. Vor dem Auspflanzen sind die Pflanzen durch reichliches Lüften genügend abzuhärten. Mitte Mai in Kübel gepflanzt, wachsen sie sehr rasch heran und bleiben bis zum ersten Nachtfrost schön.

Mais – Zea mays L.

Die Maispflanze braucht nicht beschrieben zu werden. Sie ist eine alte Kulturpflanze, deren Urheimat nicht bekannt ist. Wahrscheinlich ist sie in Mexiko und Mittelamerika zu suchen. Eingeführt wurde sie bald nach der Entdeckung Amerikas. Schon 1493 finden wir Mais in Spanien. Hier aber soll nicht von der so wichtigen Getreidepflanze und ihrer Geschichte die Rede sein, sondern vielmehr von einigen Sorten, die ideal für die Bepflanzung großer Kübel sind und zusammen mit den anderen in diesem Kapitel genannten Pflanzen Erinnerungen an subtropische und tropische Vegetation hervorrufen.

Besonders zu empfehlen sind die Sorten 'Curagua', 2–3 m hoch werdend, mit violett gestreiften Hüllblättern und Kolben und 'Gracillima', nur 70–90 cm hoch werdend, aber einen stattlichen, grünen Busch bildend. Auch eine buntlaubige Sorte war früher vorhanden, ist heute aber wohl verschwunden. 'Japonica' und ihr Abkömmling 'Quadricolor' werden beide 1,50–2 m hoch. Sie haben dicke Halme und lange, auf grünem Grunde silberweiß gebänderte und gestreifte Blätter. Bei 'Quadricolor' sind diese gelb, rosa und dunkelrot gebändert. Bei beiden Sorten darf man sich nicht wundern, wenn die ersten Blätter nach der Aussaat grün sind, denn erst nach dem fünften Blatt tritt die Streifung auf.

Ziermais kann in der zweiten Hälfte Mai direkt ins Freie gesät werden. Je nach der Größe des Kübels werden in ein oder mehrere flache Kuhlen 3–4 Körner gelegt und dünn mit Erde bedeckt. Schneller aber als bei der Aussaat im Freien kommt man zu kräftigen Pflanzen, wenn man bereits Ende April je 3 Körner in Ton-, Torf- oder Multitöpfe von 8–9 cm Größe legt. Die Samen keimen bei 12–15° C in etwa einer Woche und sind bis zum Auspflanzen nach dem 15. Mai bereits zu kräftigen Pflanzen herangewachsen. Ziermais gedeiht gut in nährstoffreicher, lehmig-humoser Praxiserde wie auch in Fruhstorfer Erde. Voraussetzung für die Erzielung schöner, kräftiger Pflanzen sind sonniger Stand, ausreichende Bewässerung und wöchentliche Dunggüsse.

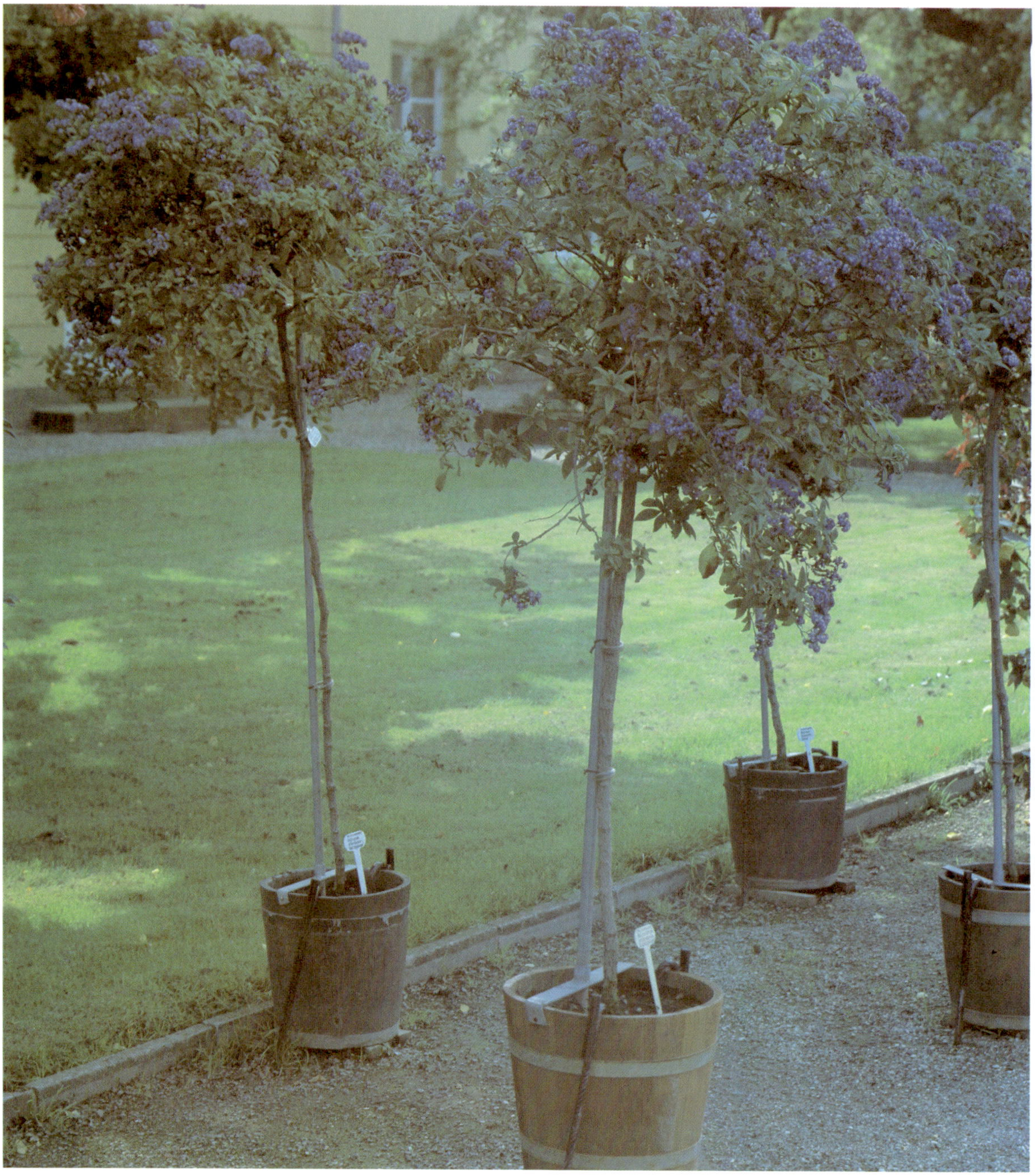

Hochstämme
verschiedener Arten

Es gibt eine ganze Reihe reichblühender Gewächse, so auch unter den in den vorstehenden Kapiteln beschriebenen, aus denen sich Hochstämme verschiedener Höhen heranziehen lassen. Wie bei Rosenhochstämmen liegt der Reiz darin, daß man die Blüten in Augenhöhe vor sich hat. Die Verwendung als Einzelpflanze ist vielseitig, so paßt sie in einen Gartenhof, auf eine Terrasse, den Balkon oder Dachgarten.

Schwieriger aber wird es schon, wenn man sie in größerer Menge verwenden will. In einem Hausgarten z. B. können sie in regelmäßiger Reihung zu beiden Seiten einen Weg begleiten, ein Gartenhof läßt sich sehr schön durch kleinere und größere Gruppen verschieden hoher Hochstämmchen beleben; liegt er im Halbschatten, eignen sich Fuchsien besonders gut dafür, möglichst in vielen verschiedenen Sorten. Schön ist auch ein vor dem Haus gelegenes größeres Fuchsienbeet, daß mit Stämmchen und Sträuchern der verschiedensten Höhen bepflanzt wird. Dazu gehört aber Geschick, um die richtigen Abstufungen zu finden, denn Höhen und Täler sollten miteinander abwechseln und einander entsprechen.

Seite 178. Bei Hochstämmen von Heliotrop hat man die nach Vanille duftenden Blüten in Nasenhöhe.

Seite 179. Gutes Beispiel richtiger Verwendung von *Plumbago*-Hochstämmen, hier zusammen mit Lantanen und Verbenen.

Alle hier als Hochstämme vorgeschlagenen Arten außer Fuchsien, die im Halbschatten am besten wachsen, gehören in die volle Sonne. Strauchmargeriten, Heliotrop, Lantanen und Pelargonien wird man vor allem bei Sommerblumenpflanzungen als höher werdende Gruppen hie und da einfügen, was sehr schön aussehen kann. *Cassia*, Oleander und *Plumbago* stehen am wirkungsvollsten in der näheren Umgebung des Hauses, so z. B. als Flankierung eines Einganges, als Einzelpflanze auf einem Dachgarten oder einem sonnigen Hof. Der Möglichkeiten, sie zu verwenden, gibt es viele, doch vermeide man ein Übermaß, denn nichts kann deplazierter aussehen als Hochstämme an der falschen Stelle. Wo sie aber auch stehen, muß man sie vor dem Umfallen bewahren, also entweder einsenken oder aber die Töpfe oder Kübel entsprechend befestigen.

Die Anzucht von Hochstämmen ist bei allen Arten mehr oder weniger die gleiche. Bei der Herbst- oder Wintervermehrung wählt man die kräftigsten Pflanzen aus und läßt sie ungeschnitten bis zu der Höhe heranwachsen, in der später die Krone gebildet werden soll. Dann erst stutzt man den Trieb, damit eine reiche Verzweigung einsetzen kann. Die nun erscheinenden Seitentriebe werden mehrmals gestutzt, so daß eine gut formierte Krone mit vielen Ästen entsteht. Am Stämmchen werden jetzt die Nebentriebe laufend entfernt, die

Blätter jedoch stehen gelassen. Im Herbst des ersten Jahres ist bereits eine kleine Krone entstanden, die z. B. bei Fuchsien so groß sein kann, daß die Halbstämmchen schon im folgenden Sommer oder Frühherbst zu verwenden sind. Bei Lantanen, *Plumbago, Cassia* und Oleander dauert es bis zur Ausbildung einer größeren Krone länger, doch auch sie kann man schon im zweiten Jahre verwenden. Richtig schön sind allerdings erst mehrjährige Pflanzen, vor allem solche von Lantanen. Im übrigen gleicht ihre Kultur derjenigen, die für die jeweilige Art gebräuchlich ist. So werden Fuchsien, *Lantana, Plumbago* bei 8–10° C überwintert und während dieser Zeit nach der trockenen Seite gehalten. Im Februar/März nimmt man sie aus dem Winterquartier heraus, verkleinert den alten Ballen und pflanzt sie in frische Erde wieder ein. Dabei kürzt man ihre Triebe um ein Drittel bis zur Hälfte ihrer Länge. Die Neutriebe werden je nach Art ein- oder mehrfach gestutzt, um eine reiche Verzweigung zu erreichen. Von Mitte Mai bis Mitte oder Ende September kommen sie an den für sie bestimmten Platz im Freien. Bei gewissenhaftem Gießen und ein- oder zweiwöchentlicher Düngung kann man mit reicher und lange anhaltender Blüte rechnen. Je älter die Pflanzen sind, desto schöner wirken sie.

Schwachwachsende Fuchsien veredelt man auf stark wachsende Sorten. Von Februar bis April kann die Veredelung durch Einspitzen oder Kopulation vorgenommen werden. Im warmen, geschlossenen Gewächshaus wachsen die Veredelungen schnell an. Wichtig ist es, in Nähe des Stammes zu veredeln, um dadurch die Gefahr späteren Ausbrechens zu verhindern. Nach dem Anwachsen werden die Pflanzen kühler gestellt und wie die übrigen weitergepflegt. Auch *Abutilon megapotamicum* muß veredelt werden. Hierzu werden starkwüchsige Stecklinge oder Sämlinge von *Abutilon*-Hybriden eintriebig bis zu der später gewünschten Höhe herangezogen. Diese sollte 1,80–2 m betragen, da *Abutilon megapotamicum* ja nicht in die Höhe wächst, sondern lang herabhängende Triebe bildet. Im Januar/Februar werden im Warmhaus auf die Äste der Krone 6–8 Edelreiser gesetzt. Die Veredelungsstelle wird mit Baumwachs bestrichen und am besten die ganze Krone die ersten zwei Wochen bis zum Anwachsen mit einem Plastikbeutel umhüllt. Nach etwa zwei Jahren hat man reichblühende Stämmchen, die bei guter Pflege von Jahr zu Jahr schöner werden.

Die Anzucht von Strauchmargeriten, Heliotrop und Pelargonien ist grundsätzlich die gleiche, nur wachsen sie wesentlich schneller heran. Schon im ersten Jahre können sie recht stattliche Kronen bilden. Bei diesen Arten sind jüngere Pflanzen meist schöner und wüchsiger, deshalb lasse man sie nicht zu alt werden. Da sie ja viel schneller als holzige Pflanzen heranwachsen, kann man leicht für Nachzucht sorgen, vor allem dann, wenn man sich mit Halbstämmen zufrieden gibt. Auf die Stämme einer starkwüchsigen *Pelargonium*-Zonale-Hybride lassen sich recht gut *Pelargonium*-Peltatum-Hybriden veredeln. Diese wirken als Hochstämme mit ihren herabhängenden Trieben besonders hübsch.

Für die Überwinterung gilt dasselbe wie für andere Kübelpflanzen, nur daß Fuchsien im Winter mit wenig Licht vorliebnehmen. Alle anderen verlangen mehr Licht und sind am vorteilhaftesten in einem kühlen Gewächshaus bei 6–10° C zu überwintern. Aber auch der Liebhaber, der eine Wohnung hat, in der mit Platz nicht gespart zu werden braucht, oder der, wie manchmal auf dem Lande, ein frostfreies Nebengebäude besitzt, sollte einmal einen Versuch mit dem ein- oder anderen Hoch- oder Halbstamm machen. Es kann dies im Laufe der Jahre zu einer Liebhaberei besonderer Art werden.

links. Erst im Alter von mehreren Jahren erreichen *Lantana*-Hochstämme ihre volle Schönheit.

rechts. Topfobst bringt zweierlei Freuden: beim Blühen im Frühjahr und beim Fruchten im Herbst.

Obst in Töpfen und Kübeln

Ein Buch über Kübelpflanzen wäre unvollständig, wenn darin nicht auch kurz über Obst in Töpfen und Kübeln berichtet würde, eine Liebhaberei, die heute fast ganz verschwunden ist. Wann zuerst Obst in Gefäßen gezogen wurde, ist wohl kaum zu ermitteln, doch stand es wahrscheinlich bereits sehr früh in manchen Orangerien. So wurden schon zur Zeit Friedrichs des Großen auf den Terrassen in Sanssouci Topfbäumchen der verschiedensten Arten gezogen. Die Blütezeit des Topfobstbaus aber lag wohl zwischen 1870 und 1914, wo in Schloß- und Herrschaftsgärtnereien dieser Zweig der Gärtnerei sich besonders entwickelt hatte. Die „Herrschaftsgärtner" dieser Zeit gehörten wohl zu den erfahrensten Gärtnern, die es je gegeben hat. Sie beherrschten nicht nur den Zierpflanzenbau, sondern in gleicher Vollkommenheit die Treiberei, den Gemüse- und Obstbau sowie die Parkpflege. Die Generation dieser allseitig gebildeten und erfahrenen Gärtner starb nach dem ersten Weltkrieg aus, denn die Besitzungen reicher Bürger wurden nach 1920 mehr oder weniger aufgelöst. Der Verfasser lernte um 1930 noch eine ganze Reihe dieser erfahrenen Gärtner als im Ruhestand lebende Herren kennen und bewunderte ihre umfassenden Kenntnisse auf allen Gebieten. Dazu gehörte nicht zuletzt auch der Topfobstbau, der aber damals nicht nur in den Gärtnereien der Wohlhabenden betrieben wurde, sondern auch zu den Liebhabereien weniger Bemittelter gehörte. Zeugnis dafür gibt neben anderem eine 1938 erschienene Schrift von Hofgarteninspektor A. Schipper, einem angesehenen Pomologen, der von 1876–1946 lebte und die bedeutenden Anlagen von Schloß Dyck betreute. Er versuchte mit seiner Schrift die alte Liebhaberei der Topfobstzucht wieder zum Leben zu erwecken. Auch in der 1926 herausgegebenen 4. Auflage des bei Parey erschienenen „Illustriertes Gartenbau-Lexikon" finden wir noch einen größeren Abschnitt „Obstbaumzucht in Töpfen und Kübeln". Beide Schriften, vor allem die erstere, liegen den nachfolgenden Ausführungen zu Grunde. Wie aktuell dieses Thema damals noch war, mag die Tatsache erhellen, daß der Verfasser für eine 1940 in Frankfurt a. M. geplante „Reichsgartenschau" als besondere Attraktion Obst in Töpfen und Kübeln mit Hilfe eines ehemaligen Herrschaftsgärtners heranzog.

Ein besonderer Vorteil, Obst in Töpfen und Kübeln zu ziehen, liegt darin, daß man dafür keinen Überwinterungsraum braucht oder, wenn man nur wenige Pflanzen zieht, die Überwinterung in einem kühlen und luftigen Keller möglich ist, aus dem sie Ende März/Anfang April hervorgeholt und wieder ins Freie gestellt werden. Alle Obstarten eignen sich für die Topf- und Kübelkultur, am auffallendsten aber sind durch ihre großen Früchte Äpfel und Birnen. Wichtig sind schwachwüchsige Unterlagen, so werden 1938 als geeignete Unterlagen für Äpfel der Paradiesapfel, für Birnen Quitte C, für Pflaumen, Mirabellen und Renekloden die St.-Julien-Pflaume von Orleans, für Süß- und Sauerkirschen *Prunus mahaleb* genannt. Zwei- oder dreijährige Bäumchen mit guter Bewurzelung werden – am besten im Herbst – in 30 cm große Töpfe gesetzt. Beim Einpflanzen achte man darauf, daß die Wurzeln nicht verletzt werden und den Topfrand nicht berühren. Außerdem muß das Gefäß einen guten Wasserabzug haben. In einer Folge von 2–3 Jahren wird in jeweils nur 2–3 cm größere Gefäße, am besten kleine Kübel, verpflanzt. In den dazwischen liegenden Jahren ist nur die oberste Erdschicht zu entfernen und durch neue Erde zu ersetzen. Als Erde eignet sich jede gute, lehmhaltige Gartenerde, die aber beim Einpflanzen keinen frischen Dünger enthalten darf.

Als Form wähle man die Buschform, da sie hinsichtlich des Schnitts auch für den weniger Erfahrenen am vorteilhaftesten ist. Der Winterschnitt unterscheidet sich nicht von dem der im Freien ausgepflanzten Obstbäume. Da das Wohlbefinden eines mehrjährigen Topfobstbaumes von einem guten Holztrieb abhängig ist, schneidet man diese Triebe kurz und auf vollentwickelte Blattaugen. Im Laufe der Jahre läßt der Holztrieb immer mehr nach, so daß ältere Topfobstbäumchen nur noch Fruchtholz entwickeln und keinen Winterschnitt mehr benötigen. Der Winterschnitt von Renekloden, Mirabellen und Pflaumen gleicht in vieler Beziehung der des Kernobstes.

Günstig ist es, Topfobst während der Blüte, wenn ein Nachtfrost zu befürchten ist oder regnerisches Wetter herrscht, in einen hellen, trockenen Raum zu stellen. Während des Sommers sollten die Töpfe oder Kübel zu zwei Drittel in die Erde eingesenkt werden, damit sie nicht zu schnell austrocknen und nicht zu stark durch die Sonne erwärmt werden. So können sie z. B. beiderseits einen Weg im Garten begleiten oder auch auf ein besonderes Beet gestellt werden, aber auch als Abschluß einer Terrasse am Hause sind sie gut zu verwenden.

Möglichkeiten der Aufstellung im Garten während des Sommers gibt es viele. Ist ein Einsenken der Gefäße in die Erde nicht möglich, so stellt man diese in einen größeren Kübel oder ein anderes Gefäß und füllt den Zwischenraum als Isolierung mit Torfmull aus. Sorgfältiges Gießen ist sehr wichtig, die Erde soll weder zu naß, noch zu trocken sein, sondern vielmehr eine gleichmäßige Feuchtigkeit aufweisen. Nach der Ernte ist sparsamer zu gießen, um das Ausreifen des Holzes zu fördern. Eingewurzelte Pflanzen düngt man regelmäßig, aber nicht länger als bis Anfang August. Nach Schipper hat sich Hakaphos dafür am meisten bewährt. Wichtig ist der Sommerschnitt.

Er wird je nach der Triebbildung im Laufe des Sommers wiederholt. Beim ersten Schnitt entspitzt man alle Seitentriebe eines Astes über dem fünften bis sechsten Blatt, wobei man den Leittrieb vorerst ungestört weiter wachsen läßt, um ihn erst später, etwa Anfang August, über dem achten bis zehnten Blatt einzukürzen. Beim weiteren Entspitzen kürzt man den Trieb über dem dritten oder vierten Blatt ein.

Wie beim Freilandobstbau ist ein mehrmaliges Spritzen gegen Krankheiten und Schädlinge notwendig. Um schöne und große Früchte zu erzielen, ist bei zu reichem Behang das Ausbrechen zu dicht stehender und nicht normal entwickelter Früchte wichtig. Der richtige Zeitpunkt beim Kernobst ist dann erreicht, wenn die Früchte etwa haselnußgroß sind. Älter als 15–20 Jahre sollte man die Bäumchen nicht werden lassen, da dann trotz bester Pflege Wüchsigkeit und Erträge abnehmen. Deshalb ist zeitig für Nachwuchs zu sorgen.

Die Überwinterung kann im Freien erfolgen und zwar so, daß man die Kübel zusammenrückt und so mit Torf, Stroh oder ähnlichem Material bedeckt, daß sich über dem Kübelrand eine etwa 25 cm hohe Schicht befindet. Bei nur wenigen Exemplaren ist auch die Überwinterung in einem kühlen, gut zu lüftenden Keller oder einem ähnlichen Raum möglich.

Hinsichtlich der Sorten beachte man, daß die Freude an spätreifenden Herbst- und Wintersorten länger anhält als bei schon im August reifenden Frühsorten, die dann allzulange ohne Fruchtbehang dastehen. Möglichst sollte sich in jedem Topf oder Kübel eine andere Sorte befinden, da es ja gerade die Sortenvielfalt ist, die den besonderen Reiz dieser Liebhaberei ausmacht. Für den Anfänger empfiehlt Schipper die folgenden, auch heute noch häufig gezogenen Sorten.

Äpfel: 'Cox Orange', 'Berlepsch', 'Boskoop', 'James Grieve', 'Klarapfel', 'Oldenburg', 'Signe Tillisch', 'Ontario', 'Champagner'.

Birnen: 'Frühe von Trévoux', 'Clapps Liebling', 'Minister Lucius', 'Vereins-Dechantsbirne', 'Alexander Lucas', 'Le Lectier', 'Gräfin von Paris'.

Wie man aus den kurzen Angaben dieses Kapitels erkennen kann, ist ein gewisser Grad von Kenntnissen Voraussetzung zum Erfolg, Kenntnisse, die man aber bei jedem, der in seinem Garten Obst zieht, voraussetzen sollte. Man fange mit wenigen Pflanzen an, um sich zunächst die nötige Erfahrung zu erwerben. Erst dann beginne man, seine Sammlung zu vergrößern. Die Obstkultur in Töpfen und Kübeln ist eine fesselnde Liebhaberei, vor allem deshalb so befriedigend, weil sie vom Frühling bis zum Herbst eine tägliche Beobachtung der Pflanzen mit sich bringt, also nicht nur während der kurzen Zeit der Blüte und Fruchtreife erfreut.

Allgemeines über die Pflege

Spezielles über die Pflege der verschiedenen Arten von Kübelpflanzen findet man in den vorstehenden Kapiteln bei den einzelnen Gattungen. Hier wird nur das zusammengefaßt, was allen Arten gemeinsam ist, also Angaben über Gefäße und Transport, Erde, Wässern und Düngen, Schnitt, Schädlinge, Vermehrung und Überwinterung.

Gefäße

Für nicht allzu große Pflanzen ist immer noch der alte Tontopf, den man bis zu einer Größe von 30 cm Durchmesser verwenden kann, zu empfehlen. Er ist in Farbe und Form gleich schön und zweckmäßig, läßt also in dieser Hinsicht keinen Wunsch offen. Zwar ist er gegen Stoß und Schlag etwas empfindlich, was sich aber leicht durch entsprechend vorsichtige Behandlung ausgleichen läßt. Für einen Durchmesser von 30–120 cm empfiehlt sich am meisten der vom Küfer hergestellte Holzkübel, dessen Dauben je nach Größe durch zwei oder drei feste Eisenreifen zusammengehalten werden. Am haltbarsten sind immer noch solche aus Eichenholz. Um die Pflanzen gut transportieren zu können, muß von 40 cm Durchmesser an jeder Kübel mit zwei Schlaufen aus Eisen versehen sein, die aber keinesfalls nur mit Holzschrauben befestigt sein dürfen, sondern deren Befestigung mit Mutterschrauben zu erfolgen hat, die durch das Holz hindurchgebohrt und auf der Innenseite des Kübels mit Muttern fest verschlossen werden. In diese Schlaufen werden beim Transport schwerer und großer Pflanzen S-förmig gebogene Eisen eingehängt, durch die man Tragstangen schiebt, so daß der Kübel von zwei, vier oder mehr Leuten getragen werden kann. Zusätzlich muß ein Mann zwischen den Stangen stehen und dafür sorgen, daß die Pflanze nicht kippt. Bei Kübeln unter 40 cm Durchmesser genügen einfache mit Holzschrauben befestigte Griffe.

Neben diesen Holzkübeln kommen auch quadratische Holzkästen in Betracht, wie sie vielfach in alten Orangerien z. B. für alle *Citrus*-Gewächse benutzt wurden. Auch sie sollten aus Eichenbohlen und dicken Vierkanthölzern in den Winkeln hergestellt werden. Alle Gefäße sollen im allgemeinen nicht höher als breit sein, und auf ihren Böden müssen sich genügend große Abzugslöcher befinden, damit das überschüssige Wasser ablaufen kann. Sind diese Löcher, was meist der Fall sein wird, nicht groß genug, muß man sie mit einem entsprechenden Holzbohrer vergrößern. Längere Zeit vor Gebrauch sind die Holzbehälter zu imprägnieren, aber nur – und darauf ist sehr zu achten – mit einem Mittel, das die Pflanzen vertragen. Auch mehrmaliges Ölen mit heißem Öl kann empfohlen werden. Es ist zwar altmodisch, aber trotzdem recht wirksam und vor allem pflanzenverträglich. Auch ein Ausbrennen der Innenseite des Kübels war früher zur Haltbarmachung üblich und wirksam. Kübel sollte man im allgemeinen nicht streichen, sondern nur ölen oder mit einem Imprägniermittel leicht tönen, da dies am besten zu den Pflanzen paßt. Quadratische Holzgefäße werden dagegen meist gestrichen. Ein leicht getöntes Weiß ist neutral gegenüber allen Pflanzen und der Umgebung. Die Haltbarkeit von Holzkübeln ist groß, meist halten sie so lange, bis verpflanzt werden muß. Das können immerhin bei größeren Pflanzen 10–15 Jahre sein. Aus anderem Material hergestellte Gefäße eignen sich meist nicht für große, jährlich zweimal zu transportierende Pflanzen, sie sind entweder zu schwach und brechen leicht oder aber zu schwer. Quadratische Holzkästen, vor allem solche, bei denen eine oder alle Seitenwände herausgenommen werden können, verwendet man seit Jahrhunderten vornehmlich für Orangen, Zitronen und andere *Citrus*-Gewächse. Sie haben den Vorzug, daß man sich von Zeit zu Zeit von dem Zustand der Wurzeln dieser empfindlichen Gewächse überzeugen kann.

Verpflanzen

Das Verpflanzen kleinerer Exemplare ist nicht schwierig, für alte, große und schwere Kübelpflanzen aber kommt man nicht ohne einige Hilfsmittel aus. Sie zu heben und in den neuen Kübel herabzulassen geht meist nicht von Hand. Entweder nimmt man dazu den alten Dreibock mit Flaschen- oder Kettenzug oder eines der modernen Hebewerkzeuge. Bei alten Kübeln sind meist der Boden und der untere Teil der Dauben angefault, so daß sie nicht weiter zu verwenden sind. Man schlägt zunächst die Eisenreifen ab, wonach man die Dauben leicht entfernen kann. Je nach der Art der Pflanze wird der Ballen mit einem scharfen Messer oder einem Beil verkleinert, so z. B. bei alten Phoenixpalmen, oder mit einem spitzen Holz aufgelockert, wodurch ebenfalls eine Verkleinerung des Ballens entsteht. Vor dem Einsetzen in den neuen Kübel gehört auf dessen Boden eine 2–4 cm hohe Drainageschicht aus Topfscherben, Kies oder einem ähnlichen, harten Material, über das zunächst eine dünne Schicht Sand und darüber Erde ausgebreitet wird. Nun kann die Pflanze in den neuen Kübel gehoben und abgesetzt werden. Danach füllt man nach und nach rings um den Ballen die dafür vorbereitete Erde ein und drückt sie mit einem entsprechenden Holz so an, daß keine Lücken entstehen und die Erde die nötige Festigkeit bekommt. Zum Schluß achte man darauf, daß ein genügend tiefer Gießrand bleibt.

Erde

Für kleinere Pflanzen eignet sich sowohl Fruhstorfer Erde als auch ein Torfkultursubstrat wie TKS 2, für größere Pflanzen aber sind diese Substrate nicht geeignet, weil man sie nicht fest andrücken darf, so daß die Pflanzen nicht fest genug in ihrem Kübel stehen und bei Wind oder beim Transport dazu neigen, aus ihrem Gefäß zu kippen. Hier muß man also ein Eigengemisch nehmen, z. B. eine Mischung aus $\frac{1}{2}$ Acker- oder Gartenboden, besser noch aus lehmiger Rasenerde, $\frac{1}{2}$ Torfmull oder alter Lauberde und $\frac{1}{6}$ Sand. Diese Mischung eignet sich mit leichten Abwandlungen nach der mehr lehmigen oder mehr humosen Seite für die meisten Arten. Wo andere Mischungen gebraucht werden, wird dies bei der Behandlung der einzelnen Arten gesagt. Zur Gewinnung einer guten Rasenerde legt man Soden mit der Grasseite nach unten übereinander und sticht diesen Haufen mehrmals um, dann entsteht nach einem, besser nach zwei Jahren eine vorzügliche Erde, die Rasenerde, die nun mit Torfmull oder aber alter, abgelagerter Lauberde und Sand gemischt wird. In dieser Erdmischung gedeihen die meisten unserer Kübelpflanzen vorzüglich. Vor Gebrauch sind auf je 10 l dieser Mischung 30 g Langzeitdünger Plantosan 4 d oder Osmocote 16–10–13 beizumischen. Damit erübrigt sich eine Nachdüngung in den ersten 3–4 Monaten. Ähnliche Wirkung hat die Beimischung von Hornspänen, doch sind diese in der Zusammensetzung der Nährstoffe etwas einseitiger. Aber auch andere Erdzusammensetzungen sind möglich, so empfehlen Fessler/Rücker eine Mischung aus $\frac{1}{4}$ Lavagrus, $\frac{1}{4}$ Torf oder TKS und $\frac{2}{4}$ Lauberde. Doch scheint es besser zu sein, dieser Mischung $\frac{1}{4}$ lehmiger Rasenerde zuzusetzen, um die Standfestigkeit zu erhöhen.

Düngen

Für die befriedigende Entwicklung aller Kübelpflanzen ist es wichtig, von März bis Anfang August regelmäßig mit einem Volldünger wie Crescal, Fertisal, Mairol oder etwas ähnlichem zu gießen, am besten alle 1–2 Wochen. Aber auch Langzeitdünger läßt sich über die ganze Oberfläche des Ballens verteilen. Man rechnet auf einen Kübel von 100 l Inhalt z. B. 300 g Osmocote 16–10–13. Bei jedem Wässern wird eine geringe Menge Dünger frei. Nach einer Anlaufzeit von 3–4 Wochen gibt Osmocote 8–9 Monate lang Nährstoffe ab. Höhere Temperaturen beschleunigen die Abgabe, niedrige Temperaturen verlangsamen sie. Ein Nachteil von Osmocote liegt darin, daß es keine Spurenelemente besitzt, weswe-

Eine hübsche Gartenszenerie, in der selbst der geschorene Lorbeer nicht stört.

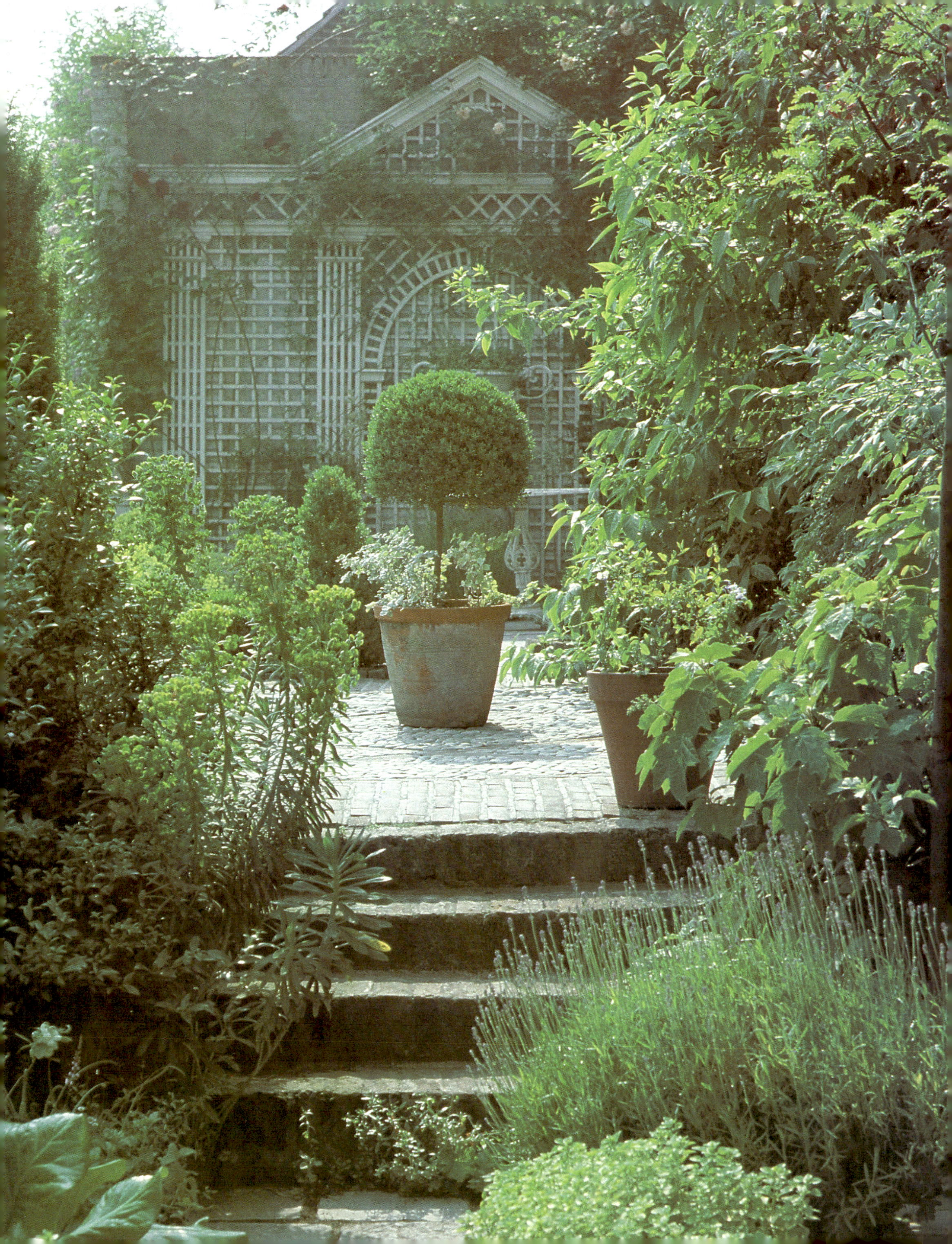

gen der Hersteller empfiehlt, Urania-Kupfer-Düngegranulat zuzumischen. Nicht verschwiegen sei, daß man in früheren Zeiten, als es noch keinen Kunstdünger gab, mit gleichem Erfolg Kuh- oder Geflügeljauche zum Düngen seiner Kübelpflanzen verwandte. Statt wie heute Osmocote als einen Langzeitdünger auf den Ballen zu streuen, deckte man ihn früher mit einer zweifingerdicken Schicht aus Kuhfladen ab, wobei dann nach und nach geringe Mengen von Nährstoffen in den Ballen einsickerten.

Wässern

Nach dem Umpflanzen wird zunächst bis zur Bildung neuer Wurzeln vorsichtig gegossen, denn jetzt ist der Wasserbedarf naturgemäß geringer als bei einer gut durchwurzelten Pflanze. Später aber ist ein durchdringendes Gießen notwendig. Bei warmem und sonnigem Wetter muß täglich gegossen werden, ja bei sehr heißem Sommerwetter sogar morgens und abends. Wichtig ist, daß bei jedem Gießen der Ballen bis auf den Grund des Kübels oder Topfes durchnäßt wird, man erkennt dies am besten daran, daß durch die Abzugslöcher Wasser austritt. Nichts ist schädlicher als Ballentrockenheit. Im Zweifelsfall muß mit einem feinen Erdbohrer die Beschaffenheit des Ballens geprüft werden, doch wird dies nur in seltenen Fällen nötig sein. Mit Herannahen des Herbstes werden die Wasseransprüche der Pflanzen geringer, und dementsprechend wird auch weniger gegossen. Je kühler später das Winterquartier ist, desto geringer ist auch der Wasseranspruch, außerdem brauchen laubabwerfende Pflanzen weniger Feuchtigkeit als immergrüne. Mit einsetzendem Wachstum im Spätwinter und Frühling nimmt auch das Wasserbedürfnis der Pflanzen zu. Im Sommer sind alle Kübelpflanzen dankbar für ein zeitweiliges Überspritzen, möglichst mit dem scharfen Strahl eines Schlauches. Dies verhindert auch ein Festsetzen mancher Schädlinge, zum Beispiel der verschiedensten Läusearten, auf den Pflanzen.

Schnitt

Im allgemeinen ist ein Schnitt nicht erforderlich. Lediglich ab und zu wird man den einen oder anderen die Harmonie der Pflanze störenden Zweig stutzen oder ganz herausnehmen. Auch kann es notwendig werden, einen Oleander z. B., der gar zu umfangreich für seinen Platz geworden ist, ganz zurückzuschneiden. Allerdings muß man dann ein Jahr auf Blüten verzichten, man kommt durch den Rückschnitt aber wieder zu einem dichten, jedoch weniger umfangreichen Busch.

Schädlinge

Wie alle Pflanzen können auch Kübelpflanzen von dem einen oder anderen Schädling befallen werden. So treten ab und zu Blattläuse, Schmier- und Schildläuse oder „Rote Spinne" auf. Sie werden mit den dafür im Handel erhältlichen Mitteln behandelt.

Vermehrung

Über die Vermehrung findet man alles Wichtige bei den einzelnen Arten vermerkt. Sie ist bei vielen durch Aussaat möglich. So mancher wird sich Samen der ein oder anderen Pflanze aus dem Süden mitgebracht haben. Diese sollten sofort nach der Rückkehr im warmen Zimmer ausgesät, nach dem Aufgehen in kleine Töpfe gepflanzt und im ersten Jahr im Zimmer oder Gewächshaus weiterkultiviert werden. Während des zweiten Jahres schon kommen sie ins Freie, im Winter in einen hellen, kühlen und gut lüftbaren Überwinterungsraum, am besten natürlich in ein Kalthaus.

Eine Reihe anderer Pflanzenarten ist durch halbreife Stecklinge zu vermehren. Die beste Zeit dafür liegt im Februar/März und im Juli/August. Die Stecklinge werden in übliches Material in einen Topf oder eine Schale gesteckt, diese in einen durchsichtigen Plastikbeutel geschoben und an einem kühlen, schattigen Ort aufgestellt. Auch hierüber findet man Einzelheiten bei der Beschreibung der einzelnen Pflanzenarten. Der ideale Platz für diese Stecklinge ist allerdings das Vermehrungsbeet eines kühlen Gewächshauses, bei einer leichten Bodenwärme von 16–20° C. Bei manchen der holzigen Pflanzen muß man Geduld haben, denn es dauert oft lange, bis sie Wurzeln bilden.

Schließlich sei noch auf die Vermehrung durch Teilung des Wurzelstockes hingewiesen, eine Vermehrungsmethode, die man z. B. bei *Agapanthus*, Gräsern etc. anwenden kann.

Überwinterung

Für Garten-, Kur- und Schloßverwaltungen ist die Überwinterung großer Kübelpflanzen kein Problem. Sie haben dafür alte Orangerien, große Kalthäuser oder für diesen Zweck gebaute Überwinterungsräume. Auf sie näher einzugehen, ist hier nicht notwendig, denn wenn ein solches Projekt ansteht, wird unter Einschaltung eines Architekten eine Gewächshausfirma die nötigen Unterlagen liefern oder, nachdem der Architekt die nötigen Pläne hergestellt hat, eine Baufirma Angebote einreichen. Während der Planung ist es wichtig, neben den Technikern auch den Gärtner einzuschalten, denn nur er hat das nötige Wissen

Orangerie des 17. Jahrhunderts. Typisch die einseitige Belichtung durch große Fenster, die aber den Pflanzen während des Winters genügend Licht gaben. Der Transport mit zwei Tragholmen ist heute noch gebräuchlich.

über die beim Bau zu beachtenden Sonderheiten. Grundsätzlich soll jeder Überwinterungsraum, ob groß oder klein, frostfrei zu halten sein und im Winter konstante Temperaturen zwischen 2 und 8° C aufweisen. Die nötige Helligkeit vermitteln große Seitenfenster oder Lichthauben auf dem Dach. Außerdem ist gute Lüftbarkeit wichtig; sie trägt entscheidend zur Gesundheit der Pflanzen bei. Ob diese Lüftung durch Öffnen der Fenster oder eine Luftumwälzanlage erreicht wird, ist für die Pflanzen unwichtig. Man sollte hier die billigste und nicht die bis ins letzte perfektionierte Lösung suchen.

Viel schwieriger liegen die Verhältnisse bei den Pflanzenliebhabern, die ein oder mehrere Kübelpflanzen besitzen. Sie sollten beachten, daß diese nicht zu groß sein sollten, damit sie gut zu transportieren sind und sich in Größe und Umfang den vorhandenen Überwinterungsmöglichkeiten anpassen. So bietet sich für kleinere Pflanzen ein Platz in einem Treppenhaus, auf dem Vorplatz oder einem verglasten Balkon an. Für andere, die während des Winters mit wenig Licht vorlieb nehmen, eignet sich ein kühler, gut lüftbarer Keller, so z. B. für *Agapanthus*-Kübel oder einige laubabwerfende Gehölze wie den Granatstrauch. Und schließlich ist für alle eine Garage, wie sie ja heute zur Genüge vorhanden sind, der geeignete Platz. Doch dürfen die Kübelpflanzen dort nicht im gleichen Raum wie das Auto stehen, da sie sehr empfindlich gegen alle Abgase sind. Aus diesem Grunde muß man den hinteren gegen den vorderen Raum, in dem das Auto steht, mit einer dicht schließenden Wand abtrennen. Dieser kleinere Raum ist auch leicht zu heizen, denn in den meisten Fällen wird es nicht schwierig sein, einen Heizkörper an die vorhandene Heizungsanlage anzuschließen. Hohe zusätzliche Heizkosten entstehen dadurch kaum, da der Raum ja nur bei Außentemperaturen unter 0° C geheizt werden muß, und das ist in den meisten unserer Winter nicht allzu häufig der Fall. Außerdem muß der von der Garage abgetrennte Raum gut zu lüften und durch ein Fenster oder ein Oberlicht genügend erhellt sein. Gerade bei Neubauten lassen sich diese Bedingungen leicht erfüllen, vor allem auch in sofern, als man seine Garage entsprechend größer bauen kann. Dabei beläßt man es im allgemeinen bei der durch die Maße des Autos vorgeschriebenen Breite, während man die Länge der Garage entsprechend der unterzubringenden Pflanzen wählt. Ein großer Vorteil einer ausgebauten Garage ist der, daß sie meist zu ebener Erde liegt, man also schwerere Kübel mit Hilfe einer Sackkarre herausfahren kann, was den Transport wesentlich erleichtert. Auf dem Lande und in der Kleinstadt sind häufig noch Nebengebäude vorhanden, die, soweit sie frostfrei sind, Kübelpflanzen aufnehmen können. Auch in so mancher Scheune in der näheren Umgebung wird sich wahrscheinlich ein Platz für die Überwinterung einer größeren Kübelpflanze finden.

Für jeden Überwinterungsraum aber gilt, um es noch einmal zu sagen, daß er frostfrei bleibt, dabei aber seine Temperatur nicht über 8–10° C ansteigt, und außerdem gut zu lüften und genügend hell ist. Besonderheiten bei der Überwinterung einzelner Arten findet man in den entsprechenden Kapiteln angegeben.

Bezugsquellen

So manche Kübelpflanze kann man sich selbst durch Aussaat oder Stecklinge heranziehen, andere muß man bei Liebhabern oder in Gärtnereien suchen, viele liefern die aufgeführten Firmen. Zu den Glücksfällen gehört es, wenn einem ein botanischer Garten einen Steckling oder ein Jungpflänzchen abgibt. Wie bei jeder Sammlung liegt in der langsamen Vergrößerung und den damit verbundenen Mühen ein besonderer Reiz, denn groß ist die Freude, wenn man – oft nach langer Zeit – seiner Sammlung Neues hinzufügen kann. Bis es dazu kommt, muß man überall seine Augen und Ohren offen halten und vor allem Geduld haben.

Rudolf und Klara Baum, Scheffelrain 1, 7250 Leonberg (Fuchsien-Sortiment)

Jac. Beterams Söhne, Gelder Straße 4, 4170 Geldern

Robert Blossfeld, Postschließfach 1550, 2400 Lübeck (Exotische Sämereien)

Walter Daunicht, Gärtnerstraße 5, 2957 Westoverledingen (vor allem australische Kübelpflanzen)

Peter J. Fabricius, 5090 Leverkusen (Lorbeer in Formen, Palmen, Aucuba, Dracaena, Euonymus, Zypressen, Oleander etc.)

Gärtnerei Fehrle, Schweizer Allee 61, 7070 Schwäb. Gmünd

Flora Mediterranea, Christoph und Maria Köchel, Herzogstraße 5, 8000 München 40 (äußerst reichhaltiges Sortiment, darunter viele seltene Arten)

Wolfgang F. Herzog, Occamstraße 15, 8000 München 40

Albrecht Hoch, Potsdamer Straße 40, 1000 Berlin 37

Ibero-Import, Bahnhofstraße 12, 3433 Neu-Eichenberg (Palmen, Citrus etc.)

Albert Kaipf, Wildermuthstraße 16, 7400 Tübingen (Cassia-Spezialkulturen)

Gärtnerei H. P. Kleine-Eickhoff, Haberkamp 9, 4740 Oelde-Stromberg

Peter Klock, Stutsmoor 42, 2000 Hamburg 52

Gottfried Koitsch, Ahrheiliger Straße 16, 6106 Erzhausen (fruchttragende Kübelpflanzen)

Rudolf Pfleger, 5675 Hilgen (Rheinland)

Albert Schenkel, Blankeneser Hauptstraße, 2000 Hamburg-Blankenese (exotische Sämereien)

Gärtnerei Werner Schöllkopf, 7410 Reutlingen (Datura-Sortiment)

Gärtnerei Schreiber, 3433 Neu-Eichenberg (vor allem Palmen)

Thysanotus-Samen-Versand U. Siebers, Postfach 448109, 2800 Bremen 44 (Sämereien, auch von Palmen und anderen Kübelpflanzen)

Literaturverzeichnis

Bailey, L. H.: Standard Cyclopedia of Horticulture. 3 Bände. New York-London 1927.
Bailey, L. H. and Bailey, Ethel Zoe: Hortus III. Revised and expanded by the Liberty Hyde Bailey Hortorium. New York 1976.
Bock, Hieronymus: Kreutterbuch. Straßburg 1577 (Reprint 1964).
Boom, B. K.: Flora van Kamer- en Kasplanten. Wageningen 1968.
Bosse, J. F. W.: Vollständiges Handbuch der Blumengärtnerei. 3 Bände. 2. Auflage, Hannover 1840. 1. Nachtrag 1849, 2. Nachtrag 1854.
Brettschneider, Walter: Obstbäume in Töpfen. Stuttgart 1984.
Brunfels, Otto: Contrafayt Kreuterbuch. Straßburg 1532 (Reprint 1975).
Chittenden, F. J.: The Royal Horticultural Society Dictionary of Gardening. 4 Bände. Oxford 1951, 2. Auflage 1956. Dazu ein Supplementband 1956, 2. Auflage 1969.
Eberle, G.: Pflanzen am Mittelmeer. Frankfurt a. M. 1965.
Elsholz, J. S.: Vom Garten-Bau, 2. Auflage, Berlin 1672.
Encke, F.: Die schönsten Kalt- und Warmhauspflanzen. Stuttgart 1968.
Encke, F. (Hrsg.): Pareys Blumengärtnerei. 3 Bände. 2. Auflage. Berlin und Hamburg 1958–1961.
Encke, F., Buchheim, G., Seybold, S.: Zander – Handwörterbuch der Pflanzennamen. 12. Auflage. Stuttgart 1980.

Encke, F., und Schiller, H.: Dachgärten, Terrassen und Balkone. Stuttgart 1975.
Fessler, A.: Fuchsien für Haus und Garten. Stuttgart 1980.
Fuchs, Leonhard: New Kreuterbuch. Basel 1543.
„Gartenpraxis". 10, 1975. Stuttgart.
Genaust, H.: Etymologisches Wörterbuch der botanischen Pflanzennamen. Basel und Stuttgart 1976.
Gothein, M. L.: Geschichte der Gartenkunst. 2 Bände. Jena 1926.
Hegi, G.: Illustrierte Flora von Mitteleuropa. 7 Bände in 13 Teilen. München 1906–1931; 2. Auflage 1936; 3. Auflage 1966 (bisher nur Band II/1).
Hehn, G.: Kulturpflanzen und Hausthiere. 5. Auflage. Berlin 1887.
Hesse, H.: Heinrich Hessens Neue Garten=Lust. Leipzig 1703.
Homer: Ilias und Odyssee. In der Übersetzung von Roland Hampe. Stuttgart 1979.
Hoppe, H. A.: Drogenkunde. 7. Auflage. Hamburg 1958.
Kohlmaier, G. u. Sartory, B. von: Das Glashaus. München 1981.
Leunis, J. und Frank, A. B.: Synopsis der Pflanzenkunde. 3 Bände. Hannover 1877.
Linné/Houttuyn: Des Ritters Carl von Linné vollständiges Pflanzensystem nach der dreyzehnten Ausgabe und nach Anleitung des holländischen Houttuynischen Werkes übersetzt... Nürnberg 1777–1788.

Loudon, J. C.: An Encyclopedia of Gardening. London 1834.

Maatsch, R. (Hrsg.): Pareys Illustriertes Gartenbaulexikon. 2 Bände. 5. Auflage. Berlin und Hamburg 1956.

Marzell, H.: Wörterbuch der deutschen Pflanzennamen. 4 Bände. Leipzig, Stuttgart 1937–1979.

Miller, P.: The Gardeners Dictionary (Abridged Edition 1754). Reprint 1969.

Muijzenberg, E. W. B. van den: A history of greenhouses. Wageningen 1980.

Nissen, C.: Die Botanische Buchillustration. Stuttgart 1966.

Ovid: Metamorphosen. In der Übersetzung von Reinhart Suchier. München. o. J.

Rave, P. O.: Gärten der Barockzeit. Stuttgart 1931.

Rommel, M. und Hoeppe, C.: Orangerien und Palmenhäuser in Nordhessen. Sonderdruck aus: Zeitschrift des Vereins für hessische Geschichte und Landeskunde, Band 87 (1978/79).

Schipper, A.: Topfobstzucht für Jedermann. Frankfurt (Oder) und Berlin 1938.

Schnieber, H.-R.: Die Entwicklung des Zierpflanzenbaues von 1800–1939 am Beispiel Dresden. Dissertation. Hannover 1958.

Sieber, A. und Voß, A.: Vilmorin's Blumengärtnerei. 3., neubearbeitete Auflage. Berlin 1896.

Smith, A. W., Stearn, W. T.: A Gardeners Dictionary of Plant Names. London 1972.

Tabernaemontanus, J. T./Bauhin, C. und H.: Neu vollkommen Kräuter=Buch. Basel 1731. Unveränderter Nachdruck der Ausgabe von 1664 (Reprint 1975).

Teicher, O.: Geschichte der Ziergärten und der Ziergärtnerei in Deutschland. Berlin 1865.

Tergit, G.: Kaiserkron und Paeonien rot. Köln-Berlin 1958.

Tutin, T. G. u. a.: Flora europaea. Band 1–5. Cambridge 1964, 1968, 1972, 1976 und 1980.

Volckamer, J. b.: Nürnbergische Hesperides, … Nürnberg 1708.

Zafir, D. / Zirkin: The Nerium. Oleander in Israel. 1962.

Verzeichnis der deutschen Pflanzennamen

Agave, Amerikanische 87
Akazie 120
Apfelsine 18
Aukube 103
Bambusse 158
Baumaster 116
Blaugummibaum 124
Bleiwurz 100
Blumenrohr 167
Brautmyrte 43
Chinaschilf 164
Dattelpalme, Echte 152
Dattelpalme, Kanarische 153
Drachenbaum 79
Efeuaralie 137
Eisenbaum 48
Engelstrompete 62
Erdbeerbaum 39
Ethrogzitrone 15
Eugenie 48
Eukalyptus 123
Eulalie 164
Federborstengras 165
Feigenbaum, Echter 23
Flachs, Neuseeländer 83
Flaschenputzer 45
Fuchsie 141
Geißklee, Kanarischer 95
Granatapfelbaum 26
Granatbaum 26
Griselinie 114
Gummibaum 105
Hakenlilie 130
Hanfpalme 155

Heliotrop 181
„Hundertjährige Aloe" 87
Japanmispel 104
Johannisbrotbaum 73
Judenmyrte 43
Känguruhbaum 121
Kassie 94
Kasuarine 121
Kentiapalme 151
Keulenlilie 77
Kirschlorbeer 58
Kirschmyrte 48
Klebsame 117
Komquat 104
Korallenstrauch 61
„Laurustinus" 56
Lavendel 68
Liebesblume 128
Limone 17
Loquat 104
Lorbeerkirsche 58
Magnolie, Immergrüne 106
Mais 177
Mandarine 18
Mastixstrauch 75
Nachtschatten 176
Nußkiefer 147
Obst in Töpfen 183
Ölbaum 30
Oleander 35
Olivenbaum 30
Ölweide 112
Orange 18
Palma Christi 172

Palmlilie 81
Pampasgras 162
Pelargonie 182
Pelzsame 117
Pfahlrohr 160
Pinie 147
Pistazie, Echte 75
Pistakistrauch 75
Pomeranze 17
Riesenschilf 160
Rosmarin 66
Rutenpalme 154
Samtmalve 93
Scheinbuche 125
Schmucklilie 128
Schönfaden 45
Schopflilie 133
Sonnenblume 169
Sperrkraut 111
Spindelstrauch, Japanischer 113
Stechapfel 63
Steckenpalme 154
Strauchmargerite 98
Tabak 171
Wandelröschen 181
Wunderbaum 172
Zickzackstrauch 123
Zimmeraralie 135
Zimmerlinde 108
Zistrose 97
Zitronat-Zitrone 17
Zitrone 15
Zitronenblattstrauch 70
Zwergpalme 150

Zylinderputzer 45
Zypresse 145

Verzeichnis der wissenschaftlichen Pflanzennamen

Halbfette Seitenzahlen verweisen auf eine Abbildung. Synonyme und Pflanzenfamilien sind *kursiv* gesetzt.

Abutílon Mill. – *Malváceae* 93
– Hybriden 93, 181
– megapotamicum (Spreng.) St.-Hil. et Naud. 181
– píctum (Gill. ex Hook. et Arn.) Walp. 93
– – 'Thompsonii' **94**
Acácia Mill. – *Leguminósae* 120, 122
– armáta R. Br. 120, 121
– cultrifórmis A. Cunn. ex G. Don 120
– cyanophýlla Lindl. 120
– drummóndii Lindl. 120, 121
– farnesiána (L.) Willd. 120
– juniperína Willd. 121
– longifólia (Andr.) Willd. 121
– longifólia var. floribúnda (Vent.) F. v. Muell. 121
– melanóxylon R. Br. 120
– podalyriifólia A. Cunn. 121
– pycnántha Benth. 121
– retinódes Schlechtend. 121
– salígna (Labill.) H. L. Wendl. 121
– sénegal (L.) Willd. 120
– suavéolens Willd. 121
Agapanthus L'Hérit. – *Liliáceae* 128
– africánus (L.) Hoffmgg. 128
– praecox Willd. emend. Leighton 128, **129**
– praecox ssp. mínimus (Lindl.) Leighton 128
– praecox ssp. orientális (Leighton) Leighton 128

Agapánthus praecox ssp. praecox 128, 132
Agáve L. – *Agaváceae* 87
– americána L. **86**, 87, **88, 89, 91**
– coccínea Roezl ex Jacobi 90
– férox K. Koch 90
– franzosínii Bak. 90
– marmoráta Roezl 90
Aloýsia Ort. et Palau ex Pers. – *Verbenáceae* 70
– triphýlla (L'Hérit.) Britt. 70
Arália japónica Thunb. 135
– *siebóldii* hort. 135
Árbutus L. – *Ericáceae* 39
– andráchne L. 40
– × andrachnoídes Link 40
– únedo L. **39**, 40
Arundinária Michx. – *Gramíneae* 158
– púmila (Mitf.) Mitf. 159
– pygmaea (Miq.) Aschers. et Graebn. 159
Arúndo L. – *Gramíneae* 160
– dónax L. **160**, 161
Aucúba Thunb. – *Cornáceae* 103
– japónica Thunb. **102**, 103

Bambusoídeae 158
Brugmánsia suavéolens (Humb. et Bonpl.) Berch. et J. S. Presl 64

Callistémon R. Br. – *Myrtáceae* 45
– cítrinus (Curt.) Stapf **42**, 46
– lanceolátus (Sm.) DC. 46
– semperflórens Lold. 46
Cánna L. – *Cannáceae* 167
– coccínea Mill. 167
– fláccida Salisb. 167

Cánna glaūca L. 167
- Hybriden 167, **170**
- índica L. 167, **168,** 170
Cássia L. – *Leguminósae* 94, 180
- corymbósa Lam. 92
- corymbósa var. pluríjuga Benth. 94
- *didymobótrya* Fresen. **92**
- *floribúnda* hort. 94
Casuarína Adans. – *Casuarináceae* 121
- equisetifólia J. R. et G. Forst. 122
- strícta Dryand. 122
- torulósa Dryand. 122
Ceratónia L. – *Leguminósae* 73
- síliqua L. 73, **74**
Chamaērops L. – *Pálmae* 150
- húmilis L. **149,** 150
Chrysánthemum L. – *Compósitae* 98
- anethifólium (hort. non Willd.) Steud. 100
- coronopifólium (Willd.) Steud. 100
- foeniculáceum (Willd.) Steud. 100
- frutéscens L. **98,** 100
Cístus L. – *Cistáceae* 97
- álbidus L. 97
- créticus L. 97
- ladánifer L. **96,** 97
- laurifólius. L. 97
- monspeliénsis L. 97
- salvifólius L. 97
- *villósus* auct. 97
× Citrofortunélla J. Ingram et H. E. Moore – *Rutáceae* 18, 21
- mítis (Blanco) J. Ingram et H. E. Moore 18, **19,** 20, 21
Cítrus L. – *Rutáceae* 15

Citrus auŕantium L. 17
- *límon* (L.) Burm. f. 16, 17, 19
- × limónia Osbeck 18
- *limónum* Risso 17
- médica L. 16, 17, 20
- *médica* var. éthrog Engl. 15
- *microcárpa* Bunge 18
- *mítis* Blanco 18, **19**
- *nóbilis* Andr. non Lour. 18
- otaiténsis Risso et Poiteau 18, 20
- *reticuláta* Blanco 18
- sinénsis (L.) Osbeck **14,** 18
Cleÿera Thunb. – *Théaceae* 111
- *fortúnei* Hook. f. 111
- *japónica* Thunb. 111
- *ochnácea* 111
Cordylíne Comm. ex Juss. – *Agaváceae* 77
- austrális (G. Forst.) Endl. 78
- *congésta* Endl. 78
- *indivísa* (G. Forst.) Steud. 78
- *strícta* (Sims) Endl. 78
Corókia A. Cunn. – *Escalloniáceae* 123
- cotoneáster Raoul 123
Cortadéria Stapf – *Gramíneae* 162
- selloána (Schult. et Schult f.) Aschers. et Graebn. **157,** 162
Crínum L. – *Amaryllidaceae* 130
- bulbispérmum (Burm.) Milne-Redh. et Schweickerdt 131
- moōrei Hook. f. 131
- × powellii hort. 131, **132**
Cupréssus L. – *Cupressáceae* 145
- sempérvirens L. **144,** 145

Cupréssus sempérvirens var. fastigiáta (Mill. ex DC.) Hansen 145
– sempérvirens var. horizontális (Mill.) Gord. 145
Cýtisus L. – *Leguminósae* 95
– canariénsis (L.) O. Kuntze **95**, **96**
– × racemósus Marnock ex Nichols. 96

Datúra L. – *Solanáceae* 62
– arbórea L. 63
– × cándida (Pers.) Saff. **63, 64**
– rósei Saff 63
– sanguínea Ruiz et Pav. 63
– suvéolens Humb. et Bonpl. ex Willd. 63, 64
Dracǽna Vand. ex L. – *Agaváceae* 79
– cinnábari Balf. f. 79
– dráco (L.) L. **77, 78**, 79, 81
– *indivísa* (G. Forst.) hort. 78

Elaeágnus L. – *Elaeagnáceae* 112
– × ebbíngei Boom ex Dorenb. 112
– glábra Thunb. **110**, 112
– macrophýlla Thunb. 112
– púngens Thunb. 112
Eriobótrya Lindl. – *Rosáceae* 104
– japónica (Thunb.) Lindl. 104, **106**
Erýthrina L. – *Leguminósae* 61
– crísta-gálli L. **60, 61**, 62
Eucalýptus L'Hérit. – *Myrtáceae* 123
– citriodóra Hook. 124
– glóbulus Labill. 124, **126, 127**
– gúnnii Hook. f. 124
Eúcomis L'Hérit. – *Liliáceae* 133
– *autumnalis* (Mill.) Chitt. 134
– *bícolor* Bak. 133

Eúcomis comósa (van Houtte) Wehrh. **133**
– *punctáta* (Thunb.) L'Hérit. 133
– undulàta Ait. 124
Eugénia austrális J. C. Wendl. ex Link 49
– *myrtifólia* Sims 49
– *paniculáta* (Banks ex Gaertn.) Britten 49
Eulália japónica Trin. 164
Euónymus L. – *Celastráceae* 113
– europǽus L. 113
– japónicus L. f. 113, **114**
Eúrya japónica var. variegáta hort. 111
– ochnácea (DC.) Szysz. 111
× Fatshedera Guillaum. – *Araliáceae* 137
– lízei (hort. ex Cochet) Guillaum. **137**

Fátsia Decne. et Planch. – *Araliáceae* 135
– japonica (Thunb.) Decne. et Planch. 135, **136**
Fícus L. – *Moráceae* 23, 105
– austrális Willd. non hort. 106
– cárica L. **23, 24**
– macrophýlla Desf. ex Pers. 105
– rubiginósa Desf. 106, **107**
Fúchsia L. – *Onagráceae* 141, 181
– Hybride 'Beacon' **140**
– magellánica 'Gracilis' **141**
– magellánica Lam. 141
– magellánica 'Riccartoniana' 141
– triphýlla L. 142

Griselínia G. Forst. – *Cornáceae* 114
– littorális (Raoul) Raoul 115
– lúcida G. Forst. 115
Gýmnothrix latifólia (Spreng.) Schult. non J. S. et K. B. Presl. 165
Gynérium argénteum Nees 162

Heliánthus L. – *Compósitae* 169
– ánnuus L. **166, 169**
Heliotrópium L. – *Boragináceae*
– arboréscens L. **178**, 181
Hóweia Becc. – *Pálmae* 151
– belmoreána (C. Moore et F. v. Muell.) Becc. 151
– forsteriána (C. Moore et F. v. Muell). Becc. 151

Lantána L. – *Verbenáceae* 181
– Camara-Hybride **179**, 181, **182**
Laūrus L. – *Lauráceae* 51
– nóbilis L. **50**, 51, **53, 55**
Lavándula L. – *Labiátae* 68
– angustifólia Mill. 68, 69, 70
– dentáta L. 70
– multífida L. 70
– *officinális* Chaix 69
– stoēchas L. **69**, 70
– *véra* DC. 69
Líppia citriodóra (Ort.) H. B. K. 71
– *triphýlla* (L'Hérit.) O. Kuntze 71

Magnólia L. – *Magnoliáceae* 106
– grandiflóra L. 107
Metrosidéros Banks ex Gaertn. – *Myrtáceae* 48
– excélsa Soland. ex Gaertn. 48
– *flórida* Hook. f. non (G. Forst.) Sm. 48
– robústa A. Cunn. 48
– *tomentósa* A. Rich. 48
Miscánthus Anderss. – *Gramíneae* 164
– sinénsis (Thunb.) Anderss. **163**, 164

Mýrtus L. – *Myrtáceae* 43
– commúnis L. 43, **44, 47**

Nérium L. – *Apocynáceae* 35
– *odórum* Willd. 36
– oleánder L. **34, 37, 38**
Nicotiána L. – *Solanáceae* 171
– aláta Link et Otto 171
– glaūca Grah. 171
– × sánderae hort. Sander ex W. Wats. 171
– sylvéstris Spegazz. et Comes **171**, 172
– tomentósa Ruiz et Pav. 171, 172
Nothofágus Bl. – *Fagáceae* 125
– antárctica (G. Forst.) Oerst. **119**, 126
– betuloídes Bl. 126
– cunninghámii 126
– dombēyi (Mirb.) Oerst.
– oblíqua (Mirb.) Oerst. 126
– procéra (Poepp. et Endl.) Oerst. 126
– solándri (Hook. f.) Oerst. 126

Ólea L. – *Oleáceae* 30
– europaēa L. 30
– europaēa ssp. europaēa **31, 32**
– europaēa ssp. sylvéstris (Mill.) Rouy 32
– *oleáster* Hoffmgg. et Link 32
Oleária Moench – *Compósitae* 116
– *forsteri* (Hook. f.) Hook. f. 116
– paniculáta (J. R. et G. Forst.) Druce 116
Ophiopógon Ker-Gawl. – *Liliáceae* 159
– japónicus (L. f.) Ker-Gawl. 159
– planiscápus Nakai 159

Pelargónium L'Herit. ex Ait. – *Geraniáceae* 182
– Peltatum-Hybride 182
– Zonale-Hybride 182
Pennisétum L. C. Rich. – *Gramíneae* 165
– alopecuroídes (L.) Spreng. 165
– *compréssum* R. Br. 165
– *japónicum* Trin. 165
– latifólium Spreng. 165
– *longistýlum* hort. Vilm. non Hochst. ex A. Rich. 165
– *purpuráscens* (Thunb.) O. Kuntze non H. B. K. 165
– *rueppelliánum* Hochst. 165
– setáceum (Forsk.) Chiov. 165
– villósum R. Br. ex Fresen. 165
Phoēnix L. – *Pálmae* 152
– canariénsis hort. ex Chabaud **153**
– dactylífera L. **151**, 152
Phórmium J. R. et G. Forst. – *Liliáceae* 84
– colénsoi Hook. f. 84
– ténax J. R. et G. Forst. **83**, 84
Pínus L. – *Pináceae* 147
– *longifólia* Roxb. ex Lamb. non Salisb. 148
– pináster Ait. 148
– pínea L. 147
– roxbúrghii Sarg. 148
Pistácia L. – *Anacardiáceae* 75
– lentíscus L. **72, 75, 76**
– terabínthus L. 75
– véra L. 75
Pittósporum Banks et Soland. ex Gaertn. – *Pittosporáceae* **115**, 117

Pittósporum revolútum Ait. f. 117
– tenuifólium Gaertn. 117
– undulátum Vent. 117
Plumbágo L. – *Plumbagináceae* 100, 180
– auriculáta Lam. **99**, 100, **179**
– *capénsis* Thunb. 100
Poncírus Raf. – *Rutáceae* 20
– trifoliátus (L.) Raf. 20
Prúnus L. – *Rosáceae* 58
– laurocérasus L. 58, **59**
– lusitánica L. 59
Pseudópanax K. Koch – *Araliáceae* 138
– crassifólius (Soland. ex A. Cunn.) K. Koch 138
Púnica L. – *Punicáceae* 26
– granátum L. – *Punicáceae* 20, **22**, **26, 28**
– granátum 'Nana' 26, **27**

Quércus L. – *Fagáceae* 56
– ílex L. 56

Rhápis L. f. – *Pálmae* 154
– excélsa (Thunb.) Henry 155
– *flabellifórmis* L'Hérit. ex Ait. 155
– húmilis Bl. 155
Rícinus L. – *Euphorbiáceae* 172
– commúnis L. **173, 174**
Rosmarínus L. – *Labiátae* 66
– officinális L. 66, **67, 68**

Sinarundinária muríelae (Gamble) Nakai 159
Solánum L. – *Solanáceae* 176
– atropurpúreum Schrank **175**, 176

Solánum laciniátum Ait. 176
- marginátum L. f. 176
- pyracánthum Jacq. 176
Sparmánnia L. f. – *Tiliáceae* 108
- africána L. f. **107**, 108
Syzýgium Gaertn. – *Myrtáceae* 48
- aromáticum (L.) Merr. et M. L. Perry 49
- paniculátum Banks ex Gaertn. 49

Tarchonánthus L. – *Compósitae* 117
- camphorátus L. 117
Thamnocálamus Munro – *Gramíneae* 159
- spatháceus (Franch.) Soderstrom 159
Trachycárpus H. Wendl. – *Pálmae* 155
- fortunei (Hook.) H. Wendl. 156

Vibúrnum L. – *Caprifoliáceae* 56
- odoratíssimum Ker-Gawl. 57
- tínus L. 56, **57**

Yúcca L. – *Agaváceae* 81
- aloifólia L. 82
- brevifólia Engelm. 82
- *elegantíssima* hort. 82
- elephántipes Regel 82
- filamentosa L. **80**
- gloriósa L. 82
- guatemalénsis Bak. 82
- schóttii Engelm. 82
- treculeána Carr. 82

Zéa L. – *Gramíneae* 177
- máys L. 177

Bildnachweis

A–Z Collection, Dorking/Surrey: Seite 47.

Johannes Apel, Baden-Baden: Seite 26, 27, 55, 59, 64, 76, 83, 102, 114, 127, 132 (oben und unten), 136, 137, 141, 144, 149, 153.

Ardea Photographics, London: Seite 39, 57, 69, 96, 106 (oben und unten), 115.

Helmut Bechtel, Düsseldorf: Seite 53.

Robert Betten, Praktische Blumenzucht und Blumenpflege im Zimmer. Frankfurt/O. 1911: Seite 187.

Burda GmbH, Offenburg: Seite 19, 23, 50, 63, 110, 126, 129, 170, 175, 179, 183 und Umschlag.

Alois Felbinger, Leinfelden-Echterdingen: Seite 14, 34, 42, 89, 91, 119, 174.

Martin Haberer, Raidwangen: Seite 68, 77, 157.

Marijke Heuff, Amsterdam: Seite 86, 166, 191.

Wolff Helmhard von Hohberg. Georgica curiosa aucta, Nürnberg 1701: Seite 2, 194.

Fritz Köhlein, Bindlach: Seite 98.

Georges Lévêque, Cloyes sur le Loir: Seite 7.

Kurt Seeger, Kirchheim/Teck: Seite 80.

Hans Seibold, Hannover: Seite 10, 22, 60, 72, 92, 94, 99, 133, 140, 160, 163, 171, 178, 182.

Sebastian Seidl, München: Seite 31, 38, 62, 95, 107 (oben und unten), 122.

Die Holzschnitte wurden den folgenden Werken entnommen:
Hieronymus Bosch, Kreütterbuch, Straßburg 1577, und Tabernaemontanus/Bauhin, Neu vollkommen Kräuter-Buch, Basel 1731.